독서토론
이야기

지은이 | **임영규**

국가 신지식인 교사, 문학박사
중학교 〈국어 교과서〉, 고등학교 〈문학 교과서〉 등 집필
저서에 〈독서클럽 이야기〉, 〈독서는 힘이 세다〉,
　〈독서자료 선정과 활용〉 등 다수
현재 (사)전국독서새물결모임 회장, 이사장
　　원주 진광중학교 교사
　　원주 인문학 독서학교 운영
　　미얀마 양곤 프라미스 학교 운영

readingkorea@hanmail.net

독서토론 이야기

1쇄 발행　2019년 7월 13일
2쇄 발행　2023년 4월 28일

저자 임영규 | 펴낸이 박찬익
펴낸곳 (주)박이정 | 주소 경기도 하남시 조정대로45 미사센텀비즈 8층 F827
전화 031) 792-1195 | **팩스** 02) 928-4683
홈페이지 www.pjbook.com | **이메일** pijbook@naver.com
등록 2014년 8월 22일 제2020-000029호

ISBN 979-11-5848-514-6 (03370)

＊책값은 뒤표지에 있습니다.

27년 동안 진행한 현장 독서토론을 말하다

독서토론 이야기

임영규 지음

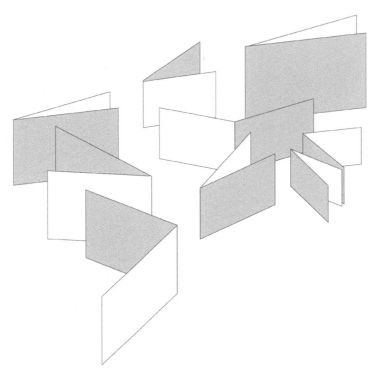

(주)박이정

독서교육으로 우리나라를 살리고 싶습니다

- '스승의 날'에 우리 선생님께 보낸 인사 편지 중에서 -

국가는 교육에 무관심하고
진보와 보수의 제왕적 교육감이 우리 교육을 장악한 후
교실 붕괴에 이어 교육 붕괴가 시작된 지 꽤 되었습니다.

그러나 우린 독서교육으로 이 땅의 교육을 살리고 있습니다.
우린 대한민국을 살리고 있습니다.

교사와 교육을 희롱하는 스승의 날을 맞아 다들 힘내십시다.

교육의 질은 교사의 질을 넘지 못하는데,
수업 중 주무시는 학생의 잠을 깨운다고 고발당한 교사를 잘 한다고 응원은
못할지언정,
열심히 가르치는 교사를 징계하는 의식화 된 교육청에 무슨 소망이 있겠습
니까?

선생님을 선생님이라 부르지도 못하게 하는 교육감이 무슨 교육을 알겠나
요?

밥은 공짜로 먹이면서
학교 도서관에 사서(교사)나 최저 임금에도 못 미치는 도서관 실무사도
채용 안하는 교육감에게 무슨 교육을 바라겠습니까?

진보와 보수 교육감이 이 땅에서 퇴출되고
교육 잘하는 교육감이 제대로 선출되고
교육을 국가백년의 계획으로 존중하는 대통령과 위정자가 나올 때까지
우린 그저 묵묵히 독서교육으로 다음 세대를 키우겠습니다.

학원이 아니라 학교와 교사를 존중하며
학교 교육을 통해 다시 대한민국을 살려야 합니다.

선생님, 존경합니다.
선생님, 감사합니다.

우리는 지금 대한민국을 살리고 있습니다.

가르침과 배움이 사라진 이 시대에 1885년 우리 땅을 처음 밟은 언더우드와 아펜젤러 선교사의 기도를 다시 생각해 봅니다.

주님 아무 것도 보이지 않습니다.
메마르고 가난한 이 땅,
의심과 두려움 뿐 고통에 매여 있는 죽어가는 저들에게
주님의 생명 심어지길 기도합니다.
그러나 지금은 아무 것도 보이지 않습니다.

어둠과 절망의 땅에 생명의 교육이 심어지면서 우리나라 대한민국에 소망이 생겼고, 오늘날 이만큼 살게 되었지요. 우리 부모님들은 당신들은 못 먹고 못 살아도 자식 교육은 시켜야 한다고 생각한 분들이셨지요. 그리고 우린 열심히 공부하였습니다. 그 결과로 우리나라는 눈부시게 발전하였습니다. 우리 부모와 기성세대의 교육열 때문이었지요.

요즘 학교 모습을 보신 적이 있으신지요? 학교 교실의 수업 장면이 어떨 것 같나요? 요즘 한 학급이 보통 30명 내외로 편성되어 있습니다. 예전에 비해 학급 인원이 많이 줄었지요? 어떤 학교는 20명 내외로 운영되고 있기도 합니다. 모두가 영재반인 거죠? 영재반 학급 편성 기준이 20명이거든요. 교실 냉난방도 예전과는 달리 엄청 변화되어 겨울에는 너무 더워 겉옷을 벗어야 수업할 수 있고, 여름에는 너무 추워 겉옷을 입어야 수업을 할 수 있다면 믿어지시나요? 점심도 무료로 드리고 온갖 편의를 제공하는 학교로 변화되었지요. 그럼 교실 수업 모습도 많이 좋아졌겠네요?

과연 그럴까요? 외형적인 변화에 역주행하며 교실 수업은 엄청 후퇴하였지요. 수업 중에 우선 아이들이 많이 주무십니다. 전날 밤에 무얼 하고 오셨는지 학교에 오자마자 주무시지요. 요즘 교과교실제를 운영하여 교실을 찾아다니는 경우도 있는데 어떤 학생들은 그냥 주무시는 경우도 있고요. 한 반에 절반 정도는 주무시는 것 같습니다.

여러분 같으면 조는 학생들을 어떻게 하시겠나요? 당연히 깨우시겠지요. 우린 조는 학생들을 깨워가며 수업을 지도했지요. 그런데 이젠 학생 깨우는 선생님이 많이 줄어들었습니다. 왜 그렇게 되었을까요? 학생 인권이 소중하니까요.

어느 선생님이 겪은 이야기이자, 우리 주변에서 흔히 볼 수 있는 이야기입니다. 하루는 수업 중 조는 학생이 있어, 학생이 앉아 주무시는 책상을 크게 치셨던 모양입니다.

"00아, 일어나라"

옛날 같으면 그 조는 학생이 미안해하면서 잠에서 깨어나거나, 깨어나는 척이라도 했겠지요? 그런데 그 학생은 깨우신 선생님을 째려보며 소리 나게 선생님께 욕을 해 댑니다.

"0팔, 재수 없게, 왜 깨워!"

선생님께선 기차 차서

"너 지금 선생님께 욕하니? 말버릇이 뭐니?" 하고 야단치니

"제가 언제 선생님께 욕 했나요?"

"전 욕한 적이 없는데요?" 하고 대듭니다.

"방금 선생님께 욕 했잖니?" 하니

"아, 제가 그냥 혼자 말한 겁니다."

선생님께서는 너무 속상하셔서 좀 큰 목소리로 야단치신 모양입니다. 그

러니까 그 학생이 또 욕하면서

"에이 0팔, 교육청에 고발할 거야!" 하고 교실 밖으로 나가 버렸습니다.

그 다음 날입니다. 교감 선생님이 부르시고, 교장 선생님이 부르시고. 교육청에서는 학생 인권을 무시했으니 앞으로 조심하라는 말과 함께 한참 당부 말씀을 들었습니다.

여러분이면 그 다음날에도 주무시는 학생들을 깨우시겠는지요?

학생 인권이 먼저인 제왕적 교육감의 등장으로 학생들이 잘 배울 학습권이 날아갔습니다. 학교 선생님들이 잘 가르칠 교수권이 사라진 지도 꽤 되었지만, 그건 그렇다고 쳐도, 학생들이 잘 배울 학습권마저 뺏어 가면 되겠는지요?

제가 금년 들어 교직이 33년째인데, 예나 지금이나 교실 환경은 별반 다르지 않습니다. 학생 점심은 공짜로 먹이면서도 학교도서관의 사서 담당자는 예산 부족으로 아직까지 뽑지 못하고 있는 것이 지금의 단적인 학교 현실입니다. 선생님을 선생님이라 부르지도 못하게 하는 교육정책이 난무하고 있지요. 정치인 교육감 시대가 속히 가고, 언젠가는 이 땅에 교육 잘하는 교육감이 나와, 옳은 교육정책과 대한민국을 살리는 교육정책을 펼칠 때가 오겠지요?

현재 우리나라를 위기의 나라라고 보는 분들이 많습니다. 동서와 남북의 대립과 갈등, 빈부의 격차 심화, 미세먼지와 인구 문제, 자주 국방과 외교권 구사, 미래 에너지 등 산적한 문제를 얘기하곤 합니다. 무엇보다도 경제와 복지 문제도 심각하지요. 평생 교단을 지킨 저로서는 당연히 교육의 위기 시대라고 봅니다. 국가 최고 통치자에게서 교육 비전을 듣지 못한 시간도 꽤 되었습니다. 선진국의 경우 국가 대통령이나 수상이 되면 그 일성이 교육 개혁임을 강조하는 것과 대조되는 모습이기도 합니다.

몇 년 전 『소리 질러 운동장』이란 책을 시민들과 함께 읽은 적이 있습니다. 이 책은 야구부에서 쫓겨난 김동해와 야구부에 들어가지 못한 공희주가 '막야구부'를 만들어 즐겁게 야구하는 모습을 그린 책입니다. 운동장에서 뛰어노는 아이들의 이야기 속에 정의, 진리, 평등 등의 소중한 가치가 묻어나며 아직도 학원에 다녀야만 하는 아이들에게 운동장은 협상과 행복을 배우는 공간이 되었습니다. 새로운 교육 공간이 된 것이지요.

자유학년제가 되면서 학원에서 해방되나 했더니 도리어 학원을 더 많이 다니게 만들어 버렸네요. 공부는 학원에서, 노는 것은 학교에서. 이제 우리 아이들이 학원에 안 가고도 행복한 미래를 살 수 있으면 좋겠습니다. 제왕적 교육감들은 어찌하여 우리 아이들이 학원에 가지 않아도 되도록 정책을 펼치지 못 하는지 이해가 잘 안 됩니다. 선생님들과 아이들이 운동장에서 맘껏 뛰노는 세상이 언제쯤 올 런지요?

교사가 교육을 포기한 지금이 바로 가장 큰 교육위기 아닐까요? 교사를 교단으로 다시 초청해야 합니다. 교육을 잘 시켜 달라고 요청해야 합니다. 『소리 질러 운동장』처럼 교실에서 토론도 배우고 협상도 배우며 우리 다음 세대가 행복한 미래를 준비하도록 최선을 다해야 합니다. 학교에서 교육이 이루어지도록 국가가 책임지고 뒷받침하고, 교육청이 지극정성으로 후원하고 도와드려야 합니다. 교사가 우리 다음 세대 교육을 잘 하도록 국민들이 신뢰함으로 응원해야 우리 미래가 소망이 있습니다.

이 책은 교육의 위기 시대에 도리어 교육으로 위기를 극복하자는 취지에서 기획하여 집필하였습니다. 135년 전에 교육이 이 땅을 살렸듯이, 우리나라를 교육으로 다시 살리고자 하는 것이 이 책의 집필 목적입니다.

그러면 어떻게 대한민국 교육을 살릴 수 있을까요? 저는 독서교육으로 살릴 수 있다고 생각합니다. 진로독서 교육, 인성독서 교육, 다문화독서 교육, 통일독서 교육이 이 땅을 살릴 수 있습니다. 그리고 지속 가능하고 효과적인 실천 방안이 바로 독서토론 교육입니다.

저는 교직에 들어오면서 수능으로 입시가 전환되는 시점에 고3 지도를 하게 되었습니다. 그래서 고3을 포함한 모든 고교생들도 독서교육으로 당장의 입시에서도 좋은 결과를 낼 뿐만 아니라, 30년 뒤에도 저들의 미래가 행복하기를 바라면서 독서교육 운동을 펼쳤지요. 독서운동이 아니라 독서'교육' 운동이었습니다. 이상에 머문 독서가 아니라 생활독서, 교과독서로 녹아난 실천중심 독서교육이었습니다. 독서토론으로 지속 가능한 독서교육 운동을 펼친 것입니다.

교실에서는 토론식 수업으로 실천하였고, 학교에서는 독서발표와 독서축제 형식으로 접목하였고, 인문학 독서토론 동아리 활동으로 적용시켜 나갔습니다. 학교 밖 교육활동과 마을학교에서는 주말 인문학 독서학교를 19년째 무료로 운영하고 있습니다. 전국단위 교사단체인 (사)전국독서새물결모임을 통해서는 인문학 독서토론 캠프와 대한민국 독서대회를 17년째 한 해도 거르지 않고 개최하여 오고 있습니다.

이 책은 학교 안 교실 토론, 학교 밖 주말 인문학 독서학교 토론, 전국단위 독서토론대회 등을 지도하면서 만난 많은 학생과 선생님들 이야기를 담았습니다. 그리고 숱한 전문가와 학부모님들의 이야기도 담아내었습니다. 교직 33년과 독서교육 27년의 모든 열정과 전문성과 구체성으로 그리고 영과 혼과 애정으로 집필하였습니다.

제1부에는 독서토론 지도를 조금이라도 해 보신 분이라면 고민했을 도서

선정 이야기, 토론주제 이야기와 토론의 본질과 비경쟁 독서토론에 대한 이야기를 3장으로 나누어 현장감 넘치는 재미있는 이야기로 풀어 보았습니다.

제2부에서는 제1부의 이야기를 담아 낸 행복한 독서토론 한마당 축제로 펼쳐 보았습니다. 문학, 인문사회, 과학, 예술진로 4개의 장으로 나누어 학생들과 함께 선정한 도서로 펼친 한마당 독서토론 축제이야기입니다. 아래 도서로 이야기식 독서토론, 독서새물결 독서토론, 상생협동(3-3-3) 독서토론을 맘껏 해 보았습니다. 각각의 책마다 왜 이 책을 선정했으며, 선정한 책으로 어떻게 토론지도 했으며, 토론 후 평가와 소감은 어떠했는지를 학생 목소리를 가능한 그대로 담아내었습니다.

『아몬드』, 『동물농장』
『열하일기』, 『정의란 무엇인가?』
『소녀, 적정기술을 탐하다』, 『왜 인공지능이 문제일까?』
『우리 그림이 들려주는 사람 이야기』, 『행복한 청소부』

독서토론을 학교 안팎에서 펼쳐 보고 싶으신 분들은 먼저 제1부를 이해한 후에 제2부의 도서로 저와 함께 독서토론 지도를 해 보시길 부탁드립니다. 우리가 먼저 행복할 것이며, 행복 바이러스가 여러분이 지도하는 모든 아이들에게 퍼져 나갈 것입니다.

독서교육과 진로독서, 교과독서, 인성독서 그리고 독서토론에 관심 있는 분들께 조그마한 디딤돌이라도 되었으면 합니다. 진로독서를 말하니 『소녀, 적정기술을 탐하다』가 생각나네요. 학생의 진로와 직업 속에서 적정기술을 접목하여 가르치고 배울 수 있는 좋은 토론 도서였습니다. 토론 교육이나 진로교육에 관심 있는 분들은 이 책으로 토론지도 꼭 해 보시길 추천합니다.

미래 사회에는 학생들의 진로 탐색과 선정에도 '배워서 남 주자'의 적정기술 철학이 적용되어야 합니다. 미세 먼지나 인구 문제 등 재난에 가까운 국가적 과제나 에너지 문제, 기아 문제, 아프리카 난민 문제, 각 나라들의 내전 등 각종 과제나 문제를 적정기술로 보완해야 합니다. 책의 주인공이 어린 나이에 적정기술을 알고 삶이 바뀐 것처럼, 책을 읽는 학생들이나 선생님들과 부모님들도 진로와 직업에 대한 접근 방식이 변화하였으면 합니다.

저는 '좋은교사운동'과 함께 국민에게 희망을 주는 교육운동을 펼치고 있습니다. 독서교육 운동과 좋은교사 운동이 교직 평생의 두 줄기 삶이었습니다. '좋은교사'는 교육에 대한 사랑과 배움과 가르침, 코칭이 있는 수업교실을 운영할 수 있어야 하지요. 독서토론도 가르침 이전에 함께 읽기의 배움과 나눔이 있고, 가르침보다는 이끌어 주고 도와주는 독서코칭이 필요합니다. 이게 바로 참 교육이지요. 함께 읽고, 함께 토론하는 아름다운 경쟁입니다. 따뜻한 시선으로 수용하고 공감하는 행복한 독서토론입니다. 독서토론에는 남을 배려하고 존중하는 정신이 숨어 있지요. 이게 바로 교육적 경쟁의 참 모습입니다.

저는 독서교육으로 대한민국을 다시 살리고 싶습니다.

2019년 스승의 날에
임영규

차례

제4장 예술 · 진로 영역! 인간인가? 자연인가?

제1부

행복한 독서토론,
이렇게 해요

제1장

첫 번째 이야기,
독서토론이란 무엇인가?

1. 27년 동안 진행한 교실 독서토론 이야기

1) 1991년을 아시나요?

'1991' 하면 무엇이 떠오르나요? 앞뒤가 똑같은 전화번호가 떠오른다고 요? 5·16 군사정변 이후 중단된 지방자치제도가 30년 만에 부활된 해라고 요? 소련이 공식 해체된 해이기도 하고요. 세상이 요동치던 그런 때이지요.

그런데 아직 제가 기대하는 대답은 아닙니다. 힌트 하나 드릴까요? 저는 현재 중학교 국어 교사입니다. 당시는 고등학교 교사였고요. 그럼 학교와 관련 있겠군요? 딩동댕! 그렇습니다.

1991년은 현재와 같은 대학입학 수학능력시험 제도 도입이 예고된 해이지요. 그리고 3년 뒤 1993년부터 기존의 학력고사가 없어지고 수능 시험으로 입시가 바뀌게 됩니다. 기억하시는 분도 계시겠지만 수능 전환 첫 해인 1993년에는 수능 시험이 7월에 한 번 실시되었고, 11월에 또 한 번 실시되었습니다.

그런데 이 연 2회 시험 제도가 시행 첫 해부터 난이도와 형평성 등 다양한 문제가 발생되면서 미처 꽃도 피우기 전에 연 2회 입시제도가 사라졌지요. 그 후 금년까지 연 1회 입시로 우리 제자들의 장래가 좌우되는 비교육적인 입시제도가 계속되고 있습니다. 비교육적인 교육 현실은 EBS 문제집을 풀어야 대학 간다고 강조하는 교육부나 정치인 교육감님들께서 교육보단 정치와 보육에 집중하는 것 등 예나 지금이나 마찬가지입니다.

이런 비교육적인 모습은 입시제도뿐만 아니라 교실에서도 이어졌습니다. 입시제도는 분명 학력고사에서 수능으로 변화되었지만 학교와 교실은 계속 학력고사 형태로 수업이 진행되었지요. 학원이나 과외수업도 마찬가지였습니다. 왜 그랬을까요?

수능으로 입시를 전환한 국가의 의도를 경시하거나 잘 몰라서, 또는 귀찮기도 하고 게으르기도 하여, 바뀐 입시와 교육 상황을 제대로 인식하지 못했지요. 많은 선생님들께서 주도적으로 수업 변화와 혁신을 이루어내는 노력을 제대로 못했습니다. 학원이나 과외에서도 학력고사 출신 강사가 잘 모르는 수능을 지도하는 코끼리 엉덩이 만지기와 같은 일이 벌어졌습니다.

저도 그런 선생님들 중 한 사람이었습니다. 그런데 다행이도 제가 근무하는 학교가 수능 적용을 위한 실험평가 대상 학교로 선정되면서 수능을 이해하는 기회가 제공되었지요. 국가에서는 수능 시험 제도를 도입하면서 7차례 실험평가를 실시하였는데, 이 중 제가 근무하는 학교가 제6차 실험평가 대상 학교가 되어 수능 문제를 접하게 되었습니다. 그래서 기존 1차부터 다음 시행된 7차까지 일곱 차례 실험 평가 내용을 학생 입장에서 꼼꼼히 풀고 또 풀고를 반복하였습니다.

그 결과 바뀐 수능 시험의 핵심은 독해력에 있다는 결론을 내렸습니다. 언어영역은 물론이고, 외국어 영역, 수리탐구 영역까지 모든 수능 과목은 외운 지식을 앵무새처럼 내뱉는 지식중심 교육이 아니라, 제시문을 읽고, 이해하고, 요약하고, 문제를 찾아내고, 탐구하는 독해력과 창의적 사고력이 핵심이었습니다.

그럼 독해력과 창의적인 사고력을 어떻게 지도할 수 있을까요? 그렇습니다. 바로 독서교육이지요. 그래서 저는 27년 전부터 독서교육 중심으로 국어과 수업을 진행하였습니다. 입시에 짓눌린 학생들에게 분량이 꽤 되는 책을 읽게 하는 수업은 쉽지 않았습니다. 그래서 교과관련 도서를 개발하여 수업을 진행하였으며 '짧은 독서' 라는 독서지도 프로그램을 개발하여, 학생 친화 대상도서로 교과수업과 독서교육을 병행할 수 있었습니다.

제가 근무하는 학교는 지학순 주교님이 설립하신 가톨릭 사립 중고등학교입니다. 한 지역에 오래 근무하다 보니 지역교육청 논술창작 영재반 교사로 위촉되어 영재수업을 한 적도 있었습니다. 아시듯이 영재반 수업은 1년 단위이지요. 이 1년으로 학생들의 영재성을 키운다는 것은 말도 안 되지요. 그래서 이 학생들을 추수지도 형태로 지도하면서 1999년부터 주말 인문학 독서학교가 시작되었습니다. 교육청 영재반을 지도한 경험으로 볼 때, 독서하는 학생이 영재이구나 하는 생각이 생겨, 제가 지도하는 학생들에게 '너희는 독서영재다' 라고 자긍심을 불어 넣어 주었지요. 지역 청소년들에게 매주 토요일마다 독서영재 아카데미를 지도한 것이 금년 들어 19년째를 맞고 있습니다.

언젠가 한 번 인문학 독서학교 지도가 버거워 페이스북에 '주말독서학교를 언제까지 할까요?' 하고 올린 적이 있었습니다. '20년을 채우셔야지요' 하는 댓글도 있었고, '아마 정년까지 하실 것 같은데요' 하는 격려성 댓글도 있었습니다.

주말 인문학 독서학교는 독서토론 수업으로 진행하고 있습니다. 비록 무료로 지도하지만 최선을 다해 지도해야 하지요. 그런데 쉽지가 않습니다. 왜 그럴까요? 어떤 일이 힘들까요? 독서토론 지도를 해 보신 분들은 아시겠지요? 예, 바로 독서토론 지도를 위해 대상 도서를 선정하는 일입니다. 그리고 선정도서로 이야기식 독서토론 발문을 만드는 일이고, 교차질의식 토론 주제를 만들어 나가는 일이기도 합니다.

저는 한 권의 책을 선정하면, 한 주는 이야기식 독서토론으로 수업하고, 다음 한 주는 교차질의식 독서토론으로 수업합니다. 이 두 가지 독서토론 방법은 뒤에 실제 수업한 도서를 통해 설명해 드리겠습니다. 그러다보니 적어도 3주만에 한 권의 책을 선정해야 하는데, 그게 여간 어려운 일이 아니었습니다.

이런 이유로 탄생한 책이 『독서토론 가이드북』입니다. 초등학교, 중학교, 고등학교 이렇게 3개 학교급별로 구분하여 (사)전국독서새물결모임에서 같은 고민을 나누던 선생님들과 함께 집필하였습니다. 교과와 단원에 알맞은 도서를 선정하고, 대상 도서의 토론 발문을 연구하여 제시한 자료집 수준의 도서입니다. 편집은 좀 촌스럽지만, 담고 있는 내용이 주옥같아서 지금도 독서토론 지도하는 선생님들이 많이 활용하고 계시지요.

이 『독서토론 가이드북』의 도서 선정은 교과독서의 개념으로 접근하였습니다. 그리고 주말 독서학교의 도서 선정도 교과독서의 개념으로 토론이 가능한 도서로 선정하였습니다. 물론 학생들도 도서 선정에 참여하였지요. 독서교육은 교양독서, 교과독서, 진로독서로 구분할 수 있습니다. 이 중 저는 지금은 익숙하지만 당시엔 낯설던 교과독서로 대상 도서를 선정하였고, 최근에는 진로독서의 맥락으로 독서토론 대상 도서를 정하여 행복한 인문학 독서토론 수업을 해오고 있습니다.

2) 눈칫밥 독서교육

최근 '삼시세끼' 예능 프로그램을 재미있게 본 적이 있습니다. 여러분도 보신 적이 있나요? 우리 국민에게 밥은 생명이지요. 예능에서 그걸 알아차린 것인지 모르겠습니다만. 그런데 눈칫밥이 뭘까요? 우리 학생들은 잘 모를 듯 싶네요. 우리나라가 못 살 때에 삼시세끼 제대로 못 먹을 때가 있었지요. 그래서 나이 드신 분들은 눈칫밥을 먹으며 어린 시절을 보내기도 했습니다. 저도 어린 시절 꽁보리밥에 눈칫밥을 많이 얻어먹었지요. 그래서 지인들끼리 맛 집을 가게 될 때, '보리밥 먹으로 가자' 그러면 제일 싫습니다.

어린 시절 가난하여 눈칫밥을 먹은 것도 서러운데, 교사가 되어 학교에서도 눈칫밥 독서교육을 해야 하니 많이 우울했습니다. 무슨 말인고 하면, 지금은 관리자나 교육 전문가가 선생님들이 교과경영이나 학생지도 또는 자유학기제 운영이나 입시 지도 시 독서교육을 통해 학생들을 지도하기를 원하지요. 그런데 당시는 학력고사의 관성법칙이 학교를 지배하고 있어서, 생소하고 낯 선 독서교육으로 학생지도를 한다고 하니, '그래서 애들 대학은 보낼 수 있나?' 하던 관리자들이 꽤 많았습니다.

저도 초임 교사 시절, 이 눈치 저 눈치 보면서 수능 체제에서는 꼭 필요하다고 판단한 독서교육을 눈칫밥 먹는 심정으로 지도하였습니다. 다행히 당시 교장 선생님과 학년부장 선생님 등 선배 교사들이 신뢰하고 지원해 주어서 눈칫밥은 일찍 끝낼 수가 있었습니다.

수능시험으로 대학을 진학하는 첫 학생들을 1학년 때부터 맡아 3학년까지 3년 동안 지도한 경험이 지금도 생생합니다. 7차에 걸친 실험평가 결과와 EBS 교재를 분석하여 우리 학교 학생들에게 맞는 교재인 『수능 출제유형연구 80선』이라는 교재를 만들어 수능을 준비하였습니다. 독서력이 수능 성적과 비례한다는 심증은 있지만 물증은 없던 시절, 가슴 졸이며 첫 수능을 맞이하였습니다.

다행히 제가 지도한 수능 첫 세대 학생들이 저를 잘 따라 주어서 언어영역 성적이 상당히(?) 잘 나왔지요. 개별 학생 성적도 도내 상위에 오르기도 했습니다. 그래서 이 결과를 가지고 연구보고서를 작성하여 1등급 상을 받기도 했습니다. 심증에 이어 물증으로도 독서력이 성적과 비례한다는 연구 자료이기도 하였습니다. 이 때 적용한 것이 『수능 출제유형연구 80선』과 이를 위한 '짧은 독서' 프로그램이었습니다. '짧은 독서'를 통해 수능의 사고력을 증진할 수가 있었습니다. 그럼 '짧은 독서'가 무얼까요?

3) '짧은 독서'로 독서교육을 열다

책 읽기 지도는 교양으로 읽는 교양독서도 중요하지만, 학교에서는 학습하는 교과와 단원을 연계한 교과독서가 매우 중요합니다. 초등학교까지는 교양독서가 좀 더 중요하지만, 중고등학교에서는 교과독서의 비중을 조금씩 넓혀, 편식 없는 독서지도가 이루어져야 합니다. 그런데 바쁜 우리 제자들은 그 중요성을 인식하면서도 실제 독서하는 학생들이 많지 않음을 우리는 잘 알고 있습니다. 국민독서실태조사 등 각종 통계 수치로도 우리 학생들이 매우 책을 읽지 않지만, 우린 그 통계보다도 훨씬 많은 학생들이 책을 읽지 않음을 현장에서 느끼고 있지요.

그래서 제가 개발한 것이 '짧은 독서' 중심 독서 프로그램입니다. 독서지도를 오래 해 본 선생님들은 앞서 말씀 드린 것처럼 대상 도서 선정의 고민이 깊어지고, 그러다 그 고민을 감당 못해 독서교육을 학년 초에 시도하다 멈추곤 하였습니다. "이래선 안 되겠다, 옳은 교육임을 알면 실천해야지" 하는 사명감으로 어떻게 학생들에게 책을 읽게 할 것인가 고민을 시작했습니다.

대상도서 선정에 대한 고민, 독서교육의 실천에 대한 고민이 '짧은 독서' 프로그램을 낳았습니다. '짧은 독서'가 무엇인지 궁금하시지요?

앞서 말씀드린 것처럼 1991년에 수능이 예고되자 입시공화국인 대한민국에 큰 변화가 일기 시작하였지요. 그 중 새롭게 펼쳐진 것이 있다면 수능 관련 각종 독서 잡지의 출현이었습니다. 『독서와 논술』, 『월간 독서여행』, 『독서야, 놀자』 등 약 40여 종의 독서 잡지가 쏟아졌지요. 그 중 대부분이 1년을 채 못 채우고 폐간되었는데, 제가 선택하여 지도한 『독서평설』은 지금까지 출판되고 있는 유일한 월간지입니다. 순간의 선택이 평생을 좌우한다고 하지요.

『독서평설』을 기억하시는 분도 계시지요? 초기 독서평설은 '목인방'이라는 영세 출판사에서 기획 출판한 독서월간지로 1992년 4월에 창간되었지요. 목인방 독서평설은 광고 중심이나 흥미 중심의 여타 독서 잡지와 달리 순수하고 알찬 읽기 자료를 제시한 유일한 독서 잡지였습니다. 사고력과 창의력을 중시하는 대학수학능력시험의 성격에 맞춰 문학, 인문, 사회, 역사, 철학, 과학, 예술 등 각 영역별로 우리 학생들이 꼭 읽어야 할 자료를 월별로 구분하여 출판하였으며, 1994년 6월호까지 26권을 한 질로 하여 순환 제시하는 형태였습니다. 그러니까 1994년 7월호는 1992년 4월호 내용이 다시 제시되는 형태의 순수한 읽기 자료였습니다. 많은 독서전문가들이 입 모아 칭송하였던 학교 교육용 출판형태였습니다.

그런데 이 『독서평설』의 읽기 자료가 10분 내외이면 읽을 수 있는 자료여서 저는 이것을 '짧은 독서'라고 명명하고 친 고교적인 독서지도를 펼치기 시작하였지요. 그리고 이 '짧은 독서'가 많은 선생님들의 호응을 받아 큰 상도 받고, 고교 독서교육의 방향을 설정하고 활성화하는 작은 계기가 되기도 하였습니다.

이렇게 독서교육의 첫 고민, 대상 도서 선정의 고민을 저는 '짧은 독서'로 해결하였습니다.

4) 조는 학생 없는 신나는 교실 수업

학생들 수업 모습을 보신 적이 있으신지요? 학교 교실의 수업 장면이 어떨 것 같나요? 요즘 한 학급이 보통 30명 내외로 편성되어 있습니다. 옛날보다 학급당 인원도 적고 냉난방 시설도 잘 갖추어져 있습니다. 학교 식당을 통해 점심도 주고, 무료로 제공하는 항목이 나날이 늘고 있지요.

이러한 외형적인 변화에 역주행하며 교실 수업은 엄청 후퇴하였지요. 우선 아이들이 많이 잡니다. 조는 것이 아니라 그냥 주무십니다. 한 반에 절반 정도는 주무시는 것 같습니다. 만약 수업 중 학생들이 졸면 여러분들은 어떻게 하시겠나요? 이전에는 수업 중 조는 학생이 있으면 깨워서라도 수업에 참여시켰습니다. 요즘은 조는 학생을 깨우면, 째려보고 대들고 하여 포기하는 선생님들이 하나 둘 늘기 시작하였습니다. 한번은 공개수업을 하는 날이어서 교장 선생님과 학부모님 등 여러 분들을 모시고 수업을 하게 되었는데, 그 날도 한 학생이 졸고 있었습니다. 보다 못한 선생님께서는 조는 학생을 조용히 깨웠지요. 그랬더니 그 학생이 평상시에는 안 깨우더니 오늘은 왜 깨워요? 하고 소리치더랍니다. 그 선생님은 그 후 아이들이 졸아도 절대로 깨우지 않고 수업한다고 합니다. 학원에서는 야단도 맞고 체벌도 받으면서 공부하는데 학교에서는 학생들을 절대로 야단치지 못하지요.

예전에 김정일이 남한에 쳐들어오지 못한 이유 알고 계시지요? 남한의 방위병과 거리 곳곳에 있는 대포집 때문이었지요. 방위병의 도시락 폭탄과 막걸리 대포집 때문에 남침을 못했다고 하지요. 그 이전엔 남침을 못한 이유가 예비군이었던 시절도 있었고요. 남자들이 일단 예비군 옷만 입으면 무엇이든 부끄러움 없이 하는 게 예비군이거든요.

그런데 그 아들 김정은이 남침을 하지 못한 이유도 알고 계시지요? 바로 대한민국 중2 아이들 때문이란 것! 그런데 최신 버전도 알고 계시나요? 엄마들의 잘못된 자식사랑이 광풍이 되어 핵폭탄을 저지하고 있지요. 바로 대한민국 엄마들이 무서워 남침을 못한다고 하지요. 요즘 엄마는 대학교 수강신청도 대신해 주고, 군대까지 대신 간다고 하지요.

중학교 2학년 학생을 김정은도 무서워한다는데 현장 교사가 학생이 무서워 어떻게 가르칠 수 있을까요? 그저 학생들 눈치나 보며 하루하루 지낸다 하면 너무 지나친 말이겠지요?

그런데 토론식 수업을 하면 아이들이 졸래야 졸 수가 없지요, 주변에서 계속 떠들어 대니 졸 틈도 없고, 무엇보다 시끄러워서 졸 수도 없지요. 좀 산만한 면은 있지만 수업이 살아있다는 느낌이 듭니다. 토론식 수업은 모든 교과, 모든 단원에 적용이 가능합니다. 해당 단원을 읽고 먼저 질문을 만듭니다. 그리고 만든 질문으로 묻고 답합니다. 그러면서 단원의 내용도 익히고 사고력과 표현력도 지도할 수가 있지요.

저는 국어교사로서 문학 단원도 토론식으로 수업을 하지만 비문학 단원이 토론식 수업으로는 더 재미있습니다. 먼저 해당 단원의 독서활동(읽기활동)을 함께 합니다. 읽으면서 이해가 되지 않거나 토론하고 싶은 내용들을 주제어로 삼아 독서발문을 만듭니다. 그리고 그 독서발문으로 모둠별 묻고 답하는 이야기식 독서토론을 진행합니다. 서로 발제하고, 묻고 답하기도 하고, 반론하고 재반론하기도 합니다. 주제에 따라서 어떤 발문으로는 이야기를 나누고 어떤 발문은 쟁점토론으로 심화하기도 합니다.

토론식 수업을 적용하면서부터 제 수업엔 조는 학생들이 사라졌습니다. 구조적으로 졸 수도 없지요. 졸지 못하니 애들이 싫어하겠지요? 아닙니다. 도리어 자신도 수업의 주인공이 되니 더 열심히 수업에 참여하여 재미있다고 합니다.

　저는 한 달에 한 번쯤은 도서관 단행본 도서를 읽고 독서토론 수업을 진행합니다. 문학, 과학, 역사, 예술, 철학, 진로 등 다양한 책을 읽고 독서발문을 만듭니다. 각자 만든 독서발문으로 자신이 토론 사회자가 되어 이야기식 독서토론을 진행합니다. 자신의 순서가 지나면 다음 학생이 자신이 만든 독서발문으로 토론을 진행합니다. 이렇게 5명 내외의 모둠원이 모두 이야기식 독서토론을 진행합니다. 아이들이 신나고 재미있어 합니다. 졸 수도 없겠지요?

　이처럼 토론식 수업과 독서토론 수업은 학생들이 졸 수도 없는 시스템이기도 하고, 아이들이 재미있어 하는 수업이어서 행복하게 교실 수업을 진행하고 있습니다. 대상 도서 선정에서부터 독서발문까지 학생들에게 맞기면 재미있게 수업할 수 있습니다. 교과단원 연계 도서선정도 학생의 독서접근성을 위해 매우 필요합니다.

2. 19년 동안 진행한 인문학 독서학교 이야기

1) 무위당 장일순의 『좁쌀 한 알』에서

원주, 하면 무엇이 떠오르나요? 탤런트 전원주 씨를 말하는 분도 계실 것이고, 생명사상, 한살림 운동을 떠올리는 분도 계실 겁니다. 군대 다녀오신 분들은 군사도시 이미지를 떠올릴 수 있을 것입니다. 광역도시를 소망하는 우리 도시 원주민으로서는 무언가 좀 아쉬운 대목이 있기도 하지요.

그래서 지난 2004년 지역의 뜻있는 분들이 모여서 한 도시 한 책읽기 운동을 전개하였습니다. 이 독서운동에 저도 첫 해부터 참가하여 벌써 16년째가 되고 있습니다. 명실상부 대한민국 최고의 한 도시 한 책읽기 운동을 펼치고 있습니다.

저는 제가 살고 있는 도시가 대한민국 최고의 독서문화 도시로 성장했으면 좋겠다는 생각으로 이 독서교육 운동에 참가하였습니다. 그리고 첫 해 도서선정위원으로도 참여하여 열두 명의 선정위원과 함께 이 독서교육 운동에 적절한 책이 무엇일까 고민을 시작하였습니다.

함께하는 지역신문 원주투데이에서는 신문을 통해 대상 도서를 추천받았으며, 원주평생교육정보관(지금의 원주교육문화관)에서는 이용자를 통해 추천도서를 받았습니다. 운동본부에서는 직접 시민을 대상으로 원주 한 도시 한 책읽기 운동에 가장 좋은 책이 무엇일까 긴 고민을 하였습니다.

두 달 여 고민 끝에 『토지』의 작가 박경리 선생님의 유고시집 『버리고 갈 것만 남아서 참 홀가분하다』와 최성현 작가가 장일순 선생님의 일화와 서화를 묶은 『좁쌀 한 알』이 최종 후보로 선정되었습니다. 두 작품 모두 원주

지역을 대표하는 작가이자 생명운동 실천가이어서 원주 한 도시 한 책읽기 운동의 첫 선정도서로 의미가 있는 책이었지요.

선정위원들의 격렬한 토론 끝에 『좁쌀 한 알』을 선정하였습니다. 그리고 초등학교 어린이들도 이 독서교육 운동에 참여할 수 있도록 어린이용 『좁쌀 한 알』도 출판되었습니다. 이 과정을 통해 독서교육 운동에서 대상 도서의 선정이 얼마나 중요한지 확인할 수 있었습니다.

우리는 『좁쌀 한 알』로 생명사상 이야기도 한바탕 펼칠 수가 있었고, 협동조합 운동의 필요성도 알 수 있었습니다. 당시 시작한 한살림 운동은 지금 전국적으로 확산되어 있기도 하지요. 원주로부터 시작된 사회적경제 운동이 지금에 와서 더 많이 주목받고 있기도 합니다.

시민이 같은 책을 읽고 함께 도시문화의 비전을 나눈다는 것은 매우 의미 있는 독서활동입니다. 시민의 뜻을 하나로 묶어 바람직한 도시문화를 만들어 낼 수 있었습니다. 장일순 선생님으로부터 시작된 생명사상과 민주화운동이 2004년 우리 원주 시민들을 다시 일깨우는 계기가 되어, 도시가 다시 한 번 성장하는 기회가 될 수 있었습니다. 이게 바로 인문학의 힘이지요.

장일순 선생님의 인물관은 독특합니다. 우리는 보통 기운 세고 머리 좋고 권세 있는 사람을 인물(영재)이라고 하는데, 장일순 선생님은 이웃 사람과 친화하면서 평화롭게 사는 사람이라고 강조하였습니다. 세상은 영어와 수학을 잘하는 학생을 영재라고 하지만, 저는 남을 배려하는 사회성이 있는 학생, 남과 잘 어울리는 대인관계가 좋은 학생, 이웃과 함께하는 공동체성이 있는 학생을 영재하고 생각합니다. 즉 인문학적인 소양이 뛰어난 학생이 미래 인물이자 우리가 사는 세상을 행복하게 만들 영재라 생각합니다.

장일순 선생님의 일화와 서화를 묶는 『좁쌀 한 알』은 이런 측면에서 매우 좋은 책입니다. 시민을 하나로 묶어 아름다운 사회문화를 만들 수 있었고,

'나'에게 초점을 두지 않고 '우리'에 초점을 두면서 행복한 이야기를 많이 만들어 내는 독서교육 운동을 전개할 수 있었습니다. 좋은 책은 바로 이런 기능이 있는 책일 것입니다.

19년 전에 시작한 원주 독서영재 아카데미는 이 운동을 전개한 5년차에 당연히 이 책으로 1년을 행복하게 지낼 수 있었습니다. 무위당 장일순 선생님의 『좁쌀 한 알』은 원주의 생명사상과 사회적경제의 위상을 전국 최고로 올려놓았습니다. 우린 이 책을 읽고 토론하며 우리도 미래 행복한 이야기를 담아 낼 수 있는 삶을 지향할 수 있었습니다. 독서하는 학생이 참으로 미래 영재인 것입니다. 19년 전 독서영재의 철학으로 주말 독서학교를 시작하여 이제는 인문학 독서학교로 주말마다 청소년들을 만나고 있으니 행복할 뿐입니다.

『좁쌀 한 알』의 장일순 선생님 가르침처럼, 거저 받았으니 거저 가르치는 것이 아름답지 아니한가?

2) 독서영재를 키워내다

여러분은 어떤 학생을 영재라고 생각하나요? 앞서 밝힌 것처럼 우린 수학이나 영어를 잘하는 사람이 영재하고 생각하기도 하지요. 그리고 스카이 캐슬처럼 S대 의예과를 보내야 영재인 것으로 생각하는 사람들도 있지요. 그래서 각 교육청마다 수학영재, 영어영재를 선발하여 영재교육원을 운영하고 있기도 합니다. 각 교육청마다 과학고등학교를 운영하고 있기도 하고요. 과연 수학, 영어, 과학 등 교과 성적이 우수한 학생만이 영재일까요?

에디슨, 피카소, 가우디 이런 천재 이야기를 들어 보신 적이 있으시지요? 이들도 교과 성적이 과연 우수했을까요? 많이들 아시는 것처럼 에디슨은 학교에 입학 후 선생님께 온갖 질문을 하다 보니 선생님들은 에디슨을 귀찮아하며 골치 아픈 아이로 취급했습니다. 결국 3개월 만에 학교를 그만 두게 되었습니다. 정규 교육을 받은 것은 3개월뿐이었으나, 결혼하기 전에 교사로 일했던 어머니의 열성적인 교육 덕에 점차 재능을 발휘하게 되었습니다.

몇 년 전에 스페인 인문학 캠프로 학생을 인솔하며 피카소와 가우디를 만나고 온 적이 있었습니다. 피카소에게는 당시 영재 교육기관이었던 마드리드의 산페르난도 왕립 미술학교의 정규교육은 별로 도움이 되지 않았지요. 도리어 아버지로부터 그림을 배우면서 천재적인 모습이 나타나기 시작했습니다. 천재 건축가 가우디도 학교보다는 자연과 아버지의 대장간에서 더 많은 창의성을 배우게 됩니다. 장성하면서 도시 바르셀로나 거리를 거닐며 관찰과 상상이라는 창의적인 생각을 훈련받게 됩니다. 오늘날 피카소와 가우디가 스페인을 먹여 살린다고 합니다. 전통과 원칙에서 벗어난 인문학적 창의성이 있었기 때문이지요.

하버드대학교 하워드 가드너의 8대 다중지능이론도 많이들 알고 계십니다. 그동안 우린 수학이나 과학, 영어를 잘해야 영재인줄 알았는데, 가드너는 우리 인간에게는 누구나 8가지 지능이 있고 이 8가지 지능을 잘 발휘하는 사람이 영재라는 이론을 펼쳤습니다. 이름하여 공간지능, 언어, 논리, 신체운동, 음악, 대인관계, 자연탐구, 자기이해입니다. 요즘 와서 많이 공감하는 영재성이지요. 그럼 우리 아이들을 어떻게 인문학적 창의성과 공동체성을 지닌 미래 영재로 키울 수 있을까요? 바로 인문학 독서교육을 통해 가능합니다.

그래서 저는 책을 읽고, 읽은 내용이 무엇인지 정확히 파악하는 능력을 갖춘 아이들로 키우려고 합니다. 나아가 책을 읽고, 읽은 내용을 나누며 내면화하는 과정을 밟도록 지도하고 있습니다. 초기는 '독서 말 걸기'로 시작할 수 있습니다. 책을 읽은 후에 그냥 두어라고 지도하는 시민운동성향의 독서운동가도 있지만, 우리 '독서교육' 운동가들은 쉽게 동의하지 못합니다. 그 어려운 과정을 통해 책을 읽었는데, 그냥 두라는 것은 이론적으로는 멋있어 보일지 모르나 어쩌면 해당 학생들에겐 고문일 수 있습니다. 물론 어떤 책은 침묵해야 할 책도 있겠지만, 대부분의 책은 그렇지 않습니다. 책을 읽은 후 느낀 수많은 감동과 하고 싶은 말이 넘칠 때에 누군가 옆에서 '툭' 말을 걸어 준다면 그 학생은 기쁨에 넘쳐 자신이 하고 싶은 말을 쏟아낼 것입니다. 그게 바로 '독서 말 걸기'입니다.

독서토론은 '독서 말 걸기'로부터 시작하여 독서대화를 거쳐 독서토론까지 이끌 수 있습니다. 읽고 싶은 책만 읽지 않고 더불어 함께 책을 읽고, 그 읽은 책으로 맘껏 이야기를 나눈다면 그 학생은 얼마나 행복하겠습니까? 이런 경험을 한 학생은 책을 읽으라 하지 않아도 자연스레 또 책을 읽게 될 것입니다.

저는 이런 학생을 키우고 싶습니다. 독서로 영재성도 키우고 창의성도 키우고 공동체성도 키울 수 있습니다. 이런 독서에 능한 학생을 저는 독서영재라 일컫고 있습니다. 교과 성적보다는 독서능력이 뛰어난 독서영재가 우리 사회 곳곳에서 인문학적 향기를 드러낼 때 우리 사회는 아름답고 행복한 사회가 될 것입니다.

이런 독서영재가 훗날 우리나라를 세계 속에 으뜸인 나라로 만들 것입니다. 에디슨, 피카소, 가우디 못지않은 독서영재가 우리 사회를 행복하게 만들 것입니다. 미래 행복한 이야기를 맘껏 만들어내는 행복한 개인의 삶과 세계시민으로서의 삶을 살게 해 줄 것입니다.

저는 오늘도 미래 행복한 삶을 위한 독서영재를 키우고 있습니다.

3) 아이들과 함께 책을 고르며

행복한 교사를 꿈꾸며 독서영재를 위해 주말 독서학교를 운영한 지 어느 덧 19년째가 되었습니다. 좀 지치기도 하지만 독서토론 송년 종강수업을 진로 소논문 발표회와 1대 100 토론으로 진행하면서 다시 새 힘을 얻었습니다. 졸업시킨 제자들이 연어처럼 돌아와 함께해 주는 모습 속에 옳은 교사의 삶을 살고 있구나 하고 다시 한 번 소명감을 되새길 수 있었습니다.

독서영재를 양성하는 주말 인문학 독서학교는 주로 제가 책을 선정하기도 하지만 학생들과 함께 책을 고르기도 합니다. 그리고 학생과 함께 고른 책이 대박을 치는 경우가 많습니다. 그래서 최근에는 학생들과 함께 책을 선정하곤 합니다.

좀 오래된 이야기입니다. 우리 학교 재학 중인 학생 한 명이 한 번은 "선생님, 다음번엔 이 책으로 토론 한 번 해 보면 안 될까요?" 하고 묻더군요. "무슨 책인데" 하고 보니, 장하준 교수의 『나쁜 사마리아인들』을 읽고 싶다고 하네요. 사실 그 때까지 저도 읽지 못한 책이어서 선뜻 그러자고 하지는 못했지만, 이번 기회에 저도 읽고 싶어서 그러자고 했습니다.

그러면서 "00아, 너는 훗날 정치가가 된다 하였는데, 그건 경제학 책 아니니?" 하고 물으니, "선생님 그렇습니다. 저는 훗날 훌륭한 정치가가 되고 싶습니다. 그래서 먼저 경제를 알아야 지금처럼 욕먹지 않는 훌륭한 정치가가 될 수 있을 것 같아서요." 하고 당당히 얘기하더군요. 청출어람이라, 그 학생은 저보다 나은 사고 구조를 지니고 주말 인문학 독서학교에서 공부하고 있었습니다.

우린 00이가 요청한 『나쁜 사마리아인들』을 읽고, 한 주는 이야기식 독서토론, 한 주는 교차질의식 독서토론으로 토론을 진행했습니다. 조금 어려웠지만 우린 보호무역이 무엇이고 자유경제가 무엇인지 어느 정도 알 수가 있었습니다. 세계 경제 속의 미국의 역할과 오만도 이야기할 수 있었습니다. 우리나라 경제의 열악한 현실과 우리 국민이 잘 사는 경제에 대해서도 진지하게 토론해 보기도 했습니다.

며칠 후 언론을 통해 우리가 재미있게 읽고 신나게 토론한 『나쁜 사마리아인들』이 나쁜 책이라고 하는 기사를 보았습니다. 국방부 금서로 선정되었다는 기사였지요. 우린 가슴을 쓸어 내렸지요. 금서 발표 전에 그 책을 읽고 토론했었으니 누가 잡아가진 않았지요.

이 친구는 그 후 민사고에 진학하였고, 민사고 재학 중에도 매년 우리 독서대회에 참여하였습니다. 그 후 영국 옥스퍼드와 미국 모 대학에 합격한 후 미국 모 대학으로 진학했습니다.

최근에 10년 전에 국방부가 지정한 불온도서에 올랐던 영국 케임브리지 대학 장하준 교수의 책 『나쁜 사마리아인들』 특별판이 나오고, 기자 간담회를 하는 소식도 보았습니다. 출간 직후 신자유주의적 세계화의 위험성을 경고한 대중 경제서로 큰 인기를 끌었지요. 국방부는 반미, 반자본주의를 주장하는 도서로 낙인찍었지만, 불과 2개월 뒤 세계 금융위기가 발생하면서 책의 경고가 현실로 나타났습니다. 10년이 지난 오늘날의 상황은 어떨까요? 장하준 교수는 특별판 서문에서 한국 역시 신자유주의 희생자로 후유증에 시달리고 있다고 단언하면서 보다 획기적인 정책 변화를 촉구합니다.

아이들과 함께 책을 고르는 즐거움과 아이들이 성장하는 모습 속에 새로운 사명감을 느낍니다.

❖ 원주 한 도시 한 책읽기 운동 도서선정 기준

📖 도서선정 기준

① 생명존중, 환경보호, 공동체 사랑의 메시지를 전달할 수 있는 책 선정
② 특정한 장르 구분 없이 운문, 산문 등 다양한 분야의 책 선정
③ 도덕적, 정서적으로 진취적인 내용을 담고 있는 책 선정
④ 다양한 분야의 독서활동 사업을 전개하기에 적절한 내용이 담긴 책 선정
⑤ 차후 다양한 독서활동 프로그램의 일환인 '북콘서트(작가와의 만남)' 사업을 고려하여 현존하는 작가의 작품으로 선정

📖 도서선정 시행 세칙

① 어린이, 청소년, 일반 등 누구나 쉽게 읽을 수 있으며 공감할 수 있는 책이어야 함(단, 모음집은 제외)
② 한 도시 한 책읽기 사업에 적합하고 독서토론 및 독후활동이 가능한 책이어야 함
③ 구하기 쉬운 책으로 선정하여야 함(절판된 책 제외, 최근 3~5년 이내에 출판된 책)
④ 책의 내용과 삽화의 작품성을 고려하여야 함(특정 종교 관련 책 및 사회적 정서에 반하는 책 제외)

📖 선정도서(2004~2019)

① 2004년 『좁쌀 한 알』(최성현, 도솔)

② 2005년 『독도를 지키는 사람들』(김병렬, 사계절 출판사)

③ 2006년 『배려』(한상복, 위즈덤하우스)

④ 2007년 『초정리 편지』(배유안, 창작과 비평사)

⑤ 2008년 『숨 쉬는 도시 꾸리찌바』(안순혜, 푸른자전거)

⑥ 2009년 『너 정말 우리말 아니?』(이어령, 푸른숲)

⑦ 2010년 『1940년 열 두 살 동규』(손연자, 계수나무)

⑧ 2011년 『지구구출대작전』(서지원, 배틀북)

⑨ 2012년 『우리 그림이 들려주는 사람이야기』(이영대, 현암사)

⑩ 2013년 『내가 좋아하는 물풀』(이영득 글, 김혜경 그림, 웅진출판사)

⑪ 2014년 『그 사람을 본 적이 있나요』(김려령, 문학동네)

⑫ 2015년 『코끼리 아줌마의 햇살 도서관』(김혜영 글, 최현묵 그림, 비룡소)

⑬ 2016년 『소리질러 운동장』(진형민, 창비)

⑭ 2017년 『그 날 고양이가 내게로 왔다』(김중미, 낮은산)

⑮ 2018년 『아몬드』(손원평, 창비)

⑯ 2019년 『미스 손탁』(정명섭, 서해문집)

4) 재미있는 독서토론 한 마당

어떤 분은 "책만 읽으면 된다, 책을 읽은 아이들에게 아무 것도 시키지 말라."고 합니다. 언뜻 보기에 멋진 말처럼 보이지만, 독서교육은 멋진 것만을 추구하면 안 됩니다. 그래서 저는 독서운동도 중요하지만 독서'교육' 운동을 펼친다고 얘기하곤 합니다. 책을 읽었으면, 그 책 내용으로 맘껏 이야기하도록 이끌어 주어야 합니다. 책을 읽었는데, 그냥 가만히 있으라 하면 그건 고문이지요. 우리 청소년들은 그냥 가만히 있게 두면 안 됩니다. 무엇이듯 움직이는 교육이 필요합니다. 독서도 그러합니다.

책을 읽었으면 한바탕 읽은 책 이야기를 나누었으면 합니다. 처음부터 독서토론을 하라고는 않습니다. 책을 읽은 아이에게 다가가 조용히 말을 걸어 보는 것입니다. 그 책 읽고 느낀 게 좀 있니? 무엇을 느꼈니? 어떤 사건이 마음에 와 닿았니? 어떤 인물이 떠오르니? 어떤 내용이 가슴에 남아 있니? 이렇게 '독서 말 걸기'로 시작하여 독서대화로 발전하는 것이 바로 행복한 이야기식 독서토론인 것입니다.

그래서 우린 책을 읽고 날마다 토론도 합니다. 신나게 토론하고 재미있게 토론하고 그러다보니 우린 행복합니다. 독서토론이 주는 즐거움은 행복만이 아닙니다. 독서토론을 하다보면 새로운 생각도 하게 되고, 새로운 판단도 하게 되고, 나와 다른 친구의 의견도 만납니다. 그리고 나의 생각도 다듬어지지요.

독서토론을 하면 예기치 못한 창의력도 생깁니다. 일전에 『마당을 나온 암탉』으로 토론을 진행했던 때가 생각나네요. '잎싹'이 낳아 기른 '초록머리'가 나중에 알고 보니 청둥오리 새끼였지요. 그래서 엄마 '잎싹'은 아들 청둥오리의 친구들이 저수지에 날아와 놀다가 추운 겨울이 오면 따뜻한 남쪽 나라로 날아갈 때, 너도 같이 날아가라고 일러 줍니다. 그러나 '초록머리'는 자신을 낳아 주고 길러 준 어머니를 떠날 수 없다고 우기지요. 아침마다 밥상머리에서 엄마와 아들의 신경전이 펼쳐집니다. 그리고 아시듯이 '초록머리'는 다음 해 겨울에 철새 떼들과 같이 따뜻한 남쪽나라로 날아갑니다. 만약 여러분이 '초록머리'라면 자신을 길러준 어머니를 떠나 남쪽 나라로 날아갔을까요, 아니면 떠나지 않고 어머니 곁을 지켰을까요? 우리 학생들의 답변은 이랬습니다.

"선생님, 엄마 잎싹을 보아하니 곧 돌아가실 것 같습니다. 그래서 난 잎싹이 죽은 후 장사 지내고 그 후에 친구 따라 강남으로 날아가겠습니다."

제가 물은 것은 "어머니를 떠나 날아가겠는가? 아니면 어머니를 지키겠는가?" 하는 것이었는데, 아이들은 또 다른 생각으로 토론에 참여하였지요. 토론을 지도하다 보면 이런 창의적인 상황을 많이 경험하게 됩니다.

독서토론을 재미있게 하다 보면 의도하지 않게 다양한 문제해결 능력도 생깁니다. 자기주도 독서능력이 자기주도 학습능력까지 이어지는 것을 수없이 만나곤 합니다. 매주 주말 독서학교를 운영하면서 저는 아이들에게 독서토론밖에 지도하지 않았지만 학생들은 수학도 영어도 과학도 성적이 오르는 경험을 많이 하게 됩니다. 저도 처음에는 이해가 잘 되지 않았지만 학부모님들이 슬쩍 전해 주신 말씀에서 그 비밀을 알게 되었습니다. 집에 돌아온 아이들이 컴퓨터를 켜면 우리 엄마들은 걱정을 하게 됩니다. 대부분의 아이들이 컴퓨터 앞에서 게임을 시작하기 때문이지요.

그러던 어느 날 아이가 컴퓨터에 또 앉기에 걱정부터 하였는데, 뒤에서 들여다보니 뭔가 조사하고 정리하는 모습이 보이더라는 것입니다. 그래서 좀 더 자세히 보니 선생님이 읽으라는 책을 읽고 이야기식 독서발문도 만들고 교차질의식 독서토론지도 만들더란 것입니다. 게임이 아니라 독서활동을 컴퓨터로 한 것이지요. 그 학생의 성적이 오르게 된 것은 당연한 이치이지요. 원하는 대학에 진학한 것도 물론이고요. 이런 즐거움과 행복한 독서토론에 여러분을 초청합니다.

3. 17년 동안 진행한 대한민국 독서대회 이야기

1) 왜 독서토론대회를 하냐고요?

새 천년으로 분주하던 2002년, 제1회 대한민국 독서토론·논술대회가 시작되어 금년 들어 18회 째를 맞이하고 있습니다. 당시 학교 독서교육이 조금씩 활성화되기 시작하던 때였지요. 교육부에서는 도서관 활성화 5개년 계획을 시작하였고, 이를 위해 초중고교 학교급별 도서목록 작업을 저희 법인을 통해 진행하던 때였습니다. 독서교육이 정착되어야 학교 교육이 살아날 것이란 뒤늦은 진단에 따라 전국단위 교과교육연구회를 통해 검증된 우리 법인이 교육부의 도서목록 선정 사업을 맡아 진행하였고, 1년 뒤 학교급별 1만권 목록을 완성하여 교육부에 제출하였습니다.

그런데 1만권 선정도서 목록집을 상상해 보실래요? 1만권을 기록하려면 몇 쪽쯤 될까요? 책 제목만 넣은 거대한 자료집 형태의 보고서를 들고 우리는 "이게 아닌데" 하며, 담당자에게 좀 더 가려 뽑고 독서토론 발문과 독서논술 논제, 독서활동 자료를 짧게라도 넣은 보고서가 필요하다고 제안하였습니다. 물론 반영되지 못하였지요.

그래서 교육부 납품 후, 우린 도서 선정 및 분류관련 연구 작업을 다시 시작하였습니다. 먼저 교과 및 단원 연계 교과별 목록집이 학교 독서교육에 필요하다는 연구 결과에 따라 책 이름을 『초/중/고 교과별 도서목록』이라 정하고 초/중/고교별로 한 권씩 세 권의 책을 편집·출판하였습니다. 편집 기준은 앞서 말한 대로 교과 및 단원별로 정하였습니다. 그리고 한 쪽에 3권 정도 책을 소개하고, 소개한 책에 대해 간단한 추천 서평과 독서토론 발문,

독서논술 논제, 독서교육 활용 방안 등을 제시하였습니다.

그리고 완성된 초/중/고 교과별 도서목록집을 인쇄하고 전국 1만 2천여 학교로 무상 공급하였습니다. 앞서 설명한 교육부 도서목록 선정 사업으로 받은 연구비를 모두 쏟아 부어야 했습니다. 좋은 책을 선정하고 독서 발문을 만드는 작업은 연구 활동이니 비용은 많이 들지 않았지만, 연구결과물인 교과별 도서목록집을 전국 학교로 우편 발송하는 비용이 2천만 원쯤 들었습니다. 처음에 이렇게 발송 비용이 많이 들 줄 알았으면 이 연구 활동에 참어하지 않았을 것이라는 쓸쓸한 후일담 속에, 참여한 모든 연구진들이 교육부로 받은 연구비를 흔쾌히 교육 기부해 주셨습니다. 이런 헌신으로 우리나라 학교도서관에 넣을 도서 목록을 완성할 수가 있었습니다.

지금까지 수많은 학교 독서교육 운동을 펼쳐 왔지만, 다시 생각해 봐도 이 순간이 참으로 자랑스럽습니다. 교사로서의 사명감이 있었기에 가능했었고, 함께하는 동료 연구자 선생님들이 계셨기에 가능했었습니다. 이게 훗날 전국독서새물결모임이 비영리 사단법인으로 자리 잡게 하는 힘이 되었습니다. 우린 교사 단체로는 처음으로 사단법인을 조직하여 독서교육 연구 활동을 시작하게 되었습니다.

이렇게 교육부 도서관 활성화 5개년 사업을 위해 먼저 도서목록 선정 사업을 하였습니다. 그 후 국가 예산으로 도서관도 지었고, 도서관에 도서까지 지원해 주었지만 창고로만 방치된 도서관이 상당히 많았습니다. 사서교사는 거의 없었고, 행정직 사서나 도서관 실무사도 거의 없던 황무지 시절이었으니까요. 그래서 교육부 관리가 학교도서관이 창고로 방치되는가 아닌가를 출장 다닐 때였으니, 지금 생각해 보면 미개했던 우리 독서교육 이야기이지요.

이때 교육부에서 학교도서관 및 학교 독서교육 활성화 회의가 시작되었고, 저도 (사)전국독서새물결모임 대표로 몇 번 참석했었지요. 어떻게 하면 창고로 방치된 도서관을 활성화시킬 수 있을까요? 어떻게 책을 읽게 할 수 있을까요? 이런 고민으로 우린 대한민국 독서토론대회를 개최하였습니다. 독서가 재미있는 교육활동이라는 인식을 심어주는 데 토론만한 것이 없었지요. 당시에 독서교육 그러면 독후감을 쓰고 독서 관련 그림 그리고, 만화 그리고, 엽서 만들고, 신문 만들면 창의적인 독서교육이 되는 냥 오해했던 때가 있었습니다. 시행착오가 참으로 많던 때였습니다.

우리는 즐거운 독서활동으로 독서토론만한 것이 없다는 판단으로 첫 해부터 18년이 지난 지금까지 학교 독서토론 활동을 강화하고 수업에 적용하기 시작했으며 전국단위 독서토론대회도 개최하고 있습니다. 뒤에 다시 말하겠지만 여기서 말하는 독서토론은 찬반 토론 중심의 디베이트 토론이 아니라, 책을 읽고, 하고 싶은 이야기를 맘껏 나누는 이야기식 독서토론으로, 우리 법인이 개발하여 지금까지 계속되고 있는 독서토론 모형입니다.

이야기식 독서토론을 해 본 아이들은 매우 행복해 했습니다. 다시 이런 토론 자리에 오고 싶어 하였습니다. 그래서 학교에서 수업 중에 적용하게 되었고, 매년 전국단위로 독서토론 축제 형식으로 진행하게 되었습니다. 독서토론은 독서교육 황무지를 옥토로 변화시켜 주었습니다. 지금도 스마트폰 등 각종 매체에 밀린 독서교육을 회복하는 것으로 독서토론만한 것이 없다고 생각합니다.

2) 독서토론 수업은 해 보셨나요?

가끔 "학생들이 읽고 싶은 책을 읽게 하고, 책을 읽은 후 아무런 활동도 시키지 말아라" 하는 이야기를 들을 때가 있습니다. 그 때마다 그 분들께 "혹시 학교에서 독서교육을 해 보신 적이 있나요?" 하고 묻습니다.

가끔 왜 학생들에게 독서토론을 강요하느냐 하는 말을 들을 때가 있습니다. 그 때마다 그 분들께 말하곤 했습니다. "혹시 독서토론을 지도해 보신 적이 있나요?" 하고. 우린 독서의 '이상'을 쫓지 않고 독서교육의 '현실'을 직시하는 교육운동을 펼치고자 합니다.

교육부가 미래 지향적인 교육을 위해 뒤늦게(지금은 상식이지만 20년 전에는 독서교육 안 하는 것이 상식이었음) 독서교육의 필요성을 인식하고 교실 두 칸을 합쳐서 학교 도서관이라 하자고 하면서 전국 모든 학교에 도서관 짓기를 완성하였지요. 물론 아주 오래된 이야기이지요. 그리고 그 도서관에 좋은 도서목록을 갖추었지요. 그런데 아이들은 도서관을 찾지 않고 책도 읽지 않았습니다. 사서교사나 사서, 도서관 실무사가 없었으니 당연하였을 수도 있지요. 초기에 우리 법인은 한국도서관협회, 책읽는사회만들기국민운동 등 관련 단체와 협력하여 사서교사 채용 운동 등을 펼쳤습니다. 이제는 사서교사가 꽤 많이 임용되거나 도서관 실무사가 채용되어 활동하고 있지만 아직도 멀었습니다.

그런데 사서가 없다고 도서관 실무사가 없다고 그냥 학교도서관을 방치할 수는 없지요. 그래서 학교 독서교육에 관심 있는 분들이 모인 연구 단체가 바로 '(사)전국독서새물결모임' 입니다. 내 한 명이 변하면 적어도 우리 반 30여 명 학생들에게 독서로 행복한 삶을 살게 할 수 있고, 나아가 내가 가르치는 교과의 300여 명 학생들에게 독서교육으로 행복한 미래를 준비하는 교육활동을 전개할 수 있다는 것이 우리 법인의 초기 슬로건이었습니다.

우리는 학교 독서교육의 바람직한 정착을 위해 정말로 안 해 본 것이 없이 다 해보았습니다. 『어린왕자』로 독서퀴즈를 하다가 여우를 만난 것이 몇 번째 장미꽃인지 몰라 그만 망신을 당하면서 독서퀴즈를 내려놓게 되었습니다. 그림 그리기로 전락한 창의적인 독서활동도 많은 학교에서 학생들의 노동력 착취이지 순수한 독서교육은 아니다 라는 평가를 받게 되었지요. 독후감 쓰기는 고전적인 독서교육이긴 하나 좀 힘들기도 하고 베껴 쓰기 지도로 전락한 부분도 생겼지요.

우린 이런 고민을 독서토론으로 찾을 수 있었습니다. 앞서 설명한 이야기식 독서토론은 어떤 분들이 말하는 비경쟁 토론의 표본인데, 우린 이러한 비경쟁 토론인 이야기식 독서토론을 18년째 지도하고 있습니다. 이야기식 독서토론은 먼저 아이들이 좋아합니다. "토론이 재미있네" 하는 반응이 쏟아지기 시작하였습니다. 이야기식 독서토론을 하다, 쟁점이 생기면 찬반 토론으로 주제에 대해 심화된 토론을 교차질의식으로 진행하기도 하였습니다. 독서토론은 독서교육의 꽃이라는 말이 이해가 되는 순간입니다.

아직도 독서토론 수업이나 활동에 대해 부정적인 분들은 직접 이야기식 독서토론을 저와 한번 같이 해 봤으면 합니다. 독서토론의 참된 즐거움과 행복을 만끽하실 것입니다. 가끔씩 접하는 정치하는 분들의 토론 모습을 보면서 저들을 모셔다 한번 이야기식 독서토론이든 교차질의식 독서토론이든 같이 해 봤으면 하는 마음 간절합니다. 그러면 저들이 저런 정도는 아닐 텐데….

3) 학생들이 책도 정해요

독서토론 수업의 시작은 도서 선정부터 시작됩니다. 좋은 책을 정해야 행복한 토론을 할 수 있습니다. 물론 어떤 책이든 책은 모두 좋지요. 그런데 토론에 좀 더 적합한 책을 선정하는 것도 필요합니다. 발달 단계나 학생들의 상태와 진로 등을 고려하여 전문가인 교사가 선정해 주는 것도 좋습니다. 때로 학생들과 함께 토론할 도서를 찾은 과정도 그 자체가 매우 교육적이고 필요하지요.

어떤 책이 독서토론 도서로 좋을까요? 이야기 거리가 풍부한 책이어야 하겠지요? 그럼 어떤 책이 이야기 거리가 풍부할까요? 아마 사회나 과학 관련 도서가 아닐까요? 문학 도서는 읽고 눈물 한 번 흘리면 되는 책들도 있습니다. 문학 도서는 읽고 토론하고 이야기를 진행하는 것보단 그냥 읽기만 하면 감동이 되는 책도 있습니다. 그러나 사회나 과학 관련 도서는 함께 읽고 자신의 생각을 정리해 말도 해보고, 다른 친구들의 의견도 들어보는 것이 매우 좋습니다.

이 과정에서 다양한 책을 읽도록 교사는 도와주어야 합니다. 우리 법인은 진로독서 연구 활동을 통해 『진로독서 가이드북』을 펴낸 적이 있었습니다. 국가에서 뒤늦게 진로교육의 중요성을 인식하고 기존의 선생님들 중에 재교육 연수 과정을 통해 진로교사를 양성하여 현재 중등학교는 학교마다 대부분 진로교사가 배치되어 있습니다. 우리 법인 회원 중에도 전과를 통해 진로교사가 되신 분들이 많이 계십니다. 이들이 진로교사 양성 과정에서 수많은 동영상을 받아 오셔서 초기에는 동영상을 보여 주는 수업을 많이 하셨습니다. 동영상도 어쩌다 한 번 보면 집중을 좀 하지만 매번 반복되면 아이들의 집중력은 많이 떨어집니다. 이런 고민을 하다가 진로 체험 활동을 통해 진로 수업의 방향을 잡기도 하였고, 많은 학교에서 잘 운영되기도 합니다. 그런데 학교가 연중 진로체험 활동만 할 수는 없지요? 그래서 많은 분들이 진로독서 교육에 대해 관심을 갖게 되었습니다.

우리 법인의 진로독서 교육은 3단계로 나누어 연구 활동이 진행되었습니다. 그 1단계가 『진로독서 가이드북』 연구 및 출판 활동이었습니다. 『진로독서 가이드북』은 독서활동을 통해 진로교육을 체계적으로 하고자 마련한 책입니다. 초등 저학년, 초등 고학년, 중학교, 고등학교 4개 부문으로 나누어 각급 학교별 약 200여권의 도서를 선정하여 관련 직업, 교과 정보, 토론 주제, 논술 주제 등의 발문을 개발하였습니다. 진로교육을 하는 교사 또는 학부모는 이 책을 통해 직업세계에 대한 다양한 접근 기회를 얻고 충분한 정보를 제공받을 수 있으며, 직업에 관한 올바른 가치관을 가질 수 있도록 편집하였습니다.

이 책 독자 리뷰를 하나 소개해 봅니다.

> 하나의 분야가 아닌 다양한 분야에 대해 가이드 되어 있는 것이 좋았다. 내가 고등학생 때 이 책을 읽었더라면 아마 내 미래는 지금과 조금은 다를지도 모른다 라는 생각도 해보았다. 한창 진로 때문에 고민이 많은 학생들에게 딱 맞는 책인 것 같고 이 책을 읽음으로써 하나 이상의 어떤 무언가를 얻어 갈 수 있는 좋은 책 같다.

『진로독서 가이드북』은 진로독서의 개념을 제대로 제시한 도서로 각종 학위논문에 인용되고 있기도 합니다. 이 책에 소개한 작품 선정 기준을 소개하며 좋은 책을 고르는 방법과 진로독서나 독서토론 대상 도서를 고르는 방법을 소개해 봅니다.

1) 한국표준직업분류의 대/중/소/세분류를 제시할 수 있는 도서
2) 개정 교육과정에 따른 교과 학습과 관련된 도서
3) 초등학교 저학년/고학년, 중학교, 고등학교 학생들의 자아실현 및 소질 계발에 도움을 주는 도서
4) 꿈과 희망을 주는 내용이나 성장의 이야기가 담긴 도서
5) 다양한 지식 습득 및 정서 함양, 건전한 윤리관 정립에 도움이 되는 도서
6) 교과 수행평가 및 체험학습에 활용될 수 있는 도서
7) 사회와 소통하여 새로운 문화를 창조할 수 있는 도서
8) 토의와 토론이 가능한 도서
9) 문학, 인문, 사회, 과학, 예술, 철학 등 다양한 분야의 책을 선정하여 폭 넓고 깊이 있는 사고를 할 수 있는 도서
10) 고대, 중세, 근대 등 선인들의 지혜를 배우고 현대인과 현대 문화에 대한 성찰이 이루어질 수 있도록 시대별로 의미 있는 도서
11) 세계에 대한 인식의 폭을 넓힐 수 있도록 다양한 문화의 특성이 반영되어 있는 도서

이 책은 국가 통계청 '한국표준직업분류'의 5단계를 분석하여 '중분류'를 중심으로 직업군을 10개로 나누고 해당 도서를 선정하였습니다. 직업별 선정 도서는 해당 직업에 대한 이해를 돕는 도서 한 권, 해당 직업에 대해 긍정적인 시각으로 저술한 도서 한 권, 해당 직업에 대해 부정적인 시각으로 지은 책 한 권을 선정기준으로 정하고 연구하였으며, 연구 결과를 시중에 출판하여 좋은 평가를 받은 바가 있습니다.

이 때 학생 한 명이 의사를 지망하여 관련 직업군의 도서를 읽고 진로독서 지도를 받을 때의 이야기가 생각나네요. 자타가 선망하는 의사 직업을 목표로 공부하던 학생이어서 관련 도서도 적극적으로 읽기 시작하였지요. 그러면서 의사에 대한 부정적인 측면을 다룬 책도 읽게 되었습니다. 그 내용에 어느 의사가 불치병에 걸린 환자를 수술하면서 그만 피가 의사에게 튀게 되었다는 내용이 나옵니다. 결국 불치병에 걸린 환자를 수술하던 그 의사도 사망하게 된다는 책이었습니다. 그리고 그 책을 읽은 학생은 자신의 진로를 의사에서 다른 직업군으로 바꾸게 되었지요. 그 학생이나 부모님, 그리고 나중에 그 의사에게 치료를 받게 될 환자 모두에게 행복한 결과를 맺게 한 진로독서의 결실이라고 할 수 있겠습니다.

이처럼 좋은 책은 학생들이 정하고, 선생님들이 도와 줄 때 좋은 책을 선정할 수 있습니다. 학생들이 읽고 싶은 책만 읽는 것이 아니라, 선생님들이 읽게 하고 싶은 책도 함께 읽을 때 그 학생은 행복한 삶을 준비할 수 있습니다.

4) 이야기식 토론 발문도 만들고요

스스로 선정한 책을 읽은 학생들은 독서토론 발문도 스스로 만듭니다. 3단계로 진행되는 이야기식 독서토론 발문이지요. 그리고 각자가 정한 발문으로 이야기식 독서토론을 진행합니다. 이야기식 독서토론 발문을 만들면서 해당 도서에 대한 요약과 이해를 거치게 되고, 각자 나누고 싶은 이야깃거리를 발문으로 만들지요. 그리고 독서토론을 진행하면서 아이들이 미처 생각 못한 이야깃거리를 선생님들이 넌지시 던지지요. 이렇게 선생님들의 발문까지 덧붙여지면서 우리 아이들은 아주 행복한 이야기식 독서토론을 경험하게 됩니다.

이게 우리가 17년 동안 진행한 대한민국 독서대회의 토론 장면이기도 합니다. 우리 독서대회는 교육부가 후원하는 독서대회로 매년 10만여 명의 학생들이 참여하는 독서축제입니다. 이 독서대회에 참여하고자 하는 학생들은 먼저 독서발문으로 예선에 참여합니다. 우리나라에 독서토론대회나 독후감대회 등 각종 독서대회가 있는데, 독서발문으로 예선을 진행하는 독서대회는 우리 법인 독서대회가 유일합니다. 학생들은 책을 읽고 먼저 3단계의 독서발문을 만들지요. 독서발문을 만들면서 자신의 생각도 정리해 보고, 자신이 물은 질문에 대해 스스로 답변하면서 사고를 깊게 하고 넓게 합니다.

각종 독서대회에서 요구하는 독서감상문 등은 인터넷에 엄청 많이 떠돌기도 합니다. 그리고 그 독후감을 그대로 제출하는 경우도 있지요. 그러나 독서발문은 새롭게 시도한 독서교육 방법이므로 아직까지 인터넷에 많이 노출되어 있지 않습니다. 그러다보니 남의 독서발문을 그대로 베껴 내는 학생들이 거의 없습니다.

이렇게 학생이 직접 만든 독서발문은 본선대회에서도 적용됩니다. 우리 독서대회 본선에서는 학생이 예선 때 제출한 독서발문을 묶어 대회용 독서발문으로 만들어 학생 눈높이를 맞춘 발문으로 독서토론을 진행합니다. 이야기식 독서토론이지요. 독서토론이라 하면 많이들 찬반식 독서토론으로 여기기도 하고, 경쟁식이라 매도하기도 하지만(사실 토론은 경쟁을 전제한 것이기에 비난할 일은 아님, 뒤에 설명함) 우리가 진행하는 주된 독서토론은 이야기식 독서토론입니다. 우린 18년 전부터 비경쟁 독서토론의 정신으로 이야기식 독서토론을 진행해 온 것입니다.

제2장

두 번째 이야기,
독서토론을 어떻게 할까?

1. 이야기식 독서토론으로 비경쟁 토론을 시작한 지 어언 20년

1) 이야기식 독서토론을 아시나요?

이야기식 독서토론은 '독서새물결'에서 전국단위 독서토론대회에 적용하고 있는 토론 모형으로, 카페에서 차 한 잔을 놓고 대화를 하는 듯 편한 분위기에서 이야기를 나누는 듯이 진행하는 독서토론입니다. 다양한 주제를 다양한 방법으로 진행하는 재미있는 토론이지요. 이야기식 독서토론은 토의의 개념을 포함하여, 책을 읽고 소감도 나누고, 대안도 모색해 보고, 쟁점이 생기면 찬반 토론도 진행합니다. 일반화가 가능하고 초/중/고등학교 모든 학교에서 적용 가능한 모형이기도 합니다.

18년 전, 제가 석사학위 논문으로 구안한 다음, 교육부가 후원하는 대한민국 독서토론대회에 적용하여 오고 있는데, 학생들의 반응은 가히 폭발적입니다. 다양한 독서토론 방법을 경험해 보았는데, 우선 재미있고 다양한 이야기를 맘껏 나눌 수 있어 좋았다고, 토론 방법 중 으뜸이라고 합니다.

이야기식 독서토론은 아래처럼 3단계로 진행합니다. 무형식의 부담이 도리어 현장에서는 어려움이 있음을 겪은 후, 가장 단순한 형식을 구안하였지요. 어떤 경우는 형식이 주는 가중한 부담이 토론의 즐거움을 앗아갈 수도 있음에 최소한의 단계를 설정하여, 토론 진행이 쉽도록 구안하였습니다.

이야기식 독서토론 1단계는 배경지식 관련 발문(20%)으로, 대상 도서를 읽지 않아도 토론자들이 쉽게 반응할 수 있는 흥미 있는 발문을 제시합니다. 래포 형성이 목적이기도 하지요. 독서토론을 지도해 보신 분들은 아시겠지만, 아이들이 책을 읽어 오지 않아 토론이 불가한 경우가 많지요. 명색이 독서토론반인데 책을 읽어 와야 책 이야기를 나눌 수 있지 않을까요? 그런데 책 이야기로 시작했더니, 책을 읽어 오지 않아 교과 수업도 동아리 활동도 어려웠던 경험이 많았습니다. 이야기식 토론 1단계는 이런 고민에서 구안되었습니다. 책을 안 읽어온 친구들도 답변할 수 있는 발문을 슬쩍 던져 주는 것입니다. 책과 관련되면서도 책을 안 읽어 와도 알 수 있는 배경지식 관련 발문을 던지면 대부분의 아이들이 신나게 반응합니다. 책을 읽지 않아도 선생님의 질문에 답변할 수 있다는 것이 신기하기도 하고 재미있기도 하였다고 합니다. 그러다보니 다음 시간은 책을 읽어 오라 하지 않아도 그 다음 이야기를 하고 싶어, 책을 스스로 읽어 오는 모습을 볼 수 있었습니다.

이야기식 독서토론 2단계는 대상 도서의 내용과 관련한 발문(30%)으로, 이제 책 이야기를 본격적으로 나누는 단계입니다. 그런데 2단계에서도 학생들을 독서토론에 재미있게 초청하려면 독서퀴즈 같은 발문을 만들면 절대로 안 됩니다. 『어린 왕자』를 읽고, 술 마시는 게 부끄럽다면서도 또 술을 마시는 알콜중독자가 살고 있던 별은 몇 번째 별인가요? 라고 물으면 안 됩니다. 즉 정답이 있으면 안 됩니다. 아무리 책을 잘 읽어도 그런 내용을 오래 외우기도 힘들고 외울 필요도 없지요. 그럼 어떻게 하면 될까요? 『어린 왕자』를 읽고, '어린 왕자가 여행한 일곱 개의 별 중에서 가장 기억에 남은 별 이야기를 해 볼까요?' 하는 형태가 좋습니다.

제가 근무하는 학교는 매년 전교생 대상 독서퀴즈대회를 강당에서 개최했었는데, 한 해는 어린 왕자로 독서퀴즈대회를 개최한 적이 있었습니다. '어린 왕자가 몇 번째 골목에서 보아뱀을 만났나?', '어린 왕자가 일곱 번째 골목에서 만난 동물은?', '해 지는 모습은 몇 번이나 보았나?' 이런 질문이었는데 정답을 교무실에 두고 그만 강당으로 온 것이어서, 정답이 헷갈리고, 정답을 찾으러 교무실로 갈 수도 없어서 엄청 난처했던 기억이 지금도 생생합니다.

그 후에 우리 학교는 독서퀴즈대회를 없애고 이야기식 독서토론으로 독서 행사를 진행해 오고 있습니다. 이야기식 독서토론도 정답이 있는, 그 정답을 외어야 하는 발문을 만들 경우 비슷한 어려움을 겪기도 합니다. 독서발문은 교사만 만드는 게 아니어서 토론 모둠별로 각자 만들고 모둠장이 진행하도록 지도하고 있습니다. 이 때 많은 학생들이 자신이 만든 발문을 친구들이 모르면 으스대며 발문을 잘 만든 것처럼 착각하기도 했습니다. 이야기식 독서토론 발문은 친구가 모르는 것을 묻는 것이 아니라, 친구도 아는 내용을 물은 후, 그 내용에 대한 각자의 생각을 나누는 것으로 진행해야 합니다.

그래서 이야기식 독서토론 2단계는 학생들이 아무리 외우지 않으려고 발버둥을 쳐도 대상 도서만 읽었다면 알 수 있는 내용을 중심으로 발문을 생성해야 합니다. 즉, 답변이 쉬운 독서발문을 제시해야 합니다. '읽은 내용 중에 가장 인상 깊은 장면이나 사건은?', '(쉬운 내용 제시하고) 토론자의 생각은? 왜 그렇게 생각하니?' 같은 발문을 만들면 학생들이 망설임 없이 잘 참여합니다. 예를 들면, 『마당을 나온 암탉』에서 '잎싹'이 자신이 낳은 '초록머리'가 닭이 아니라 청둥오리인 것을 알고는 이번 겨울엔 따뜻한 남쪽나라로 친구들과 같이 가라고 하지요. 이때 '초록머리'가 날아갔나요? 날아가지 않았나요? 이 책을 읽은 청소년들이라면 모두가 날아간 것을 알 수 있을 것입니다. 이 책 후반부는 '초록머리'가 날아간 이후의 '잎싹'의 이야기가 전개되기 때문이지요.

이야기식 독서토론 3단계는 대상 도서와 관련한 인간 삶이나 사회 관련 발문(50%)으로 진행하는 토론으로, 이야기식 독서토론의 핵심이기도 합니다. 그래서 어떤 곳에서는 곧바로 이 3단계로 토론을 진행하기도 하는데, 이게 독서토론의 접근성을 어렵게 하거나 학생들이 힘들어 하는 이유가 되기도 합니다. 이 3단계가 핵심이고 중요하기는 하지만 1, 2 단계를 거치기 전의 3단계 토론은 여전히 어렵습니다. 그래서 반드시 1, 2단계를 거쳐야 3단계 토론이 아주 재미있기도 하고, 행복한 토론으로 전개할 수 있습니다. 책 이야기를 나누다 보면 자신의 삶 이야기로 적용해 보거나 사회 문제로 확대해 볼 수도 있습니다. 그러다 보면 쟁점이 생기기도 하고 대립이나 갈등이 생기기도 합니다. 이 때에는 찬반토론으로 집중하여 토론을 진행할 수도 있습니다.

이야기식 독서토론의 전문가가 되고 싶으신가요? 가능합니다. 우리 학교 학생들이나 주말 인문학 독서학교 학생들도 매번 이야기식 독서발문을 만들어 수업에 임합니다. 즉 모든 이들이 이야기식 독서토론의 전문가가 되어 행복한 토론을 경험하며 미래 행복한 삶의 주인공으로 인문학적 소양을 쌓아갈 수 있습니다.

이 때 두 가지만 유의하면 됩니다. 첫째, 독서토론 발문은 정답을 말하도록 물어서는 안 되며 자신의 생각을 말할 수 있도록 발문을 작성해야 합니다. 발문에 대한 반응(답변)이 한 가지만 있도록 묻는 단답형보다는 토론자들이 다양하게 반응(다답형)할 수 있는 발문을 만들어야 합니다.

둘째, 이야기식 독서토론 발문은 1회성 발문이 아니라 연속적인 발문이 가능하도록 발문을 작성해야 합니다. 예상 답변을 고려하여 토론자들에게 같은 주제를 심화하거나 확대하는 연속적인 발문을 만들어야 합니다. 즉, 1-1) 1-2) 1-3) 이런 식으로 발문을 개발하면 좋습니다. 예를 들면, 다녀온 해외여행지 중 기억에 남은 나라 소개 - (미얀마) - 그렇게 생각한 이유 (사람과 자연이 좋아서) - 그럼 앞으로 다녀오고 싶은 나라 - (라오스) - 우리나라에 외국 사람들이 오게 하는 전략 - (미얀마+라오스+한국적인 것) 이렇게 연속적인 발문을 만들면 재미있게 토론할 수 있고, 그러면서 창의성도 증진할 수 있습니다.

2) 고3 담임 연속 5년을 딛고, 한철우 교수님을 만나다

고3 담임은 교사라면 꼭 해보고 싶은 학년이기도 하고, 오래 하면 힘들기에 기피하는 업무이기도 합니다. 관리자 입장에서도 늘 신경이 쓰이는 업무 분장입니다. 교사 초임 시절에 어쩌다 보니 고3 담임을 연거푸 5년을 한 적이 있었습니다. 수능 시험이 도입되는 첫 해에 입학한 고1 학생을 맡아 학년이 올라가면서 계속 3년 동안 지도하면서 수능 시험이 어떠한지를 집중하여 배우며 가르친 적이 있었습니다. 이게 제 첫 고3 담임의 시작이었습니다.

고3 담임이니 수능 문제집을 엄청 풀었지요. 그러면서 문제집이 '문제'인 경우도 엄청 많았지요. 수능이 뭔지도 모르면서 백화점식 문제은행식으로 나열한 문제집이나 옛날 학력고사 형태를 답습한 문제집 등이 난무하였지요. 저는 문제집을 많이 푸는 게 바뀐 입시제도 수능에서는 별 도움이 안 된다고 판단하였습니다. 그래서 학생들이 새롭게 바뀐 수능을 이해하고 바르게 공부하도록 돕기 위해 『수능 출제유형 분석 연구 80선』이라는 자료집을 개발하여 수업에 적용하였습니다. 마침 본교가 수능준비 제6차 실험평가 대상학교이기도 하여 수능의 특징을 분석할 기회도 얻었습니다. 이렇게 하여 탄생한 교재가 『수능 출제유형 분석 연구 80선』입니다. 7차에 걸친 수능 실험평가를 분석해 보니 수능 언어영역의 경우 그 출제 유형을 80가지 유형으로 정리할 수 있어서 그 내용을 교재로 개발하여 수업 교재로 사용하였지요.

첫 고3 담임 때 수능 출제 유형만 분석하여 지도한 것이 아닙니다. 고3 학생들이 수능이라는 새로운 입시제도에 적응하기 위해 무엇이 필요할까 고민하고 선생님들과 토론하며, 수능의 핵심은 '독서교육'에 있다고 판단하게 되었습니다. 이때부터 제 독서교육이 시작되었습니다. 1991년에 수능이 예고되고 1993년에 첫 수능을 치루었으니 제 독서교육의 출발은 1991년이며, 이때부터 줄곧 독서교육을 학교에서 실천하였으니 금년이 27년째가 되네요.

그리고 고3 학생들에게도 독서교육을 시켜야 하는데 예나 지금이나 고3은 왜 그리 바쁩니까? 바쁜 그들에게 독서교육의 '독'자도 들어갈 수 없었지요. 그래서 제가 개발한 것이 '짧은 독서'입니다. 미처 특허를 신청하진 못했지만 고교 독서교육을 실천하는 실질적이고 체계적인 고교 독서교육 프로그램이라고 생각합니다. '짧은 독서'에 대한 이야기는 제1장에서 설명하였기에 여기에선 생략합니다.

첫 고3 담임을 제가 생각하기에 최선을 다했다고 생각했는데 다음 해 업무분장에서 또 고3 담임을 맡게 되었습니다. 그래서 학교에서도 좋게 보셨구나 하여 그대로 받아들였습니다. 그렇게 하다 보니 5년 동안 계속 고3 담임을 맡게 되어 이건 아니라 하는 생각이 들었지요. 왜냐하면 제 실력이 동이 나는 것을 느꼈기 때문이었습니다. 그래서 재충전이 필요하다고 판단하여 학교에 말씀드리고, 그 다음 해에 한국교원대학교 대학원 특별과정에 입학하게 되었습니다. 왜 한국교원대학교 대학원에 진학했냐고요? 바로 제가 독서교육에 목말랐으며, 그 목마름의 갈증을 해결해 주실 수 있는 독서교육 전문가, 한철우 교수님이 한국교원대학교에 계셨기 때문이었습니다.

한철우 교수님을 만나 공부하고 학위논문을 쓰면서 개발한 것이 바로 앞서 설명한 '이야기식 독서토론'입니다. 그러니 제 독서교육 인생에서 매우 중요한 전기가 마련된 것이지요.

3) 이야기식 독서토론으로 행복한 독서교육에 눈뜨다

이처럼 한국교원대학교 대학원에서 한철우 교수님을 만나 독서교육 전반을 공부하기 시작했습니다. 3년 동안 방학마다 교원대에서 공부하던 시절이 제 대학원 생활의 황금기였습니다. 학부 생활은 여러 가지 이유로 어둡고 우울한 시절이었습니다만 대학원 생활은 방학마다 만나는 선후배가 반가웠으며 밤새우며 토론하고 연구한 것을 다음 날 발표하고 토론하는 수업 방법이 너무 좋았습니다. 아시듯이 교원대는 방학마다 기숙사에서 기거하면 공부합니다. 그러다보니 다른 대학교 대학원처럼 강의실에서만 만나는 것이 아니지요. 대학교 학부처럼 방과 후에도 같이 밥 먹고, 놀고, 공부하고, 어울리는 것이 너무나 좋았습니다. 그게 기숙사 생활이기에 가능한 것이었겠지요. 이 때 만난 친구들이 훗날 독서새물결 임원으로 참여하여 지금까지 독서교육 인연이 이어지기도 합니다.

그럼 이야기식 독서토론은 어떤 주제로 토론을 진행하는 것일까요? 앞서 말씀드린 3단계 형식으로 발문을 제시하며, 재미있는 발문으로 즐겁게 토론할 수 있는 주제를 제시해야 합니다. 이게 바로 행복한 독서토론의 핵심입니다. 그러다보니 1단계부터 아이들의 흥미를 이끌 수 있으면서 책과 관련된 발문 주제를 참여 학생이나 집단에 맞게 만들어낼 수 있어야 하겠지요. 예를 들어 『아몬드』로 토론한다 할 경우, 초등학교 학생들과 토론할 때 제시할 수 있는 발문이 다르고, 시골학교 학생들에게 제시할 발문이 다르며, 다문화 학생들에게 제시할 발문이 다르겠지요. 즉, 학교급별로 다르고 대상자들의 상황에 따라 달라야 하며, 시대 배경에 따라 다른 발문을 제시하는 것이 필요합니다.

따라서 이야기식 독서토론은 다양한 주제를 다양한 방법으로 재미있게 진행하는 독서토론으로 참여자 모두가 행복한 독서토론이 되는 것이 목적입니다. 그동안 17년 동안 전국단위 독서토론대회를 개최하면서 아이들의 반응을 들어보면 이야기식 독서토론이 제일 재미있었다고, 그래서 내년에 다시 꼭 오겠다고 하는 학생들이 대부분이었습니다.

우리 법인의 어떤 학교에서는 학교 전체가 이야기식 독서토론으로 학교 독서축제를 펼치는 학교도 있습니다. 이야기식 독서토론은 독시발문과 함께 진행자가 매우 중요한데, 이 학교에서는 어머님들이 이야기식 독서토론을 먼저 해 보시고 아이들 토론 진행을 맡으신다고 합니다. 10명 단위로 모둠을 편성하여 진행하기에 교사로서는 인원이 턱없이 모자라기 때문이기도 합니다. 학년 당 100명이면 600여 명의 학생들이며, 이들을 10명 내외로 편성하면 모두 60명의 토론진행 교사가 필요하니 부모님께서 참여하는 것이 필요합니다. 학생과 부모님, 선생님 모두가 어우러져 독서토론 축제를 펼칠 수 있는 것이 바로 이야기식 독서토론이기도 합니다.

4) 학생들이 질문하고, 선생님들도 질문하고

처음에는 이야기식 독서토론의 발문을 선생님과 부모님들이 만드시고 준비하여, 재미있고 행복한 독서토론을 진행하였습니다. 선생님과 부모님들이 만든 독서토론 발문으로도 풍성한 이야기 거리가 생기지요. 그런데 학생들의 눈높이에 맞는 독서발문이 있으면 좋겠다는 생각이 들어 아이들에게도 발문을 받아 보았습니다.

처음에는 아이들이 만든 발문이 토론거리를 찾기 보단 정답이 있는 발문 즉 익숙한 독서퀴즈 문제를 만들어 오더라고요. 그래서 아이들에게 정답이 없는 발문을 만들어 보라고 지도하였지요. 토론 발문에 정답이 있으면 그건 토론이 아니라 독서퀴즈가 됩니다. 그래서 학생들이 정답 걱정 없이 자유롭게 자신의 생각을 말하게 하는 토론 주제 발문을 만들어 보도록 지도했습니다.

자신의 취미 관련 이야기로부터 시작할 수도 있고, 읽은 책을 학교생활이나 가정생활과 연계해 보도록 했고, 우리 사회와 연결하면 이야깃거리가 많을 것이라 지도했습니다. 그 후에 다양한 독서발문이 쏟아졌고 풍성한 이야기를 맘껏 나눌 수 있었습니다.

나아가 아이들에게 한 번 묻고 답하는 식의 토론이 아니라 그 대답을 듣고 계속 묻고 답하는 연속 발문 형태의 발문 생성을 지도했습니다. 예를 들어, 그 책을 읽고 동네 이야기가 나오면, 그 동네 이름이 뭐지? 하고 묻는 것은 정답이 있는 것으로 잘못된 발문입니다. 그런데 이런 발문을 살리는 것이 연속 발문입니다. 앞선 발문에 이어서, 그런데 네가 살고 있는 동네의 현재 문제점은 무엇이라고 생각하니? 너희 동네 주민들이 행복한 삶을 살려면 지금 무엇부터 실천하면 좋을까? 10년 후의 우리 동네가 어떻게 변해 있으면 좋을까? 이런 식으로 한 주제에 대해 계속 이어가는 발문, 즉 연속 발문으로 이야기식 독서토론을 지도하였습니다.

예상대로 학생들의 반응은 매우 재미있어 했습니다. 정규 수업 시간에도 독서토론을 하게 되니, 너무 소란스럽다고 옆 반에서 궁금하여 달려온 경우도 있었습니다. 그래서 장소를 도서관으로 바꾸어 아이들이 맘껏 떠들고 신나게 토론하도록 이끌었습니다. 이야기식 독서토론으로 아이들의 말문을 열게 하였고, 스스로 책을 읽게 하였고, 자기가 나누고 싶은 토론 주제를 만들어 오게 했으며, 모두가 신나는 독서토론을 하게 하였습니다. 실로 행복한 독서토론을 경험한 것이지요.

2. 독서새물결 독서토론으로 교육적 독서토론을 시작하다

1) EBS 공화국에서 토론 공화국까지

독서새물결(교차질의식) 독서토론은 쟁점이 있는 주제에 대한 찬반 토론 형식의 모둠별 토론(단체전)입니다. 토론 대형은 서로 마주보게 배치하고, 자리에 앉아서 편하게 진행하는 토론입니다. 내용을 외우지 않아도 되고, 자료를 마음껏 활용하여 토론할 수 있습니다. 일전에 유명한 모 토론대회에 우리 학교 학생이 참여한 적이 있었습니다. 그 학생에게서 토론대회에 참가했다가 밤새 토론 발제문을 외웠다는 이야기를 들으며, 교사들이 잘못된 토론방법을 제시하면 학생들만 불행해 지겠구나 생각해 보았습니다. 행복한 독서토론은 밤새 외운 내용을 배심원을 향하여 토론하는 그런 웅변식 토론이 아닙니다. 더구나 상대방의 발제 중에 "이의 있습니다." 하고 질문을 끊지 않고, 끝까지 경청해야 합니다.

학교 안에서는 수업 시간마다 EBS 문제를 풀어야 하는 고3 교실, 학교 밖에서는 상업적 토론으로 토론 교육이 위태로운 상태에까지 이른 이른바 EBS 공화국과 토론 공화국에 우린 살고 있습니다. 고3이 되면 보통 한 해에 EBS 문제집을 몇 권쯤 풀고 수능 시험을 보게 될까요? 제가 고3 담임을 5년 연속으로 할 때, 한 해는 EBS 문제집을 하도 많이 푸는 것 같아서 세어 본 적이 있었습니다. 그 해 저는 11권의 문제집을 정규수업, 보충수업, 심야수업 등 각종 수업시간에 풀었지요. 그것도 3월에는 교과서를 나가면서 풀었으니, 다른 분들은 더 많이 풀었을 겁니다. 어떤 선생님은 교과 과목 중에 '독서'라는 과목(제7차 국가 교육과정에는 '독서'라는 과목이 있었음)이 있는 줄도 모르고 교과서를 한 번도 들춰 보지도 않은 때 3월 첫 수업부터 서점이 가져다 준 EBS 문제집을 풀곤 했다 합니다. 그야말로 EBS 공화국인거죠. 한 술 더 떠 지금까지 국가에서도 그 EBS에서 국가시험인 수능이 나온다고 독려하고 있으니 참으로 안타깝기만 하지요. 진정 교육을 아는 분들이신지.

독서토론도 가관입니다. 앞서 언급한 것처럼 독서토론을 잘 가르친다는 모 고등학교 여름 독서리더십 캠프에 우리 학교 학생을 보낸 적이 있었습니다. 당시 캠프 비용도 상당히 비쌌지만 그 부모님이 그래도 뭔가 다르겠지 하고 보내셨다고 합니다. 캠프에 입소하니 학생들을 모둠별로 편성하고 모둠별로 주제를 알려 주고 내일까지 입론을 써서 발표하라고 하더랍니다. 그래서 토론 리서치를 통해 입론을 쓰곤 그 입론지를 밤새 외웠다고 합니다. 왜냐하면 맨손으로 토론(맨손 체조가 아니라 맨손 토론)을 해야 한다고 지도 받았기 때문이었습니다.

그렇습니다. 독서토론은 토론 발제(입론이라고도 하나, 토론에 참여하는 것은 발제가 더 정확한 표현임)문을 밤새 외워 웅변처럼 배심원을 설득하는 토론이 되어서는 안 됩니다. 독서토론은 배심원이 없어도 가능해야 합니다. 교실 한 켠에서 친구들과 대화하는 토론도 가능하고, 식당가는 길에 서서 토론할 수도 있습니다. 그리고 읽을 책을 보면서 할 수도 있고, 준비한 자료를 참고하여 토론할 수도 있습니다. 자료를 활용하는 것이 매우 중요한 시대에 그 내용을 외워서 토론하는 웅변대회식 토론을 이제 그만 했으면 합니다.

그래서 우린 교차질의 모형의 독서새물결 토론 방법을 제시하였습니다. 토론자는 자리에 앉아서 준비한 자료를 맘껏 활용하여 토론하도록 지도합니다. 독서새물결 독서토론은 주어진 토론 주제에 대하여 발제-반론-재반론을 대상도서와 교과서 등을 근거로 설득하여 감동을 이끌어 내는 토론입니다.

이것을 우리는 교육적 독서토론이라 명명합니다. 웅변식 토론이 아니라, 준비한 자료를 활용하여 토론하며, 배심원이 없어도 편하고 즐겁게 토론하는 독서토론입니다. 멋있게 보여 주는 상업적 토론이 아니라, 교실 수업에 적용 가능하며, 배우고 있는 교과서를 근거로 삼아 진행하는 교육적 토론입니다. 그러므로 독서새물결 독서토론은 말하는 학생이나 듣는 학생이나 모두 감동을 주고받는 토론입니다.

2) 독서새물결 독서토론이란?

그럼 독서새물결 독서토론이 어떤 토론인지 궁금하시지요? 먼저, 독서새물결 독서토론은 상대방의 말을 잘 듣는 활동으로부터 시작합니다. 제가 주말 인문학 독서학교를 운영하다 보니 가끔씩 독서토론 수업 상담을 할 때가 있습니다. 독서토론 수업을 부탁하며, 어떤 부모님들은 우리 아이가 말을 잘 못해서 토론지도를 받았으면 좋겠다고 상담하는 경우가 종종 있습니다. 그럴 때마다 독서토론은 말 잘하게 도와주는 것이 아니라 상대방의 말을 잘 듣도록 돕는 교육활동이라고 간곡히 말씀 드리곤 합니다.

다음으로, 독서새물결 독서토론은 즐겁고 행복하게 독서토론에 참여할 수 있습니다. 찬반 토론 형태이므로 승패가 가려지기도 하지만 승패를 넘어서는 감동이 있고, 토론 후 함께 공동체의 문제를 해결해 내는 성숙함이 있는 토론입니다. 토론을 통해 적군을 만드는 토론이 아니라, 서로를 이해하고 존중하는 수용과 공감이 있는 독서토론이기도 합니다.

독서새물결 독서토론은 다른 상업적 토론과 비슷하게 3명 내외의 단체전으로 진행하나, 토론자는 자리에 편하게 앉아서 준비한 자료를 맘껏 활용하여 친구들과 함께 토론합니다. 토론 시 토론 내용을 외워 말하는 부담 없이, 준비한 토론지를 보면서 활용하여 토론할 수도 있습니다. 무대로 나와서 토론하는 것이 아니라, 친구들과 함께 자리에 편히 앉아서 맞은 편 친구들과 대화하듯 토론합니다. 배심원을 설득시키려고 애쓸 필요도 없고, 나아가 배심원도 필요 없지요. 그냥 친구들과 재미있게 토론합니다. 토론하는 친구가 말하는 것이 좀 어눌해도 끊지 않고 끝까지 들어줍니다. '이의 있습니다'라고 크게 외치며 친구의 말을 절대로 끊지 않습니다. 학교에서 수업 중에 경청하라고 배웠으니, 토론 중에도 친구가 신나게 토론하는데 그 말을 절대로 끊지 않고 끝까지 들어줍니다. 이게 바로 독서새물결 독서토론입니다. 즉 남들에게 보여주기 위한 상업적인 토론이 아니라, 교실 수업에 적용 가능한 교육적인 토론(배심원이 없이 토론자끼리 진행하는 자유로운 토론)입니다. 그 내용을 정리하면 다음 도표와 같습니다.

❖ **독서새물결 독서토론 방법 (3:3 토론의 경우)**

발언 순서	시간	찬성			반대		
		1	2	3	1	2	3
1	3(2)	발제1					
2	5(3)				교차 조사 및 질의, 반론 / 재반론		
4	3(2)				발제1		
5	2	교차 조사 및 질의, 반론 / 재반론					
	3(2)	전략 협의 시간					
7	5(3)		발제2				
8	3(2)				교차 조사 및 질의, 반론 / 재반론		
10	5(3)					발제2	
11	3(2)	교차 조사 및 질의, 반론 / 재반론					
	5(3)	전략 협의 시간					
13	2			최종 발언			
14	2						최종 발언
계	40(28)						

독서새물결 독서토론을 잘하기 위해서는 사전에 주어진 주제에 대해 독서토론지(토론 개요서)를 준비하는 것이 좋습니다. 독서토론지는 제시된 주제에 대하여 기초 자료를 조사하는 활동입니다. 자료 준비를 통해 토론 주제에 대한 이해도를 증진할 수 있는 자기 주도 독서가 가능합니다. 그리고 쟁점 토론의 핵심인 주장과 근거를 찾는 토론 준비도 필요합니다. 주장은 한 가지 주장을 담아야 하며, 명쾌하고 짧게 작성하도록 지도하는 것이 좋습니다. 근거는 반드시 대상 도서에서 찾도록 지도해야 하며, 자신이 학교에서 배우

고 있는 교과서와 다양한 독서 자료에서 찾도록 지도하면 좋습니다. 처음에는 A4 용지 한 장에 찬성과 반대 주장을 모두 제시하는 것이 좋으며, 숙달될수록 찬성과 반대를 A4 용지 한 장 또는 그 이상 작성하여 토론하도록 하면 학생들의 논리력과 창의적 사고가 많이 개발되는 것을 보게 됩니다.

독서새물결 독서토론 진행은 셋째 마당으로 구분하여 찬성-반대 순으로 진행합니다. 첫째 마당과 둘째 마당은 찬성과 반대의 입장에서 명쾌하고 간단하게 한 가지씩 주장을 하면 됩니다. 그리고 주장에 대한 근거를 대상 도서와 교과서에서 찾아서 제시하게 합니다. 그리고 셋째 마당은 둘째 마당까지의 토론 내용을 최종발언으로 마무리 합니다.

첫째와 둘째 마당의 발제자는 발제에 초점을 두고 토론지를 만들고 토론에 참여하도록 지도하면 좋습니다. 이 때, 제1발제자는 토론 주제에 대한 개념을 정의하는 것이 필요합니다. 정의라 함은 주제에 대한 문자적인 뜻이 아니라 토론 범주를 설정하는 기능으로 봐야 합니다. 예를 들어, 이어령 선생님의 『너 정말 우리말 아니』 라는 책을 읽고 '우리말은 다양한 표현이 가능하다' 라는 주제로 토론한다고 하겠습니다. 이 때 제1발제자가 토론 주제에 대한 개념을 정의할 때에 우리말의 뜻을 장황히 말하는 것이 아니라, 우리말의 범주 즉 한자어를 우리말에 넣을 것인지, 아님 고유어만을 우리말로 전제하고 토론할 것인지에 대해 설명합니다. 범주가 일치되지 않으면 토론의 쟁점이 생기지 않을 수가 있습니다. 찬성 측의 개념 정의가 있은 후에 반대 측에서는 그 정의에 대해 수용할 수도 있고, 다르게 설정하여 재정의할 수도 있습니다. 이렇게 제1발제자는 주제에 대한 정의를 토론 시작할 때에 언급하면 좋습니다. 그런데 실제 토론 장면을 보면 개념 정의를 하고 시작하기가 어려울 수도 있습니다. 이 경우는 곧바로 주장하는 이유와 근거 제시로 들어가도 좋습니다. 보통 둘째 마당까지 두 명의 발제자는 두 가지 주장(주장의 이유)과 그 근거를 주장별로 각각 두 가지씩 제시하면 좋습니다.

이번에는 발제 후 교차 조사 및 질의, 반론, 재반론하는 방법에 대해 설명해 보겠습니다. 제1, 제2 발제 후 상대 팀 모두가 참여하여 발제자에 대해 교차 조사 및 질의, 반론을 전개할 수 있습니다. 교차 조사는 사실 여부를 확인하는 질문이며, 반론은 상대방의 주장에 대한 우리 팀의 다른 의견을 근거를 들어 진행하는 토론활동입니다.

예를 들어 볼게요. 『아몬드』의 주인공인 윤재가 곤이가 친한 사이였나요? (아닙니다.) 그럼 어떻게 친해지게 되었나요? (서로 싸우면서 친해짐) (여기까지는 사실 확인하는 교차 조사 및 질의) 학생들이 싸우면서 친해진다고 말씀하셨는데, 다른 방법으로 친하게 되는 경우는 없을까요? 토론자가 생각하는 청소년들이 친하게 되는 방법은 무엇이 있을까요? (반론과 재반론이 가능) 이렇게 연속적으로 반론과 재반론을 일문일답식으로 토론하도록 지도하면 좋습니다. 처음에는 사실 확인하는 질문(교차 조사 및 질의)이 힘들면 곧바로 반론을 전개하도록 해도 됩니다. 사실, 토론 발제는 누구나 다 잘합니다. 미리 준비하니까요. 그러나 반론과 재반론은 상대방이 무엇을 발제할지도 모르고, 또 반론에 대한 재반론을 미리 준비할 수도 없습니다. 그래서 반론과 재반론을 잘 하는 학생이 독서토론을 잘하는 학생이라고 지도하고 있습니다. 반론과 재반론 할 때는 상대방의 눈을 보며, 손으로는 메모하며 적극적으로 토론하는 것을 볼 수 있습니다. 아이들이 행복하고, 지도하는 선생님도 행복한 순간이지요.

셋째 마당은 최종발언 순서입니다. 최종발언은 3단계로 구분하여 지도하고 있습니다. 먼저 상대팀에 대한 수용과 반박 단계입니다. 자기 팀이 잘했다고 강조하기보다는 상대팀에 대해 칭찬하는 말하기 단계입니다. '주장이 참신하다', '근거가 최근 자료여서 참 좋았다' 등의 상대방 토론에 대해 칭찬하는 것은 경쟁지향일 수 있는 토론에서 교육적인 공감토론으로 승화될 수 있는 매우 중요한 단계입니다. 그 다음 단계는 자기 팀 주장을 요약하는 단계입니다. 요약도 앞 발제자의 토론 내용을 그대로 반복하는 요약이 되어서는 안 됩니다. 자기 팀 두 발제자의 주장과 근거를 새로운 어휘나 표현으로 요약해야 합니다. 가장 쉬운 방법이 상위어를 사용하는 것입니다. 예를 들어, 우리 팀 제1발제자가 농촌을 살리기 위해서는 사과를 많이 먹어야 한다고 주장했고, 제2발제자는 포도를 많이 먹어야 한다고 주장했다면, 제3발제자인 최종 발제자는 우리 팀은 농촌을 살 리가 위해 사과와 포도를 많이 먹어야 한다고 요약하는 것이 아니라 사과와 포도의 상위어인 '과일'을 많이 먹어야 한다고 주장해야 합니다. 보통 상위어는 추상적인 어휘가 많으니 토론자들에게 어휘 사용도 잘 지도해 주면 좋습니다. 마지막 단계는 자기 팀 주장을 강화하는 강조 발언으로 최종발언을 마치면 됩니다.

3) 교육적 토론으로 경쟁을 넘어 공감으로

　최근 원자력 발전을 얘기하면 잡아갈 것 같은 분위기입니다. 국가 최고 통치자가 '탈원전'을 외치면 모든 국민들은 그냥 따라가야 할까요? 원자력 에너지는 이런 이점이 있고, 이런 위험도 있다고 가르쳐야 하는 것이 교육적이지 않을까요? 전기료도 좀 오르고 무더운 여름 날 에어컨도 틀지 못할 수도 있다는 것을 솔직하게 말해야 하지 않을까요? 태양열 에너지는 건설비용도 적고 안전하지만, 10년 후 발생하는 태양열 에너지의 폐기물을 어떻게 해야 할지도 가르쳐야 하지 않을까요? 본인 나라에서는 원자력을 범죄시하면서 그 원자력을 다른 나라에 판다면 그 나라 사람들은 우릴 어떻게 볼까요?

　미세먼지로 불리는 중금속 먼지가 국가 재난에 가까운 문제로 대두되고 있습니다. 중금속 먼지를 어떻게 해야 그 발생을 줄일 수 있을까요? 원자력 발전소를 먼저 없애야 할까요? 아님 화력 발전소를 먼저 없애야 할까요? 미세먼지를 줄이기 위해 우린 어떤 외교권을 발휘해야 할까요? 삼일운동과 임시정부 수립 100년을 보내면서 당시 경술국치를 가져온 첫 과정이 일본에 외교권을 빼앗긴 일이었는데, 과연 오늘날 우리는 우리의 외교권을 맘껏 발휘하면서 국민을 보호하는 정치를 하고 있을까요?

　독서새물결 독서토론은 이런 주제에 대해 맘껏 토론하는 재미있고 행복한 독서토론입니다. 찬성 입장에서 발제하고 토론한 후에는 반드시 반대 입장에서도 발제하게 하고 토론하게 합니다. 그래서 대상 주제에 대하여 거의 진실에 가까운 정보를 알게 하는 토론입니다. 다양한 근거를 찾아 근거로 제시하고 논박하고 토론하는 아카데믹한 토론이지요. 감정과 의식에 좌우되지 않고 진실과 본질을 제대로 알도록 도와주는 교육적 토론이기도 합니다. 토론 후 학생들은 자신의 사관도 지니게 되고 과학관도 지니게 되고 철학관도 지니게 됩니다. 배움에 있는 학생들에게 교사라는 자리의 기성인이 가진 의식을 세뇌하는 교육을 절대로 펼치지 않습니다. 다양한 정보를 통해 진실을 알게 하고 토론을 통해 자신의 가치관을 갖도록 도와주는 교육적 토론입니다.

　따라서 독서새물결 독서토론은 토론 과정에서도 경쟁보다는 학문적인 근거를 조사하고 제시하고 토론하는 즐거움이 있습니다. 토론을 마친 후에도 기존 정치인처럼 적군이 되어 만나는 것이 아니라 서로를 이해한 동반자가 되어 만나는 것입니다. 이런 토론이다 보니 상대방 토론자와 함께 노출된 공동의 문제를 해결하고 서로 공감한 문제를 어떻게 하든 해결하려고 노력하게 됩니다. 나아가 토론자 모두가 주변 상황이나 국가에 대해 협상하는 능력도 지니도록 이끄는 교육적 활동입니다. 모름지기 교육은 국가 백년의 계획이므로 교육 개혁을 통해 우리나라를 행복하게 이끌 수 있습니다. 이 과정에 공감을 자아내는 독서새물결 독서토론은 매우 중요한 교육활동입니다.

　우리는 독서교육으로 대한민국을 살리고 싶습니다.

4) 김정은과 트럼프가 만날 때

김정은과 트럼프는 왜 토론이 잘 안 될까요? 당연히 저들이 우리나라 다른 정치인들처럼 학교 수업 중 토론교육을 제대로 받지 못했기 때문이지요. 토론이 무엇인지도 모르고 자기 나라의 이익만을 강조하고 상대방을 존중하고 수용하는 자세가 부족하니, 서로 다투고 싸우게 되는 겁니다. 서로 만나 토론하고 협상할 때는 먼저 상대방이 하고 싶은 말을 들을 수 있어야 합니다. 말의 속말을 들을 수 있어야 합니다. 이건 상대방을 존중하는 데에서부터 시작됩니다. 그런데 김정은과 트럼프가 어떤 자세로 만났을까요? 상대방의 속말을 들으려고 하기보다는 자신의 말을 먼저 듣기를 기대하니, 대화도 안 되었고 당연히 협상이 될 턱이 없지요.

김정은과 트럼프만 그럴까요? 우리나라 정치인들도 더하면 더하였지 결코 덜하지 않습니다. 그럼 교육 정책을 입안한다는 분들은 어떨까요? 사방에 진보와 보수의 정치인이 넘쳐나는데 참 교육자가 드문 것이 요즘 교육계의 현실이 아닐지요? 다음 세대 우리 아이들을 어떻게 잘 가르칠 것인가보다는 다음 선거에서 당선되는 것이 목표인 정치인 교육자들이 참 많이 눈에 띕니다. 제왕적 진보·보수교육감도 수용과 공감이 있는 독서토론 교육을 좀 받아야겠지요?

혹시 우리나라의 국가적 과제에 대해 생각해 보거나 토론해 본 적이 있나요? 장하준 교수의 『나쁜 사마리아인들』을 읽고 자유무역과 보호무역에 대해 솔직하게 토론해 봐야 하지 않을까요? 미국 중심 경제관이 아니라 대한민국 중심 경제관 수립을 위해서도 노력해 봐야 하지 않겠는지요? 최저임금이 얼마가 적정선이지 토론해 봐야겠지요? 부자 과세와 법인세 인상, 세금을 많이 내고 복지를 얻을 것인가에 대해서도 솔직한 토론을 해 보는 것이 필요하지요. 왜 국가 경제가 어렵다고 하는지 아시는지요? 어떻게 하면 우리나라 경제를 발전시켜 나갈 수 있을까요?

학생들과 김정산의 대하 역사소설 『삼한지』를 함께 읽어 본 적이 있습니다. 그리고 우리 국가적 과제인 통일에 대해서도 진지하게 토론해 보았습니다. 『삼국지』는 많이 들어 보셨지요? 그리고 많이들 읽어 보셨지요? 그런데 우리나라의 『삼국지』인 『삼한지』는 읽어 보지 못한 분이 많이 계십니다. 『삼한지』에는 중국의 『삼국지』보다도 100배나 재미있고, '적벽대전'보다도 훨씬 재미있는 '살수대첩' 이야기가 실려 있습니다.

이 책은 인간 삶과 세상살이 이야기, 정치와 권력, 사회와 문화 등 모든 이야기를 담고 있습니다. 이 중 저는 신라에 주목했습니다. 가장 미약한 나라 신라에서 가장 강대국인 고구려까지 무너뜨리고 어떻게 삼국을 통일할 수 있었을까요? 같은 민족을 포용하고 화합하는 민족사랑 정신이 있었기 때문이었습니다. 그리고 가장 약한 나라 신라가 삼국을 통일하는 모습을 보면서, 현재 우리의 모습이, 우리 가정의 모습이, 우리나라의 모습이 가장 미약해 보이더라도 꿈을 잃지 않았으면 합니다. 신라가 삼국 중 가장 미약하였으나 삼국을 통일한 나라는 결국 신라였습니다.

『삼한지』를 읽으며 통일을 할 것인지 말 것인지에 대해 토론하기보다는, 어떻게 하면 통일을 이룰 수 있을 것인가 하는 수준으로 토론의 내용과 영역이 변화되고 성숙하였으면 합니다.

현재 우리나라를 '위기의 나라'라고 본다면 어떤 위기에 직면에 있을까요? 평생 교단을 지킨 저로서는 당연히 '교육의 위기 시대'라고 봅니다. 국가 최고 통치자에게서 교육비전을 듣지 못한 시간도 꽤 되었습니다. 선진국의 경우 국가 대통령이나 수상이 되면 그 일성이 교육개혁임을 강조하는 것과 대조되는 모습이기도 합니다.

앞서 소개한 것처럼 『소리 질러 운동장』이란 책을 시민들과 함께 읽은 적이 있습니다. 운동장에서 뛰어노는 아이들의 이야기 속에 정의, 진리, 평등 등의 소중한 가치가 묻어나며, 아직도 학원에 다녀야만 하는 아이들에게 운동장은 협상과 행복을 배우는 공간이 되었습니다. 새로운 교육 공간이 된 것이지요. 이제 우리 아이들도 학원에 안 가고도 행복한 미래를 살 수 있으면 좋겠습니다.

교사가 교육을 포기한 지금이 바로 가장 큰 교육 위기 아닐까요? 교사를 교단으로 다시 초청해야 합니다. 교육을 잘 시켜 달라고 요청해야 합니다. 운동장처럼 교실에서도 토론도 배우고 협상도 배우며 우리 다음 세대가 행복한 미래를 준비하도록 최선을 다해 교육하도록 국가가 책임지고 뒷받침하고 교육청이 정성으로 후원하고 도와 드려야 합니다. 교사가 우리 다음 세대 교육을 잘 하도록 지원해야 우리 미래가 소망이 있습니다.

우리는 지금 옳은 독서교육으로 대한민국을 살리고 싶습니다.

3. 상생협동(3-3-3) 토론으로 행복한 토론의 경지를 열다

1) 왜 토론은 두 팀만 해야 할까?

토론을 오래 지도하다 보면 다양한 상황에 부딪히곤 합니다. 그 중 하나가 토론은 왜 두 팀만 해야 할 까 하는 것입니다. 세 팀이 남은 상황에서 세 팀이 함께 하면 안 될까 하는 생각을 해 보았습니다. 그래서 세 팀이 토론을 해 보았는데 의외로 재미있었습니다. 찬반 토론일 경우 한 번에 모든 팀이 찬성과 반대를 모두 해 볼 수 있어 적절한 토론모형이기도 했습니다. 물론 세 팀이 토론할 경우는 찬반 주제보다는 일반 주제의 정책 토론 형태가 훨씬 재미있고 유익한 모형입니다. 예를 들어 『코끼리 아줌마의 햇살 도서관』을 읽고 '도서관 활용의 다양한 방법'이란 주제로 토론을 전개해 본 적이 있었습니다. 아이들은 도서관에 대한 고정 관념에서 벗어난 새로운 의견을 제시하여 참여한 도서관 관계자의 탄성을 자아낸 적도 있었습니다.

『그날 고양이가 내게로 왔다』를 읽고는 찬반 토론으로 토론을 진행할 수도 있지만 토론이 빈약해 지고 재미도 줄어들지요. 그런데 이 책을 읽고, 고양이 이야기가 아니라 우리 인간 얘기로 적용하고, '인간의 행복한 공존'이라는 주제로 토론을 해 본 적이 있었습니다. 이렇게 주제를 바꾸니 토론이 열리고 재미가 붙습니다. 동아리 학생들과 신나게 토론했던 모습이 떠오릅니다.

『아몬드』를 읽고 '부적응 학생을 위한 효과적인 방안'이라는 주제로 정책 토론을 해 보았습니다. 청소년 성장소설인 『아몬드』에는 청소년기의 다양한 고민들이 숨어 있는데, 그 숨은 이야기를 끄집어내어 우리 사회가 어떻게 저들을 도울 수 있을 것인가 토론해 보았습니다. 토론하는 아이들도 나름대로 정책을 내세웠고, 듣는 어른들도 반성하며 듣는, 동아리 토론한마당 축제였습니다. 토론을 지도하다 보면 교사도 생각지도 못했던 것을 알게 되는 일이 많고, 토론하는 아이들도 교사가 예상치 못했던 발상의 전환과 창의적인 사고에 이르는 것을 많이 보게 됩니다.

보통 찬반 토론은 두 팀이 해 왔지요. 찬반이니까 당연히 두 팀이 해야지요. 그런데 세 팀이 해 보니 그것도 그런대로 의미 있더군요. 그래서 세 팀으로 진행하는 토론 모형을 구안해 본 것이지요. 토론에서도 우리의 고정 관념을 깨뜨리니 새로운 방법이 쏟아져 나옵니다. 지금 소개하는 토론 모형이 최고의 토론 방법이 아닐 수 있습니다. 여기에 소개한 토론 모형을 여러분의 학교나 동아리 삶의 공간에서 얼마든지 변형하여 최고의 모형으로 토론할 수 있기를 기원합니다. 그리고 토론하면서 계속 더 나은 토론 방법을 모색하는 것이 바로 옳은 독서토론의 핵심이기도 합니다.

2) 상생협동(3-3-3) 독서토론을 창안하다

상생협동 독서토론(3-3-3 독서토론)은 경쟁지향일 수 있는(그러나 쟁점토론인 경쟁식 토론은 그 나름대로의 교육적인 목표가 있음) 현실적 문제를 극복하고, 토론 후 함께 공동의 문제를 해결할 수 있는 중요한 토론 방법으로 창안하였습니다. 쟁점 토론이 정치인들의 행태로 토론의 교육적 가치가 폄하된 면도 있으며, 협상 능력이 중요한 글로벌 시대에 서희와 같은 협상 능력을 갖춘 토론자를 키워 내는 교육이 필요합니다. 상생협동 독서토론은 이런 배경에서 개발되었으며, 독서새물결 독서토론 유형을 발전시킨 미래 지향의 새로운 독서토론 방법입니다.

상생협동 독서토론은 비상업적이고 교육적인 독서토론입니다. 경쟁을 지양하고, 상생과 협동정신을 토론과 접목하고, 대상 도서와 교과서에서 근거를 찾는 교육과정을 존중하는 독서토론입니다. 승리보다는 감동을 주는 독서토론 교육을 정착할 수 있는 토론모형이지요.

상생협동(3-3-3) 독서토론은 토론 모둠을 3팀으로 편성한다는 것이 가장 큰 특징입니다. 앞서 언급한 이야기식 독서토론은 5명이나 10명 내외의 학생들이 둘러 앉아 이야기를 나누듯 다양한 주제를 다양하게 펼치는 것이라 하였지요. 찬반 토론 형태인 독서새물결 독서토론은 두 팀이 모여 찬성과 반대 입장에서 토론을 펼칩니다. 대한민국 모든 토론은 두 팀으로 나누어 토론을 하지요. 그런데 오랫동안 토론을 하다 보니 인원이 많을 경우 기다리는 학생도 있고 하여, 세 팀이 함께 토론할 수는 없을까 고민하다가 역발상으로 세 팀도 토론이 가능하다는 결론에 이르렀습니다.

그 후 꼭 승패를 정하여야 할까 고민할 결과, 상생협동의 정신을 반영하는 토론방법을 모색하였지요. 즉 첫 판은 3팀이 토론을 펼친 후에 승패 판정 없이 3팀 9명이 다시 한 팀으로 재편성하도록 이끌어 주었습니다. 기존의 2팀이 참여하는 찬반 토론과 달리 3팀이 함께 토론하는 것도 역발상이었고, 판정을 내지 않고도 다음 토론이 진행되는 방안도 역발상이었지요.

녹서토론 방법은 한 팀이 발제한 후, 다른 두 팀이 교차질의 및 반론에 참가하는 형태로 진행하였습니다. 발제하지 않은 두 팀의 주도권 토론이 진행될 때, 기존의 발제자만 재반론하는 것을 바꾸어 팀원 모두가 재반론에 참여하도록 협동이 가능하게 구안하였습니다.

둘째 판부터는 9-9-9 토론으로 27명이 토론에 참여하기 때문에 기회가 공평하게 진행되고, 모든 토론자가 행복하게 토론하기 위해 각자의 역할을 나누어 맡게 하였습니다. 즉, 발제자 외 6명에게 반론과 재반론의 기회를 우선 제공하게 하였습니다. 상생협동 토론은 대단위 토론대회에 적합한 토론모형이며, 학교 전체나 시민 전체가 참여하는 한 여름 밤 독서토론 콘서트 같은 축제로 진행할 수 있습니다. 토론 주제도 찬반 주제가 아닌 일반 주제가 더 적합하며, 정책 토론 중심으로 사회공동체 토론으로 이끌어 갈 수 있습니다.

토론 중에 다른 팀에 있던 학생이 같은 팀이 되기도 하여, 상생과 협동을 강조하는 새롭게 개발된 교육적 토론입니다. 토론 방법은 다음과 같습니다.

발언 순서	시간	발제 1	발제 2	발제 3	교차 질의 및 반론 1	교차 질의 및 반론 2	교차 질의 및 반론 3
1	3	발제1					
2	4					주도권 토론(일문 일답)	
3	3		발제1				
4	4				주도권 토론		주도권 토론
5	3			발제1			
6	4				주도권 토론		
	2	전략 협의 시간					
7	2	발제2					
8	3					주도권 토론	
9	2		발제2				
10	3				주도권 토론		주도권 토론
11	2			발제2			
12	3				주도권 토론		
	2	전략 협의 시간					
13	2	최종 발언					
14	2		최종 발언				
15	2			최종 발언			
계	46						

3) 왜 토론 주제로 고민할까?

교차질의식 독서토론을 발전시킨 독서새물결 독서토론은 일종의 찬반 토론 형태입니다. 그러다보니 찬성과 반대의 주제를 찾는 것이 토론지도보다 훨씬 어렵기도 합니다. 저도 매주 인문학 토론지도를 하면서 한 주는 이야기식 독서토론, 다음 한 주는 독서새물결(교차질의식) 독서토론으로 진행해 오고 있습니다. 그런데 독서새물결 토론의 경우 찬반 주제를 정하기가 쉽지 않습니다. 찬반 주제는 의견이 팽팽해야 하거든요. 50대 50은 아니어도 49대 51 정도는 되어야 재미있고, 어느 한 쪽에 치우치지 않은 토론을 할 수 있는데, 그런 토론 주제를 찾는 것이 결코 쉽지 않지요. 그래서 우리 법인에서는 『독서토론 가이드북』이란 책도 연구결과물로 내기도 하였습니다.

『독서토론 가이드북』은 초등학교, 중학교, 고등학교별로 각각 나누어 출판하였습니다. 책의 편집은 좀 어눌하고 세련미는 없어 보여도, 토론지도 선생님이 보면 반할만한 토론거리가 풍부합니다. 선생님들이 곧바로 토론 수업에 적용할 자료가 많아서, 실제 독서토론 수업 현장에서 많이들 활용하고 있는 책이기도 합니다. 지난 2009년 초판을 발행한 후에 교육과정이 개편되면서 『독서토론 가이드북 Ⅱ』도 발행하여 3쇄까지 발행하였지요. 학교 독서토론 교육에 기여한 공이 큰 도서이며, 아직도 토론 교사들이 애용하는 자료집 형태의 책이기도 합니다.

이 책은 교과와 단원별로 편집하여 교과독서 활동도 가능하며, 토론식 수업도 가능하게 기획하였습니다. 해당 교과와 단원에 알맞은 도서를 제시하여 그 도서로 수업할 때에 수업 내용과 관련된 다양한 내용을 이야기식 독서토론으로 풀어낼 수 있습니다. 그러다가 쟁점이 생기면 교차질의식 독서새물결 독서토론으로 수업을 전개하여 흥미진진한 토론 수업도 가능하게 도와 드렸지요.

먼저, 교과와 단원 관련 도서를 선정한 후 해당 도서를 소개하고, 어떻게 읽을까? 무엇을 토론할까? 무엇을 써 볼까? 이렇게 3단계로 구성하였습니다. 토론이 재미있는 사회과를 예로 들어 볼게요. 중1 사회와 고2 법과 사회 단원에 나오는 학습 주제인 '시민으로서 갖춰야 할 권리, 권리를 통한 사회 읽기' 단원의 경우 『나의 권리를 말한다』(전대원, 뜨인돌, 『독서토론 가이드북 Ⅱ』156쪽)를 선정하였습니다. 그리고 1단계 〈어떻게 읽을까?〉에서는 다음과 같은 방법을 제시하였습니다.

① 낙태나 안락사 같은 예민한 이슈들에 대한 논쟁을 어디에서부터 시작해야 할지 생각하며 읽는다.
② 권리가 보장받게 된 역사적 사건과 연계하여 권리에 대해 아는 것이 왜 중요한지 분석하면서 읽는다.

2단계 〈무엇을 토론할까?〉에서는 다음과 같은 토론 발문을 제시해 보았습니다.

① 의무를 거부하는 자에게도 권리를 주어야 할까?
② 모든 사람의 권리를 인정해 주면 나라가 어떻게 변할까?
③ 지식이 개인의 소유라고 말할 수 있을까?

3단계 〈무엇을 써 볼까?〉에서는 다음과 같은 논술 논제를 제시해 보았습니다.

① 우리의 권리를 지키기 위해 노력하고 있는 사람들에게 격려의 편지를 써 보자.
② 권리를 지키기 위한 방안을 써 보자.

상생협동 독서토론은 위에 소개한 『독서토론 가이드북』에 제시한 교차질의식 독서토론의 찬반 주제 형식에서 정책 주제 형태로 발전시켜 토론을 진행하는 것이 핵심입니다. 『코끼리 아줌마의 햇살 도서관』을 읽고 '청소년의 도서관 이용 활성화 방안'이란 주제로 토론해 보았는데, 기발한 내용이 많이 나와 도서관 관계자를 놀라게 한 적도 있었습니다. 『아몬드』를 읽고 학교 부적응 학생에 대해 토론해 보았습니다. 그 후, '청소년의 건강한 성장을 위한 효과적인 방안'이란 주제도 대해서도 토론하며, 우리 청소년들을 이해하는 매우 유익한 토론을 해 본 기억이 지금도 생생하네요.

이처럼 상생협동 토론은 토론 모둠을 2개의 찬반 팀에서 3개 팀이 함께 할 수 있는 특징도 있지만, 토론 주제를 다양하게 제시할 수 있는 측면에서도 상당히 매력적인 토론 모형입니다.

4) 더 나은 토론 주제를 향하여

토론을 지도하다보면 대상도서 선정과 함께 토론 주제의 설정이 매우 중요하지요. 다양하고 재미있는 토론 주제를 만들어 내는 것이 독서토론 지도의 생명이기도 합니다. 상생협동 독서토론은 교과연계 독서토론도 가능할 뿐만 아니라 학생들의 진로와 연계한 토론도 가능하지요. 그러다보니 다양하고 재미있는 토론 주제가 가능해 졌습니다. 자신의 진로와 관련하여 '내가 시장이 되면 우리 지역을 위해 이렇게 일할 수 있을 텐데'나, '내가 유튜브 크리에이터가 된다면 이런 내용을 이렇게 표현해 볼 수 있을 것'이란 이야기를 나누다 보면, 우리 아이들의 훌쩍 큰 모습을 발견할 수 있을 것입니다. 이처럼 상생협동 토론은 각자의 진로나 우리 사회의 방향을 포함한 어떤 주제도 가능한, 재미있고 유익한 토론 방법입니다.

진로연계 독서토론을 돕기 위해 우리 법인이 개발한 책이 바로 『진로독서 가이드북』입니다. 초등학교 저학년, 고학년, 중학교, 고등학교 4개 부문으로 나누어 각급 학교별 약 200여권의 도서를 선정하여 관련 직업, 교과 정보, 토론 주제, 논술 주제 등의 발문을 담았습니다. 이 책은 직업 세계에 대한 다양한 접근 기회를 열어주고 충분한 정보를 제공하며, 직업에 관한 올바른 가치관을 세우도록 돕는 다양한 도서목록을 수록했습니다. 국가 통계청의 한국표준직업분류를 기준으로 대분류 10개, 중분류 52개, 소분류 149개, 세분류 426개를 검토하여 먼저 '관리자, 경영/공학, 과학, 교육, 문화예술, 법률/보건/정보통신, 기타' 이렇게 7개의 직업군으로 나누었습니다. 그리고 해당 직업군별로 관련 도서를 긍정적인 도서, 부정적으로 말한 도서, 중립적인 도서 이렇게 3권 내외를 선정하도록 하였습니다.

그리고 각 도서별로 도서 정보와 교과 정보, 진로 정보를 제시하였으며, 진로 토론을 가장 비중 있게 제시하여 학생들이 자신의 진로에 대해 맘껏 토론해 보도록 기획하였습니다. 진로토론은 먼저 선정 도서 속에서 토론거리를 찾아 제시하였습니다. 학생 개개인이 지니고 있는 지식, 흥미, 능력, 성격 등을 파악한 후 자신과 잘 맞는 진로분야를 선택하는 것이 최선이겠지만 이러한 결정을 하기까지는 많은 어려움이 따르지요. 그래서 토론 모둠을 만들어 〈무엇을 이야기해 볼까〉에 나와 있는 토론 주제를 중심으로 이야기식 토론을 하거나 교차질의식 토론을 해본다면 자신의 가치관과 태도 등이 좀 더 분명하게 드러나므로, 진로분야를 선택하는데 많은 도움이 될 것입니다.

예를 들어 『나무를 심은 사람』(장 지오노, 두레, 『진로독서 가이드북 – 중학교』, 79쪽)에 제시한 토론 주제를 소개해 보겠습니다. 이 책은 우리 집필 연구자 97명이 선생님들이 모여 의논한 결과 국가 분류를 적용해 '자연과학 시험원'으로 진로정보를 분류하였습니다.

〈무엇을 이야기해 볼까?〉에서는 다음과 같은 진로토론 발문을 제시하였습니다.

① 환경을 좀 파괴하더라도 과학적 발전이 더 이득이다.
② 아마존 강 유역의 개발에 대하여 선진국과 개발도상국의 입장으로 나누어 이야기해 보자.

〈무엇을 해 볼까?〉에서는 다음과 같은 진로 활동을 제시하였습니다.

① 인간의 이기적인 욕심과 행동이 자연에 어떤 영향을 미치는 지 써 보고, 다른 사례들을 찾아보자.
② '부피에'에게 공로상을 준다면 어떤 내용으로 상장을 채울 것인지 써 보자.
③ 사람들에게 숲이 필요한 이유가 무엇이며, 울창한 숲을 만들기 위해 우리가 기울여야 할 노력은 무엇인지 써 보자.
④ 육류섭취의 증가로 인해 발생하는 문제점과 해결 방안에 대해 알아보자.

예를 하나 더 들어보겠습니다. 『오래된 미래』(헬레나 노르베리 호지, 중앙북스, 『진로독서 가이드북 - 고등학교』 116쪽)에 대해서도 연구하였습니다. 교과 정보는 사회, 진로 정보는 인문과학 연구원이었습니다. 〈진로토론 발문〉은 다음과 같습니다.

① 급속한 세계화가 진행되고 있는 현재 상황에서 경제와 문화의 탈중심화(지역화)는 실현 가능하다.
② 자원 재활용을 잘하는 라다크 식의 검약한 삶은 현대 자본주의 사회에서도 실현 가능하다.
③ 서구식 삶은 인간의 삶의 질을 높이는 데 기여한다.

〈진로활동 발문〉은 아래와 같습니다.

① 전통의 보존과 서구식 개발이 병행할 수 있는지에 대해 자신의 의견을 서술해 보자.
② 환경을 파괴하지 않으면서도 지속적인 발전이 이루어지도록 하기 위해 우리가 해야 할 일들을 써 보자.

참으로 다양한 주제이며 대상 도서를 읽고 아이들이 맘껏 이야기를 나눠 볼 수 있겠지요? 당연히 행복한 독서토론이 진행되었으며 진로독서 활동도 병행하여 아주 재미있는 교실 토론 수업을 경험하였습니다.

제3장

세 번째 이야기,
독서토론의 본질은 무엇인가?

1. 금요일 오후에 만난 어른

1) 토론의 본질을 묻더군요

일전에 국내 아무개 교육기업의 공모 사업에 응모한 적이 있었습니다. 교육자 중에 인재를 양성한 공로를 치하하여 시상하는 내용이어서, 저도 독서교육 공로를 주제로 단체와 학부모님들의 추천을 통해 응모해 보았지요. 그랬더니 서류 심사와 전문가 심사를 통과하여 최종 실사를 두 분께서 나오셨습니다. 대뜸 토론의 본질이 뭐냐고 묻더군요. 왜 책만 읽으면 되지,

독서토론은 왜 시키느냐 하는 것이었습니다. 토론은 경쟁지양이니 좋지 않다는 말씀이었고, 아이들이 책만 읽으면 되는데, 토론이나 다양한 활동을 시키는 것은 문제가 있지 않느냐고 말하더군요.

그래서 독서토론은 독서토의를 포괄한 개념이며, 토론은 본질상 찬성과 반대가 대립하여 서로의 주장을 근거를 들어 말하는 교육활동으로, 국가가 정한 교육과정에도 명시된 교육목표라고 설명해 드렸지요. 토론이라는 말 자체는 상대방과 대립을 전제로 하는 말하기이므로 경쟁이라는 말이 맞는 말이라고 말씀 드렸습니다. 사실 우리 사회는 지나친 경쟁과 쓸데없는 경쟁으로, 경쟁에 대해 비판적인 인식이 존재하고 있지요. 그러나 국가가 정한 교육과정을 보면, 토론은 상대방에게 자신의 주장을 근거를 들어 주장하는 말하기입니다. 설득하며 주장하는 말하기인 토론 속에는 경쟁이란 것이 존재하며, 분명한 교육활동이기도 합니다.

토론은 찬반 대립만이 아니라 토론 후 제기된 주제를 함께 해결해 나가는 것이 전제된 교육활동입니다. 토론이라는 말 자체는 경쟁이란 말이 내포되어 있지만, 진정한 의미의 토론은 공동체의 문제를 함께 해결해 나가는 것을 배우는 것이며, 이게 바로 토론 교육의 본질이지요. 나아가 토론을 잘 배운 후에 상대방과 협상을 하게 되며, 협상 또한 매우 중요한 교육 활동이고 교육과정에서 명시한 것입니다. 경쟁이라고 그냥 폄하할 것이 아니지요.

2) 독서토론 지도는 해 보았는지 되물어보았지요

제 말씀을 듣더니 그래도 독서토론은 찬성과 반대로 나누고 승패가 나오게 되는 경쟁이며, 그러니 나쁘다 라는 말을 계속 반복하더군요. 아이들이 책만 읽으면 되지 뭐 힘들게 경쟁 토론을 시키냐 하는 말을 반복해서 하네요. 아마 같은 말씀을 3시간 동안 스무 번 이상은 하셨을 겁니다.

그래서 "혹시 독서토론 지도를 직접 해 보신 적이 있으시나요?" 라고 여쭤 보았습니다. 한 분은 당신이 모 교육청 장학사 출신이며, 토론 지도를 해 봤다는 것인지, 알고 있다는 것인지 얼버무리더군요. 한 분은 실사 업체 직원이니 독서토론이 뭔지 모르는 분이셨고요. 그래서 독서토론을 지도해 본 후에 "독서토론이 나쁘다, 좋다" 를 이야기해 보는 것이 옳지 않을까 하고 말씀 드렸지요. "책을 읽은 후 아무런 활동도 안 시키는 것이 나은지, 아니면 독서대화라도 하는 게 나은 지 알 수 있을 것" 이라고 말씀 드렸지요.

입시에 바쁜 고등학교 학생이 『왜 지구의 절반은 굶주리는가』 라는 책을 읽었다면 그 책을 읽은 후 옆 사람과 이야기를 나눠 보고 싶지 않을까요? 교사나 부모님은 그 책을 읽은 학생이나 자녀에게 "지구의 기아 문제에 어떤 문제가 있어 보이니" 하고 슬쩍 독서 말 걸기를 하는 것이 그렇게도 나쁜 일일까요? "굶주리는 우리 이웃에게 우리는 어떻게 하면 좋을까?" 하고 물어봐 주면 그 학생은 기다렸다는 듯이 자신의 생각을 쏟아낼 것입니다. 독서토론은 이처럼 거창하지 않고, 소박하게 독서 말 걸기, 독서대화로 시작합니다. 옛날처럼 독서한 다음 독후감(독후감 쓰기는 교육적 활동임)을 길게 쓰거나 무슨 그림을 그리거나 포스터나 엽서를 만드는 형태를 창의적이라 높게 평가했던 미개한 시대로 있었지요. 요즘은 책을 읽은 후 읽은 행위를 칭찬하며, 읽은 내용에 대해 슬쩍 물어보는 독서 말 걸기로부터 시작하여, 독서대화, 나아가 독서토론까지 진행합니다. 행복하게요.

책을 읽은 후 아무런 활동을 안 시키는 것은 심각한 고문이며, 비교육적인 활동의 대표적인 사례입니다. 『침묵의 봄』을 읽었으면, 침묵하고 있으라 하면 안 되고, 말하고, 나누고, 적용하고, 실천해야 하는 것이지요.

3) 토론은 디베이트만 있지 않지요

　제 말씀을 다 들은 후에도, 토론은 찬성과 반대로 나누어 진행하고 승패가 결정되니 안 좋다고 또 반복하여 말씀하시네요. 그래서 독서토론은 '디베이트'만 있지 않고 '디스커션'도 있다, 이야기식 독서토론도 있고, 제가 개발한 상생협동 독서토론도 있다고 강조하여 말씀드렸지요. 앞서 말씀 드린 대로 찬반 토론 형태의 교차질의식이 자칫 경쟁지향일 수 있어서 교육적 토론으로 독서새물결 독서토론을 개발하였지요. 그리고 우리는 이미 20년 전부터 찬반 주제 토론이 아니라 책을 읽고 다양한 주제로 다양하게 진행하는 이야기식 독서토론을 개발하여 적용하고 있지요.

　처음에는 우리 이야기식 독서토론을 낯설어 하던 분이 많이 계셨는데, 요즘에는 월드 카페나 하부르타 등 다양한 토론 방법이 나오면서 많이들 익숙하게 생각하시지요. 우린 이 이야기식 독서토론을 20년 전부터 전국단위 독서토론대회로 진행하면서, 이제 전국의 학교에서도 많이들 적용하여 실천하고 있는 비경쟁 토론의 표본이기도 하지요. 그래서 교육부도 우리 이야기식 독서토론대회를 후원하고, 교육부장관상도 수여하고 있으니, 토론이라면 무조건 디베이트만 있는 것이 아니라고 몇 번이나 강조하여 말씀드렸습니다.

　그리고 이야기식 독서토론이 얼마나 재미있고 행복한 토론인 것은 직접 토론해 본 아이들의 입에서 나온 말이니, 여러분들도 한번 토론해 보신 후에 저를 만나면 어떨까 말씀드렸더니 쓴 미소를 짓더군요.

4) 듣기로 시작하는 독서토론

3시간이나 지났는데도 가실 의향은 없으시고 또 묻더군요. 토론은 경쟁이고, 그래서 비경쟁 토론으로 작가초청 대화, 김해 인문학 토론 같은 것을 설명하더군요. 저도 알고 있고, 김해 다녀오신 분도 마침 계셔서 이야기가 쉽게 진행되는 듯 했습니다. 그런데 이런 비경쟁 토론이 있는데 선생님은 왜 이렇게 교차질의식 토론을 지도하느냐 또 묻는 거예요. 독서토론도 책만 읽으면 되는데 토론까지 시키니 애들이 힘들어하여 독서를 더 하지 않게 되는 악영향이 있지 않을까 물어 오시네요.

그래서 교차질의식의 비교육적인 요소를 제거한 교육적 토론 형태의 독서새물결 토론을 시켰다고 말씀 드렸지요. 그리고 비경쟁 정신으로 더욱 발전시킨 상생협동 독서토론 모형을 다시 설명하였습니다.

그리고 제가 학교와 마을학교, 독서학교에서 지도하고, 우리 법인이 운영하는 전국단위 독서토론대회 모형의 핵심은 이야기식 독서토론이다, 이 이야기식 독서토론을 통해 학생들이 책을 읽고, 스스로 독서발문도 만들고, 만든 독서발문으로 독서토론도 한다고 반복하여 말씀드렸지요. 우린 이미 김해 인문학 토론이나 모 교육청 독서토론 형태의 토론이나 월드 카페 형태의 토론이나 하부르타 형태의 토론을 20년 전에 개발 적용하여 학교에 적용하고 실천하고 있다고 힘주어 말하였습니다.

저는 지금도 토요일마다 주말 독서학교인 인문학 독서영재 아카데미와 인문학 독서학교를 운영합니다. 그래서 가끔씩 자녀들을 데리고 오셔서 "우리 아이가 말을 잘 못하니 말 좀 잘하게 해 주세요" 라고 부탁하며 독서학교에 넣어 달라고 요청하는 학부모님이 계십니다. 이런 분께 저는 이렇게 말합니다. "어머님, 인문학 독서토론은 말하기를 배우는 것이 아니라 듣기를 배우는 교육입니다. 우리 독서학교는 말하기를 배우는 곳이 아니라 듣기를 배우는 곳이며, 독서토론은 듣기에서 시작합니다." 하고 간곡히 말씀 드립니다.

금요일에 만난 그 어른에게 독서토론은 듣기에서 시작한다고 꼭 말씀 드리고 싶습니다.

2. 토요일 오후에 만난 제자

1) 카이스트와 서울대학교

금요일 오후에 만난 아무개 어른과의 우울한 만남이 있은 후, 어느 12월 토요일 오후에 주말 독서학교의 제자가 찾아왔습니다. 행복한 만남이었겠지요? 초등학교 6학년 겨울방학 때부터 원주 인문학 독서학교에 나오기 시작한 제자였습니다. 고3이 되어 입시를 마치고 대학 합격증과 학교생활기록부 사본을 가지고 찾아왔습니다. 따뜻한 커피 한 잔과 함께.

순간 그 학생과 주말마다 독서하며, 토론하며 보냈던 많은 순간들이 스쳐 지나갑니다. YBN 지역방송 독서토론 프로그램을 운영하던 이야기, 주말 독서학교 이야기, 동아리 토론대회, 전국 독서토론대회 등 수많은 순간들이 스쳐 지나가네요. 당시 의식 있던 YBN 피디 한 분이 하루는 저를 찾아와서 청소년 토론 배틀 프로그램을 기획하였으니 맡아 달라는 말씀을 하여, 1년 정도 이 프로그램을 진행한 적이 있었습니다. 원주시 관내 학교 대항전으로 교차질의식의 발전형인 독서새물결 독서토론으로 진행하기도 했고, 승패 없는 비경쟁식 독서토론인 이야기식 독서토론으로 진행하기도 했습니다.

당시 많이 읽히던 『완득이』(김여령, 창비)을 읽고 이야기식 독서토론과 독서새물결 독서토론을 진행한 경험이 떠오르네요. 이야기식 발문으로 장애인에 대한 인식, 자신의 미래 꿈(1단계), 베트남 결혼이민자 완득이 엄마가 집을 나가신 이유와 다시 만나는 과정, 킥 복싱을 배우려는 완득이(2단계), 다문화 가정과 외국인 노동자, 입시 위주 학교 교육(3단계) 등에 대해 재미있게 토론해 보았지요. 독서새물결 토론 주제는 '학교 스포츠클럽 활동을 통해 학교 폭력을 예방할 수 있다'를 선정하여 찬반 토론 형태로 학교 스포츠 클럽의 운영 실태와 개선 방안 등에 대해 집중 토론해 본 기억이 새롭네요.

그리고 『정의란 무엇인가?』(마이클 센델, 김영사)를 읽고 먼저 이야기식 독서토론으로 한참 토론하며 이 책을 이해한 후에 독서새물결 독서토론으로 토론해 본 적도 있습니다. '다수의 이익을 위해 소수는 희생될 수 있다'는 주제(토론 주제는 이처럼 평서형으로 제시되어야 합니다. 일부 방송용으로 의문형으로 제시되는 경우도 있으나 상업적인 표현임)로 토론했지요.

다음 내용은 당시 이 학생이 만든 독서토론지입니다.

대상 도서	정의란 무엇인가(마이클 센델)	
토론 주제	다수의 행복을 위해 소수의 권리는 희생할 수 있다.	
	(찬성)	(반대)
주장의 이유	1. 좀 더 올바른 결정을 하기 위해서 필요 2. 사회 전체의 이익 때문에 필요	1. 소수의 인권이 보호 되지 않는다. 2. 희생이 아닌 제안이어야 한다.
주장의 근거 (논증)	**첫 번째 주장에 대한 근거** - 우리는 학급회의를 할 때나 국회에서 중요 법률을 채택할 때, 일상생활에서 사소한 결정을 할 때, 우리는 '다수결'에 의해 결정을 한다. 왜 소수결이 아니라 다수결에 따라 일을 결정하는 것일까? 그 이유는 좀더 많은 사람들이 지지하고 원하는 선택을 하기 위해서이다. =대상도서 57p 10번째줄~ 13번째줄 거지이야기 : 구빈원으로 끌려가는 거지들이 어떤 불행을 느끼든, 그러지 않을 경우 일반 대중이 겪는 고통의 합이 그보다 크다라고 말하는데 이는 즉 많은 사람들이 피해를 입는 것보다 적은 수의 사람이 피해를 입는 것이 더 효율적이다. =대상도서 강의 1강 철로이야기- 멈출 수 없는 기차가 왼쪽으로 꺾으면 5명이 죽고 오른쪽으로 꺾으면 1명이 죽는 상황에 있는데 토론자님이라면 어느 쪽으로 기차를 돌리겠는가.	**첫 번째 주장에 대한 근거** - 최대 다수의 행복을 위해 소수의 행복까지 생각하지 않는 사람들은 소수의 입장/인권을 무시한 채 일을 진행하기 일쑤이다. =대상도서 62p 어슐러르 귄 『오멜라스를 떠나는 사람들』: 이 방에 아이가 하나 앉아 있다. 지능도 떨어지고 영양 상태도 안 좋은 아이는 방치된 채로 하루하루를 연명한다. / 자신들의 이익을 위해 어린 아이를 방치하는 모습 =대상도서 52p 『그리스도인을 사자 우리에 던지기』: 그리스도인을 사람들의 쾌락을 위해 사자 우리 안으로 던져 버림. 그들의 입장은 고려하지 않은 채로 진행 =철학통조림 160p~161p : 밴담의 원리는 소수의 입장은 고려하지 않고 다수를 위해 일을 진행하는 것이라고 설명하고 있음.

	두 번째 주장에 대한 근거	두 번째 주장에 대한 근거
	-소수의 '권리' 문제 때문에 소수의 입장까지 고려하게 된다면 일의 진행 속도 및 다수가 해야 할 일에 차질을 입을수 있다. =실생활 학급회의 : 어떠한 일을 결정하는데 소수의 반박으로 인해 중간점을 찾는데 시간이 많이 지체되어 하교시간이 늦어지는 경우가 종종 생기게 됨	- 소수도 자신의 의사표현을 할 수 있는 생명체이므로 무조건적인 희생이 아니라 그들의 의견도 반영하는 제안으로 이루어져야 한다. =실생활 : 트리즈적으로 일을 해결하는 경우를 보게 된다면 다수와 소수 사이의 갈등을 약40가지의 문제풀이 방법으로 희생보다는 제안적으로 이루어지고 있다.
반론 (교차조사 포함) 및 예상 반론 꺾기	1.다수가 항상 옳는 것이 아니다./ 하지만 다수가 원하는 것은 그들에게 만족감을 줄 수 있고 대부분 다수결로 인해 사람들은 옳은 일을 하게 된다. 오히려 소수의 의견이 옳았던 적은 극히 드물다고 본다. 2. 소수의 의견은 무시해도 된다는 것인가./ 아니다 무시가 아니라 너무 많이 입장을 고려해서는 안 된다는 것이다.	1. 사자 우리에 던지기를 역사적 측면에서 본다면 어쩔수 없는 일이다./ 단지 자신들이 지배를 했다고 해서 그들을 인간적으로 대하지 않는 것은 문제가 있는 것이다. 2. 합의점을 찾는 일은 힘들다./ 힘들기는 할 것이다. 하지만 어떠한 일을 진행할 때 소수의 불만이 계속적으로 있는 것보단 두 쪽 모두 조금씩 양보해서 만족하는 결과를 낳는 것이 더 값지다.
정리	많은 사람들은 실생활에서도 다수의 의견을 따르고 있다. 다수결이라는 단어가 왜 생겨나게 되었을까. 그게 옳지않은 방법이라면 사람들이 왜 아직까지도 다수결에 의해 일을 진행하고 있는지에 대해 생각해보았으면 한다.	다수결에 의해 일을 진행하다보니 항상 소수의 불만이 많이 생기게 된다. 그들도 어떠한 일을 할 때 행복감과 만족감을 느끼고 싶을 텐데 서로 배려하면서 한쪽이 희생되는 일이 없어야 된다.

주말 독서학교에서 어느 여름, 춘향전으로 수업 했던 적이 있었습니다. 토론 주제는 '몽룡을 향한 춘향의 사랑은 순수하다' 입니다. 춘향의 사랑은 춘향의 신분 설정과도 깊은 관련이 있습니다. 춘향을 기생 신분으로 이해하면 몽룡을 향한 춘향의 사랑은 신분상승의 욕망으로 볼 수 있고, 춘향을 평범한 여염집 여인으로 보면 춘향의 사랑을 순수한 사랑으로 바라볼 수도 있습니다.

오늘의 주인공이 당시 인문학 토론을 공부하던 친구들과의 토론 내용을 소개해 볼까요? 남원주중학교와 반곡중학교, 반곡중학교와 남원주중학교 학생들의 춘향전 토론장으로 안내합니다.

찬성 1

- 남원주중 2학년 김종0 -

저는 춘향의 사랑이 순수하다고 생각한다. 그 첫 번째 이유는 춘향은 천한 신분임에도 불구하고 변 사또가 수청을 들란 요구에 응하지 않았다. 대상도서를 보면, 이몽룡이 춘향을 놔두고 한양에 간 사이 마을에 새로 부임한 변 사또가 춘향에게 자신의 수청을 들라고 하는 것을 볼 수 있다. 하지만 춘향은 변 사또에게 열녀가 어떻게 두 지아비를 섬기겠느냐며 수청을 거절한다. 조선시대 신분제도상 아버지가 양반이라고 해도 어머니가 신분이 낮은 기생이기 때문에 춘향 또한 천한 신분이었다. 사또의 수청은 출세의 기회가 될 수 있었음에도 그것을 거절한 점을 고려해보면 춘향이 단순히 출세를 노린 욕망녀가 아닌 남편과의 정조를 지킨 도덕녀 임을 유추할 수 있다.

둘째, 춘향은 신분제도상 몽룡의 정실부인이 될 수 없음에도 정조를 지켰다. 홍길동전을 보면 길동의 어머니 춘섬이 천한 신분이기 때문에 양반인 김 판서와 혼인하여도 첩으로 천대받는 것을 볼 수 있다. 이와 같이 조선시대에는 양반과 혼인한다 하여도 그 신분이 천하면 정실부인이 되지 못하고 첩이 되었다. 춘향은 몽룡과 결혼한다고 해도 정실부인이 아닌 첩이 되는 사실을 알고 있었다. 하지만 대상도서를 참고해보면 춘향은 옥살이를 하면서 온갖 고문을 당해도 변 사또의 요구를 들어주지 않는 모습을 보였다. 이 점은 춘향이 출세를 원하는 욕망녀이기보다는 정조를 지키는 도덕녀 임을 보여준다.

반대 1

- 반곡중 3학년 김강0 -

　토론자의 발제 잘 들었다. 저는 다르게 생각한다. 춘향의 사랑은 순수하지 않다고 생각한다. 그 첫째 이유는 만약 춘향이가 진실된 정절녀였다면 만난 지 채 24시간도 안된 만남에 그러진 않았을 것이다. 여기서 말하는 욕망은 성적인 욕망이었다. 춘향이와 이몽룡은 만난 지 하루도 되지 않아서 하룻밤을 보냈다. 그때의 사고방식과 현재의 사고방식이 아무리 달라도 하루 만에 하룻밤을 지내는 것은 상식적이지 못한 행동이고 또한 정절녀라는 말에 어긋난 행동이다. 또한 이는 성적인 춘향이의 욕망이 없었더라면 불가능한 일이다.

　둘째, 춘향이는 신분 상승의 욕구가 있었다. 춘향이가 욕망녀 라는 두 번째 근거는 춘향이의 신분상승 욕구가 있었다는 것이다. 일단 춘향이와 이몽룡이 하룻밤을 지내기 전 춘향이의 엄마는 춘향이에게 신분상승에 대하여 언급하는 부분이 나오는데 이를 듣고 난 춘향이가 이것에 대한 긍정적 의미로 안방에 들어간 것이다. 이러한 것을 보았을 때 춘향이는 욕망녀 라고 생각한다.

찬성 2

- 남원주중 2학년 이정0 -

그렇지 않다. 춘향은 모진 고문 속에서도 이몽룡만을 하염없이 기다렸다. 대상 도서를 보면, 춘향이 수청을 거부하자 변 사또가 몹시 화가 나서 춘향을 몽둥이로 쳤을 때 춘향이 이몽룡만을 향한 마음을 시로 표현한 구절이 있다. 이것으로 보면 춘향이 신분상승을 위해 이몽룡을 사랑한 것이라고 볼 수 없다. 또한 암행어사인 이몽룡이 거지꼴로 춘향을 찾아왔을 때에도 춘향은 이몽룡을 자신이 죽기 전에 봤다는 것에 대해 기뻐하며 자신이 죽거든 이몽룡이 자주 가던 길가에 묻어달라고 하며 이몽룡에 대한 사랑이 담긴 유언까지 했다.

이와 비슷한 이야기를 담고 있는 서양책인 『로미오와 줄리엣』에서도 로미오와 줄리엣은 첫눈에 반해 사랑하게 된다. 그 둘은 두 집안이 원수지간임에도 서로를 진심으로 사랑한다. 이것으로 보면 춘향과 이몽룡 역시 자신들이 처한 상황(신분)에 신경 쓰지 않고 진심으로 서로를 사랑했다는 것을 알 수 있다.

또한 춘향은 하층 신분의 여성인 기생임에도 사랑하는 이몽룡을 생각하며 수절을 했다. 수절이란, 양반 여성이 혼인을 한 후 남편이 죽으면 평생 재혼하지 않고 혼자 지내는 것을 말한다. 그러나 기생은 나라의 노비로, 한 남자와 혼인하여 가정을 이룰 수 없었다. 하지만 춘향은 이몽룡을 생각하며 수절을 했다. 그 이유는 순수한 사랑을 했기 때문이며, 남다른 깨달음과 의지가 있었기 때문이다. 춘향은 사랑을 통해 양반과 평민을 차별하는 신분제가 잘못된 것이며, 자신도 인간답게 살 권리가 있다는 것을 깨달아서 양반의 향락 대상인 기생이기를 거부하고, 깊은 사랑과 신뢰를 지키며 인간답게 살고자 하는 강한 의지를 갖고 있었던 것이다. 이것을 통해 춘향이 신분 욕망을 위해 사랑을 한 것이 아님을 알 수 있다.

반대 2

- 반곡중 2학년 계서0 -

이몽룡이 거지꼴을 하고 돌아왔을 때, 월매가 실망을 하고 신세타령을 한 것으로 보아, 이건 온전히 이몽룡의 신분을 보고 춘향이를 보낸 것이 틀림없다. 그렇지 않고서야 이몽룡이 거지가 된 모습을 보고 그렇게 신세타령을 했다는 것은 신분 상승이 목적이 아닌 이상 그럴 수 없다고 생각한다.

찬성 3

- 남원주중 2학년 김지O -

과연 그럴까? 춘향은 고문을 받을 때도 이몽룡을 향한 믿음과 사랑을 지켰다. 대상도서에서 변 사또가 부임하고 춘향이를 불렀을 때 춘향이는 낭군 하나만 보는 게 도리이고 정절이라며 고문까지 받았다. 만약 춘향이가 신분상승의 욕망을 지닌 욕망녀였다면 고문을 받으라고 했을 때 마음을 바꾸고 사또한테 잘했을 수도 있다. 그러나 춘향이가 고문까지 당하며 사랑과 믿음을 지킨 것은 정절을 지킨 도덕녀의 모습이라고 할 수 있다. 춘향이가 고된 고문을 받으면서도 이몽룡을 향한 마음을 저버리지 않은 것은 진정으로 이몽룡을 사랑하고 믿었기에 가능한 일이다. 또한 사또에게 유부녀를 겁탈하는 것은 죄가 아니고 무엇이냐고 물을 수 있었던 것 또한 정절을 지키고자 하는 확신이 있었기 때문이다.

그리고 춘향이의 믿음은 결국 끝까지 지켜졌다. 춘향이와 이몽룡이 첫눈에 반해서 하루 만에 결혼을 약속하는 성급한 모습도 없지 않아 있었다. 대상 도서를 보면 "우연히 광한루에서 춘향이를 잠깐 보고 안타깝게도 그냥 보냈지. 벌과 나비가 꽃을 찾듯, 오늘 밤에 자네 달 춘향이와 백년가약을 맺으려고 왔다네." 그러나 이몽룡이 동부승지 교지가 내려와서 서울에 가야만 했을 때도, 고문을 받고 옥살이를 할 때에도 이몽룡을 향한 마음 하나로 견디고 살았다. 진심으로 사랑하고 믿었기에 가능할 수 있었던 행동이라고 생각한다. 이러한 굳은 믿음과 정절로 보아 춘향이는 정절을 지킨 도덕녀라고 생각한다.

반대 3

- 반곡중 2학년 도소O -

춘향이 몽룡을 처음 만나는 장면을 생각해 보자. 몽룡이 춘향을 불렀을 때 처음에는 싫어하였지만 방자를 시켜 다시 찾아갔을 때 못이기는 채하며 방자를 따라나섰다. 왜 그랬을까? 아마 이몽룡의 신분에 영향을 받았을 것이다. 그리고 몽룡의 집에서 은근한 정을 품고 바라본 이 도령의 모습을 '천하의 호걸이요 속세의 기이한 남자였다'고 표현하고 있다. 신분 상승 욕망과 함께 성적인 욕망도 있지 않았을까?

성적인 욕망에 대해 좀 더 설명해 보겠다. '사랑가'를 기억하는가? 나이 16세의 연인인데 좀 과한 사랑 놀음이 아닐까? 이어지는 업음질은 또 어떤가? 말놀음도 이어지고 있다. 온갖 사랑 놀음이 여염집 여인으로서는 가능해 보이지 않았다. 성적인 욕망을 지닌 기생의 모습으로 보기에 충분하다. 한편, 변 사또의 수청도 신분 상승의 욕망이 있었기에 끝까지 고통을 이긴 것으로 볼 수 있다.

위 토론자 중 한 학생이 카이스트와 서울대학교 두 곳에 합격하였다고 자랑삼아 찾아온 것이었지요. 어디 갈 거냐고 묻자 카이스트로 진학하기로 했다고 하네요. 왜 그렇게 판단했냐고 물었더니 자신이 공부하고 싶어 하는 뇌 과학 관련 학과가 있어 그리 마음먹었다고 하였습니다. 그래서 뇌 과학 전공의 정재승 교수를 내가 알고 있으며, 우리 법인 교사연수 때 강사로 모신 적도 있으니 가거든 인사드리라 하였지요. 아마 '알뜰신잡' 이야기로 수다 떨며, 쓸데없는 이야기를 많이 나눴을 것으로 짐작합니다. 32쪽짜리 학생부도 살펴보았지요. 카이스트 갈만한 학생임을 한 눈에 알 수 있었습니다.

서울대학교를 포기하고 카이스트로 진학한 제자가 제대로 인문학을 공부한 제자다웠습니다.

2) 6년 동안 인문학 캠프 아홉 번을 건너다

　이 학생이 초등 4학년부터 중학 3학년까지 총 6년 동안 우리 법인이 실시하는 인문학 독서토론 캠프에 모두 아홉 번 참석했더군요. 갑자기 열하일기에 나오는 일야구도하기가 생각나네요. 박지원이 『열하일기』 산장잡기에서 하룻밤 사이에 강 하나를 아홉 번이나 건넜다는 이야기입니다. 연암은 이 글을 통해 깊이 생각하는 사람은 귀에 들리는 소리와 눈에 보이는 것에 영향을 받지 않는다고 했습니다. 우리 주변엔 귀와 눈만을 믿고 잘못 보고 들은 것을 옳게 여기는 사람들이 의외로 많습니다. 연암이 말한 그들처럼 요즘에도 잘못된 제왕적 판단으로 독서가 이렇다, 토론이 이렇다 하는 사람들이 있습니다. 연암은 시내를 건너며 귀에 들려오는 물소리가 상황의 변화에 따라 다르다는 사실을 경험적으로 인지하고, 이를 통하여 인식의 허실을 예리하게 지적했습니다. 사물에 대한 정확한 인식에 도달하는 방법은 외계의 영향을 배제한 순수한 이성적 판단에 의하여야 한다는 것입니다.

　우리 법인은 방학마다 청소년 인문학 독서토론 캠프를 실시하고 있으며 그동안 27기 학생을 배출하였습니다. 처음에는 우리 법인 임원 선생님의 지식 품앗이로 시작한 독서캠프였습니다. 우리 임원 선생님들이 학교 일에다가 독서교육 운동을 겸하여 펼치니 좀 바쁘십니다. 그러다보니 남의 아이들을 가르치면서 정작 자신의 자녀를 도와주지 못하는 상황이 생겼지요. 저도 고3 아들이 대학입시를 준비할 때 제가 근무하는 학교에서 고3 담임이어서 당시 밤 12시까지 학교에서 학생들을 지도하다 퇴근하여 집에 잠시 들리면 정작 내 아들은 잠을 자고 있는 모습을 보면서 맘이 많이 속상했던 경험이 있었습니다.

그래서 내 아들은 네가 가르치고, 네 딸은 내가 지도할 게 하는 지식 품앗이로 서로의 자녀 교육을 독서캠프 형태로 기획하여 진행하였습니다. 사실 자신의 아이들을 자기가 가르치는 것이 힘들기도 하지요. 이렇게 지식 품앗이로 시작한 독서캠프이므로 강사비는 교통비 정도 드리면서 우리나라 최고의 선생님들을 모시고 독서수업을 시작하였습니다. 학원가 일타 강사보다 훨씬 뛰어난 우리 법인 선생님들의 강의이니 참가한 우리 임원 자녀들도 신나게 공부할 수 있었겠지요. 당시는 역사토론과 논술, 과학토론과 논술이 핵심 커리큘럼이었습니다. 요즘은 좀 바뀌었습니다만. 매번 반복되는 프로그램이었지만 한 번 온 아이들이 또 오고, 왔던 학생들이 또 오고 싶어 하는 인문학 독서토론 캠프로 자리잡게 되었습니다.

우리 인문학 독서토론 캠프가 학교를 중심으로 소문이 나기 시작하였습니다. 그래서 교사 자녀들 중심으로 우리 아이도 이번 방학 때 독서캠프에 받아 줄 수 없느냐 하는 요청이 이어졌지요. 여기에 들어오려고 우리 법인 회원으로 가입한 선생님들도 계셨으니까요. 그래서 우리는 고민 끝에 독서캠프 대상자를 확대하여 희망하는 모든 학생들을 받기로 하였습니다. 다만 독서캠프의 좋은 분위기를 유지하기 위해 교과나 독서력이 상위권에 속하여야 한다는 조건을 제시했습니다. 요즘 자유학년제 등으로 교과 성적이 나오지 않는 학생들도 많은 현실이고 독서력도 판단할 객관적인 기준이 없었지만, 스스로 그런 마음으로 참여하도록 이끌기 위한 장치였고 그런대로 성공하여 오늘에 이르고 있습니다.

앞서 소개한 카이스트에 진학한 학생에게 "너는 독서캠프에 몇 번 정도 참여했니?" 하고 물어보았더니, 한참 새워보더니 "아홉 번 참여했습니다." 하더군요. 이 이야기를 그 다음 독서캠프 때 참여한 아이들에게 이야기해 주었습니다. 너희들도 인문학 독서캠프에 아홉 번만 참여하면 서울대학교나 카이스트 갈 수 있다고. 이런 이야기는 수도 없이 많지만 한 학생만 소개해 보았습니다.

이 아이가 처음 우리 독서캠프에 참여했던 초등학생 때가 기억나네요. 모둠 편성 시 말도 잘 못하고 울던 아이었거든요. 그 아이가 독서와 토론을 통해 토론달인으로 이만큼 성장한 것입니다. 이게 독서토론 교육의 매력입니다.

3) 독서토론밖에 지도하지 않았습니다

이 학생에게 저는 독서토론밖에 지도하지 않았습니다. 국어교사인 제가 영어를 지도할 수도 없었고, 과학이나 사회도 지도하지 못하지요. 다만 관련 도서를 읽고 토론만 시켰지요. 그럼에도 학생들은 과학도 사회도 수학도 교과 성적이 오르는 겁니다. 자기주도 독서활동을 통해 자기주도 학습능력이 생긴 경우라 하겠습니다.

이 학생이 중학교 진학 했을 때 이야기입니다. 하루는 어머님과 전화 통화를 한 적이 있었는데, 우리 아이가 학교에서 돌아온 후에 컴퓨터에 앉아 뭔가 하더라는 겁니다. 그래서 또 게임하고 있겠지 하고 야단치려다가 뒤에 서서 한참을 지켜보니 뭔가 이상하였답니다. 게임 같지 않았다는 겁니다. 그래서 자세히 들여다보니 책을 뒤지고 뭔가 근거를 찾는 듯한 느낌을 받았다고 합니다. 나중에 물어보니 선생님이 제시한 토론 주제에 대한 주장의 이유와 근거를 찾는 중이었다고 합니다. 소위 토론 리서치를 하고 있었던 거지요. 그 후 그 어머님은 학생이 컴퓨터에 오래 앉아 있어도 마음이 불편하지 않았다고 합니다.

그 학생은 대상 도서를 읽은 후 이야기식 발문지를 스스로 만들고, 스스로 만든 발문에 대한 자신의 생각을 컴퓨터를 통해 정리하는 독서공부를 한 것입니다. 이야기식 독서토론 준비였지요. 그리고 그 다음 시간엔 이야기식 독서토론을 통해 제시한 토론 주제에 대해 독서새물결 독서토론지를 만들기 위해 또 컴퓨터를 활용하였습니다. 제시한 찬반 주제에 대한 주장의 이유를 명쾌하게 제시하기 위해 애썼고, 제시한 주장에 대한 근거를 대상 도서에서 찾아 토론지를 만들었던 것입니다. 나아가 다른 도서에서는 그 주장에 대해 어떻게 나와 있는지도 조사하였고, 자신이 배우는 교과서에서는 어떤 내용이 연결되어 있는지 조사하여 토론지를 컴퓨터를 통해 완성하곤 한 것입니다.

토론지를 완성하면 제게 메일로 보내어 첨삭지도를 받았지요. 그리고 다음 주말 독서학교에서 친구들과 토론하며 자신의 입장도 검증받고 자신이 만든 근거들로 신나게 토론하며 행복한 토론 경험을 매주 반복하였지요.

이 학생이 학교 중간고사나 기말고사가 끝날 때마다 "선생님, 오늘도 수학 다 맞았어요." "과학도 사회도 너무 쉬웠어요" 하는 이야기를 자주 들을 수 있었습니다. 저는 독서토론밖에 지도하지 않았지만 이 학생은 독서토론하면서 해당 교과 관련 지문을 이해하고 깊이 있는 학습을 할 수 있었으니 어쩜 당연한 결과이었겠다 싶습니다.

4) 도서도 주제도 함께 정하며

주말 독서학교의 대상 도서는 어떻게 정할까요? 토론은 그 자체가 즐거움이며, 그 즐거움은 대상 도서를 선정하는 과정에서도 만끽하지요. 각자 관심영역이 다르므로 어떤 학생은 『나쁜 사마리아인들』이란 경제 관련 도서를 읽자, 어떤 친구는 『완득이』란 소설이 재미있다니 함께 읽자고 요청하고 주장하지요. 어떤 학생들은 역사 관련 책을 읽고 토론하고 싶은데, 뭐 좋은 책이 없을까요 물어보기도 하고, 다음 시간엔 과학 관련 도서를 읽고 토론했으면 해요 요청하기도 합니다.

그래서 우린 철학, 인문, 사회, 역사, 과학, 예술 등 참으로 다양한 도서로 책을 정합니다. 『자유론』, 『국가론』 등을 읽고 토론해 보았지요. 조금 어려웠지만 그런대로 독서영재들이 나름대로 느낀 점이 많던 수업이었습니다. 『열하일기』나 『정의란 무엇인가?』는 필수 도서로 매년 한 번 정도는 다루고 있습니다. 일전엔 〈병자호란〉 영화를 보고 토론한 적도 있었습니다. 정재승의 『과학 콘서트』나 『하리하라의 생물학카페』도 읽고 토론해 보았지요. 『데미안』도 읽어 보았는데, 상대적으로 문학도서가 적은 듯싶기도 해요. 독서토론을 하다 보니 아무래도 과학이나 사회 관련 도서를 많이 읽은 것 같습니다.

한 권의 책을 정하면 한 주는 이야기식 독서토론, 한 주는 교차질의식 독서토론을 하고 마치게 되니 책을 자주 정해야 합니다. 그게 도리어 스트레스일 수 있는데, 학생들과 함께 책을 선정하니 스트레스도 줄고 즐거움은 배가됩니다.

책을 정하면 이젠 토론 주제도 정해야 하지요. 토론 주제를 누가 정할까요? 당연히 학생들이 정하지요. 바로 이야기식 독서토론 발문 만드는 과정입니다. 한 권의 도서를 정하면 그 책을 읽고 먼저 이야기식 독서토론 발문을 만듭니다. 앞서 설명했듯이 3단계 형식에 따라 독서발문을 만들다 보면 재미도 있고, 스스로 만든 발문으로 토론도 하게 되니 아이들이 정성껏 만들어 옵니다. 다양한 주제로 다양한 방법으로 맘껏 토론하게 되지요. 그리고 이야기식 발문을 만들다 보면 자연스레 한 권의 책을 정리하는 기능도 있어 학생들이 많이 성장하기도 합니다.

이야기식 독서토론을 한 주간 신나게 한 후, 다음 주는 교차질의식 독서토론 시간입니다. 이때는 토론 주제를 교사가 미리 학생들에게 제시해 줍니다. 그런데 이 토론 주제는 지난 주 나눴던 이야기식 토론 발문 중에서 찬반 주제로 좀더 깊이있게 토론해 보고 싶은 주제를 서로 토론하여 선정하게 됩니다. 그러니 교차질의식 주제도 선생님이 정한다기보다는 학생들이 정하는 것이지요. 선생님은 사회자로서 진행하고, 코칭하는 독서토론 지도, 주제 선정 지도가 이루어집니다.

이게 토론의 본질입니다. 미소와 수용이 있는 아름다운 독서토론의 도서 선정과 주제 선정입니다. 이런 독서토론 수업을 매주 기다리는 학생들이 있어 저도 행복합니다. 이게 바로 진정한 비경쟁 토론교육의 핵심이자 본질이며, 기쁨입니다.

3. 선생님들과 함께 책을 지으며

1) 더불어 함께 잘 살아야

교학상장이란 말 들어보셨지요? 교원대학교 교원문화관 강당 입구에도 있지요. 교사는 가르치기 이전에 배워야 하지요. 저는 '좋은교사운동'과 함께 국민에게 희망을 주는 교육운동을 펼치고 있습니다만, '좋은교사'는 배움과 가르침, 코칭이 있는 수업교실을 운영할 수 있어야 하지요. 독서토론도 가르침 이전에 함께 읽기의 배움과 나눔이 있고, 가르침보다는 이끌어 주고 도와주는 독서코칭이 필요합니다.

이런 선생님들이 모였습니다. 독서새물결이 그러하지요. 혼자서도 잘 하시지만 함께 잘 하기 위해 선생님들이 모여 연구도 함께 하고, 이번엔 책도 같이 쓰기로 하였습니다. 서로 주제도 정하고 토론하고, 목차도 정하고 토론하며, 더 나은 책을 쓰기 위해 함께 토론하고 있습니다.

이것도 경쟁토론이라 할 수 없겠지요? 선생님들이 더 나은 책을 쓰기 위해 발제하고, 질문하고, 반응하고, 이런 과정을 통해 더 나은 책을 쓰기 위해 노력하는 모습입니다. 더불어 함께 좋은 책을 만드는 과정을 위해 토론하고 있습니다.

마찬가지로 학생들도 스스로 질문을 만들고 토론하고, 주어진 주제에 대해 토론하며, 때론 팀을 편성하고 단체전으로 토론하기도 합니다. 토론을 잘하기 위해 책을 잘 읽습니다. 어떤 분은 그러니까 토론을 잘하기 위해 책을 읽으니 문제가 있다고 합니다. 과연 그럴까요? 물론 그냥 책만 읽으면 좋은 책도 있지요. 그러나 읽은 다음 함께 나눌 책도 분명 존재하지요. 그래서 읽을 때에 질문도 만들고 토론도 염두에 두면서 읽는 행위를 경쟁토론이라 폄하할 일이 아니라 교육적 토론으로 존중할 일입니다.

더구나 이야기식 독서토론은 다양한 주제에 대해 다양한 방법으로 진행하므로 경쟁토론이라 부를 수도 없지요. 우리 학생들이 이런 토론을 통해 사회 구성원으로 준비하고 있지요. 이런 우리 제자들이 만들 미래가 기대되지 않으신지요?

그래서 우리 선생님들도 토론하며 각자 자기 책을 출판합니다. 이 책도 여러 선생님들의 조언, 토론과 격려를 거쳐 탄생하였습니다.

2) 그럼 교육적 경쟁은

경쟁은 누구나 부담스럽습니다. 싫지요. 그게 교육의 이름으로 진행되어도 마찬가지입니다. 그런데 말입니다. 저는 책 읽기는 좀 경쟁이 되었으면 합니다. 서로 책을 많이 읽으려는 학교 분위기가 형성되었으면 합니다. 성적으로 학생들을 평가하지 않고 학생의 독서력으로 평가하는 날이 올 것으로 기대합니다. 나아가 우리 사회도 학생을 평가할 때에 어느 대학 출신이고 그 학생의 성적이 어떠 하느냐에 따라 평가하지 않았으면 합니다. 학생들이 얼마나 다양한 책을 읽었느냐, 그리고 그 읽은 내용을 얼마나 이해하고 적용하며 살고 있느냐 하는 것으로 평가하는 시대가 속히 왔으면 합니다. 독서력이 각자의 삶을 행복하게 이끄는 것을 모두가 아는 사회가 되었으면 합니다.

책 읽기에 이어 토론도 본격적으로 해 봤으면 합니다. 학교 교실마다 토론식 수업으로 수업 방법이 개혁되었으면 합니다. 내용을 읽고 질문을 만들고 토론하며 학습하는 교실을 기대해 봅니다. 교사는 코칭하면서.

짧은 글을 읽고 토론하든, 단행본을 읽고 토론하든, 교과서 본문을 읽고 토론하든, 읽고 토론하는 것을 높이 평가하는 시대가 올 것입니다. 우리 학교는 도서관에 사서교사나 사서 직원이 없어 국어교사인 제가 도서관을 운영하고 있습니다. 도서관에 있어 보면 점심시간에 혼자 와서 책을 열심히 읽는 아이가 있습니다. 처음에는 기특하게 생각하였는데, 나중에 불쌍한 생각이 들었습니다. 책만 읽고 외톨이로 지내는 모습이 너무 측은했습니다. 그래서 그 친구를 불러 우리 학교 도서부 친구들과 함께 책을 읽고 토론하도록 해 보았습니다. 그 아이의 얼굴빛이 환히 변한 것은 충분히 짐작하시겠지요.

이게 바로 참 교육이지요. 함께 읽은 아름다운 경쟁이며, 함께 토론하는 아름다운 경쟁입니다. 따뜻한 시선으로 수용하고 공감하는 행복한 독서토론입니다. 독서토론에는 남을 배려하고 존중하는 정신이 숨어 있지요. 이게 바로 교육적 경쟁의 참 모습입니다.

3) 공동의 문제를 함께

앞서 말씀드린 것처럼 혼자 책만 읽는 것은 매우 위험합니다. 스스로 왕따 되어 밥도 혼자 먹고, 혼자 밥 먹기가 싫어 도서관에 박혀 혼자 책을 읽습니다. 그 학생은 자신이 읽고 싶은 책만 골라 읽지요. 그러다가 불행해지기도 합니다. 도서관에 사서가 있어야 할 이유이기도 합니다.

제가 도서관 사서 역할을 하면서 혼자 책을 읽는 아이들을 불러 대화도 해 보고 일대일 독서토론도 해 보면서, 이 아이들이 학교라는 공동체에 들어오도록 많이 안내했습니다. 제 의도를 아는 우리 도서부 친구들도 저를 도와 이런 친구들과 함께 책을 읽고 토론도 같이 하면서, 독서토론이란 공동체와 함께하는 즐거움을 나눌 수 있었습니다.

이런 아이들은 본인이 읽고 싶은 책만 읽지요. 그것도 매우 위험합니다. 또래 친구들과 함께 다양한 책도 읽을 수 있어야 합니다. 같은 영역의 책이라도 세뇌 당하지 않도록 다양한 시각을 갖도록 도와주는 책도 읽어야 합니다. 의사라는 직업은 돈을 많이 번다는 긍정의 시각을 지닌 책을 읽었다면 불치병을 치료하던 의사가 전염되어 죽을 수 있다는 부정적인 내용을 담은 책도 함께 읽는 것이 중요합니다.

교사의 의식이 그대로 전수되는 책이 아니라, 학생이 책을 읽고 토론하면서 자신의 의식이 생기도록 도와주어야 합니다. 이게 진정한 교육적 독서활동이자 토론활동입니다.

토론을 하다 보면 치열한 논박이 펼쳐질 수도 있습니다. 이걸 보고 경쟁토론이라고 말하는 이들도 있지요. 독서토론도 대상 도서를 읽고, 읽은 내용을 근거로 자신의 주장을 펼치다 보면 과열되기도 합니다. 이럴 때 교사의 코칭이 필요하겠지요. 자신의 주장을 위해 다양한 근거를 찾아 말하는 능력은 경쟁이라 폄하하기보단 격려해 줄 수 있어야 합니다. 자신이 배우고 있는 교과서에서 근거를 찾아 자신의 주장을 펼치는 능력은 우리가 지도해야 할 학습자의 태도이기도 합니다. 결코 경쟁지향이 아니라 학문적인 우수함으로 볼 수 있습니다.

독서토론을 제대로 배운 학생들은 토론 후 함께 논의된 문제를 해결합니다. 이게 정치인이나 기성세대의 토론과 다른 점이라 할 수 있습니다. 그들은 토론을 하지 않았으면 적군은 안 되었을 텐데, 토론하면 상대방과 적이 되어 공동체의 문제 해결을 어렵게 만들기도 하지요.

청소년의 교육적 토론은 찬성과 반대의 의견으로 나누어 치열하게 토론합니다. 토론할 때는 마치 적군인양 심하게 토론하지요. 그런데 막상 토론이 끝나면 금방 한 팀이 되어 제기된 공동체의 문제를 함께 해결해 냅니다. 얼마나 아름답고 행복한 토론자의 모습입니까? 물론 이러한 결과가 그냥 온 것은 아니지요.

찬성과 반대로 의식화하지 않고, 입장 바꿔 토론해 본 경험에서 나온 것이지요. 배려하며 토론하고, 수용하며 토론한 결과로 얻어진 행복토론입니다.

4) 글로벌 독서영재로 통일한국 시대를 열다

독서영재란 말 들어보셨는지요? 독서하는 아이들이 바로 영재란 뜻의 말로, 제가 만든 말입니다. 방학마다 진행하는 독서캠프에 온 친구들을 향한 환영의 말이기도 하였고요. 교육청마다 수학 영재나 과학 영재나 영어 영재 교육은 있지만 독서영재를 육성하는 교육청은 없지요. 참 요즘은 정보 영재도 있더군요. 모두 기술에 초점을 둔 영재 교육이 아닐런지요?

참된 영재는 하버드대학교 가드너 교수가 말한 다중지능 영재가 미래 사회 영재상이 아닐까요? 대인관계의 영재성은 이제 누구라도 공감하지요. 언어사용능력도 어느 영재성 못지않게 중요하지요. 요즘 각종 취업 시험에서도 시험 점수보단 면접이나 토론 능력, 캠프를 통한 평가로 신입 직원을 뽑는다고 하지요.

그럼 이와 같은 영재성은 어떻게 쌓아 나갈 수 있을까요? 바로 독서교육이지요. 옛날 우리 조상들의 서당교육처럼 독서교육에서 미래 사회 교육의 비전을 찾아야 합니다. 미래 사회는 인공지능의 발달로 언어도 정보도 지역도 문화도 공유하는 시대가 옵니다. 정치도 붕괴될 수도 있지요. 한 사람의 가치는 그 사람의 독서력으로 결정되며, 그러한 사회가 행복한 사회가 되는 시대가 곧 올 겁니다.

통일한국도 남북이 독서를 통해 정보와 사상을 공유하며 대비해야 합니다. 글로벌 시대에 독서력은 최고의 경쟁력입니다. 독서를 통해 다문화 시대를 넘어서서 지구 공동체 인식으로 나아가야 합니다. 지구 공동체의 다양한 문제는 언어 문제가 아니라 배려와 수용의 문제이며 토론을 통해 해결할 수 있습니다.

우리 한글 역시 최고의 유산입니다. 우리 한글로 상대방과 토론하며 설득하며 협상하는 능력을 키워 나가면 됩니다. 가끔씩 학생들에게 "영어 좀 못한다고 기죽지 마라"라고 말합니다. 조만간 언어 문제는 해결됩니다. 따라서 우리 한글을 마음먹은 대로 구사하지 못하는 것을 부끄럽게 여겨야 합니다. 한글로 된 글을 읽고 토론하며 글로벌 시대를 앞서 갈 수 있습니다.

이 모든 것을 가능하게 하는 것이 바로 독서영재이며 우리 사회의 소망입니다. 독서영재로 우리 다음 세대 모두가 행복했으면 합니다.

제2부

행복한 독서토론
이야기

제2부

제1장

문학 영역!
가슴으로 느끼는가? 머리로 이해하는가?

1. 공감으로 읽는 책 『아몬드』

1) 도서 선정 이야기

『아몬드』는 2018년 원주 한 도시 한 책읽기 운동 선정도서입니다. 제가
사는 원주는 16년 째 한 도시 한 책읽기 운동을 전개하고 있습니다. 우리나
라에서 가장 먼저 시작하였고, 가장 오랫동안 지속되고 있습니다. 이 독서교
육 운동은 원주지속가능발전협의회와 원주투데이, 원주교육문화관과 (사)전
국독서새물결모임이 협의하여 민간 주도로 시작하여 지금에 이르고 있습니

다. 저는 원주 한 책읽기 운동을 함께 만들고 지금까지 운영위원으로 참여해 오고 있습니다.

한 책읽기 운동의 첫 번째 고민은 시민이 함께 읽고 이야기를 나눌 수 있는 도서 선정에 있습니다. 첫 해부터 지금까지 '왜 한 권의 책을 선정해야 하느냐?' '초등학생까지 읽어야 하는 도서이면 어른들은 재미없어 하니 어른 용도 같이 선정하자'가 난골 토의 주제입니다. 그럴 때마다 한 책읽기 출범의 취지를 설명하며, 초등학생도 읽을 수 있는 도서로 16년 동안 도서를 선정해 오고 있습니다.

『아몬드』도 이런 저런 진통 끝에 선정되었다고 들었습니다. 선정위원들은 추천된 책에 대하여 선입견을 버리고 "좋은 책은 무엇일까?" 하는 근본적인 의문을 끝날 때까지 놓치지 않았다고 합니다. 이 책을 선정한 이유는 많은 시민들이 함께 읽으면서 '용서와 공감'이라는 주제로 다양한 활동과 토론이 가능할 것이라 기대했기 때문이었다고 합니다.

이 소설은 대면접촉을 어려워하는 사람들이 많은 현실 속에서 우리들이 왜 다른 사람과 적극적으로 만나는가를 이야기합니다. 또 자신의 기준에 맞추지 못하는 아들을 보면서 부끄러워하는 아버지와 그러한 아버지의 사랑을 받고 싶어 하는 아들의 가슴 아픈 이야기, 달리기를 좋아하는 소녀와 왜 달리려는 건지 물어보지 않은 부모님의 이야기, 재미로 폭력을 저지르는 우리 주변의 사람들에 대한 이야기, 이러한 이야기들을 들려주면서, 사랑과 공감을 가진 말하기와 들어주기가 결국 사람을 바꾼다는 결론을 매우 설득력 있게 전달하고 있습니다.

실제 이 책을 읽고 함께 토론하면서 '공감'이란 주제어와 청소년의 건강한 성장이란 이야기가 많이 쏟아져 나왔습니다. 학교와 우리 사회가 삶을 배우고 인격 함양에 관심을 갖고 진로를 고민하는 것보단 오직 입시에 함몰된

현실 이야기도 많이 나왔습니다. 그리고 이런 슬픈 현실에서 우리 자녀들이 어떻게 이야기가 풍성한, 행복한 미래 삶을 준비할 것인가 하는 소망의 이야기도 많이 나왔습니다. 토론하면서 서로 공감하지 못했던 이야기, 공감해야 할 이야기 등 다양한 이야기도 나왔지요. 소통 부재의 현실 이야기도 많이 제기되었습니다.

청소년의 건강한 성장을 위해 우리 사회는 어떻게 할 것인가 하는 이야기도 많았습니다. 학교에서는 독서 활동, 예술 활동, 스포츠 활동 등을 강화하는 것도 필요하다는 의견도 있었습니다. 지자체나 국가에서는 학생들이 진로나 인성을 위해 다양한 체험활동을 맘껏 할 수 있는 예산 지원도 필요하다고 하네요.

이런 이야기를 맘껏 나눌 수 있는 책이 바로 『아몬드』라는 책이었습니다. 독서토론 도서는 이처럼 나와 우리와 사회 속에서 읽은 책으로 맘껏 나주고 대화하고 토론할 수 있는 책이 좋은 도서라고 생각합니다. 우리는 『아몬드』를 읽고 때로는 눈물로 때론 반짝이는 눈망울로 행복한 독서토론을 경험할 수 있었습니다.

『아몬드』가 원주를 포함한 여러 도시에서 한 책읽기 운동 선정도서로 선정된 것을 뒤늦게 알았습니다. 이러한 한 책 읽기 운동이 우리나라 다른 도시나 도서관으로 확산되고 있어 무척 행복합니다. 한 도시 한 책읽기 형태의 독서교육 운동이 우리나라 곳곳에 정착될 수 있기를 기도합니다.

『아몬드』 선정 과정은 집단지성의 힘을 빌려 개인이 도서를 선정해야 하는 수고를 덜 수가 있었습니다. 학교나 마을마다 토론 지도 선생님마다 도서 선정의 고민들이 많이 있는데 한 책읽기 운동 같은 독서교육 운동이 있으면 실제 현장에서 독서토론 지도하는 사람들에게는 매우 큰 힘이 될 것입니다.

함께 선정한 도서는 많은 이들의 공감을 불러일으킬 수 있었습니다. 용서와 공감이란 주제도 우리 시대 필요한 주제이며, 청소년의 건강한 성장을 다룬 소설이어서 우린 이 책을 선정하고 독서토론 활동을 전개하였습니다.

❖ 학생 입장에서 친구에게 추천하고 싶은 이유

- 중3 이현0 -

이 책을 읽고 나면 저자가 책을 쓴 이유가 현대 사회의 많은 사람들이 감정표현불능증을 앓고 있을 수도 있고, 가슴이 머리를 지배할 수 있다고 믿는 사람들에게 희망을 주기 위해서라고 한 이야기가 이해가 된다. 이 책을 읽으면서 나의 눈으로 봤던 사람들의 무관심한 모습들이 왜 딱딱하게 느껴지고, 무섭게 느껴지는지 알 수 있었다. 청소년들이 이 책을 읽고 나면 우리 사회의 진짜 모습에 관심을 가지고 살펴볼 수 있으며, 점점 더 발전하는 사회에서 감장을 표현하고 말하는 것이 더욱 중요해진다는 것을 생각할 수 있게 한다. 이 책을 통해서 현대 사회의 모습 중 한 면을 알 수 있게 되고, 미래를 살아갈 청소년으로서 이에 대해 어떤 방법이 필요할지 고민해 볼 수 있게 하는 책이기 때문에 추천하고 싶다.

2) 독서토론 이야기

우선 『아몬드』를 감동 있게 읽었습니다. 그리고 교실에서 학생들과 함께 또 읽었습니다. 개정 교육과정에 따라 한 학기 한 권 읽기 프로그램으로 읽었고, 주말 인문학 독서학교에서도 읽었습니다. 읽어 보니, 읽기만 해도 함께 나눌 이야기가 풍성하였습니다.

이야기식 독서토론

학생들은 함께 나눌 독서 발문들을 만들어 토론수업에 참여했습니다. 첫 수업은 여느 때처럼 이야기식 독서토론으로 학생들이 만든 발문지를 중심으로 진행했습니다. 학생들은 자신이 만든 독서발문 중에서 가장 자신 있거나 궁금한 것을 질문하였고, 독서친구들과 묻고 생각을 나누는 토론을 하였습니다. 먼저 비경쟁 독서토론의 표본인 이야기식 독서토론으로 토론을 진행하였지요.

이야기식 독서토론은 앞서 설명한 대로 (사)전국독서새물결모임에서 전국단위 독서토론대회에 적용하고 있는 토론 모형입니다. 다양한 주제를 다양한 방법으로 진행하는 재미있는 토론이지요. 이야기식 독서토론은 토의의 개념을 포함하여, 책을 읽고 소감도 나누고, 대안도 모색해보고, 쟁점이 생기면 찬반 토론도 진행합니다.

1단계는 배경지식 관련 발문 단계로, 대상 도서를 읽지 않아도 토론자들이 쉽게 반응할 수 있는 흥미 있는 발문을 제시합니다. 래포 형성이 목적이기도 하지요. **2단계**는 대상 도서의 내용과 관련한 발문 단계로, 이제 책 이야기를 본격적으로 나누는 단계입니다. 학생들이 아무리 외우지 않으려고 발버둥을 쳐도 대상 도서만 읽었다면 알 수 있는 내용을 중심으로 발문을 생성해야 합니다. **3단계**는 대상 도서와 관련한 인간 삶이나 사회 관련 발문 단계로, 책을 읽은 후 자신의 이야기와 사회 이야기를 맘껏 나누는 독서토론으로 진행합니다. 책 이야기를 나누다 보면 자신의 삶 이야기로 적용해 보거나 사회 문제로 확대해 볼 수도 있습니다. 그러다 보면 쟁점이 생기기도 하고 대립이나 갈등이 생기기도 합니다. 이때에는 찬반 토론으로 집중하여 토론을 진행할 수도 있습니다.

『아몬드』를 읽고 학생들은 이야기식 토론의 각 단계별로 다양한 발문들을 준비해 왔습니다.

◈ 1단계 배경지식 관련 발문

> 1-1) 인간과 동물의 차이점이 무엇이라고 생각하나요?

> 1-2) 감정이 없는 사람을 본 적이 있나요? 있다면 어떤 느낌이었나요?

> 1-3) 여러분은 살면서 주로 어떤 감정을 많이 느끼나요?

> 2) 자신이 특별하게 느꼈던 감정은 무엇이고, 그 감정을 느끼게 된 상황은 무엇인가요?

제가 느꼈던 감정은 흥분했을 때의 소름끼치는 감정입니다. 이 감정은 공포스러운 상황이 아니더라도 노래를 듣거나 글을 읽을 때 갑자기 느끼게 될 때가 많았으므로 특별하게 느껴졌습니다.

3) 요즘 사회가 개인주의 사회로 변하며 타인의 감정에 공감하지 않거나 못하는 사람들이 생겨나는데 여러분 주위에서는 어떤 경우가 있었나요?

나의 주위뿐만 아니라 인터넷이나 뉴스의 기사를 보면 사람이 폭행당하거나 사고가 난 모습을 보고도 모른 척 지나가는 타인의 감정을 공감해주지 못하는 경우를 본 적이 있다.

◈ 2단계 대상 도서 관련 발문

1-1) 주인공의 어머니와 할머니가 주인공에게 감정을 가르치기 시작한 계기는 무엇인가요?

주인공이 초등학교에 입학하기 전과 후에 친구들을 대하는 모습이 남들과 다르다는 것을 알았던 것이 그 계기였다.

1-2) 주인공은 어머니와 할머니의 가르침으로 감정을 느끼기 시작했나요, 흉내 내기 시작했나요?

주인공은 어머니와 할머니의 가르쳐주시는 감정을 스스로 느끼지 못하고 흉내 내기 시작했다

1-3) 주인공은 끝내 감정이 학습된 것일까요?

끝내 감정이 학습됐다기보다는 반복적인 훈련을 통해 자신의 진정한 감정을 찾아낸 것이라고 생각한다.

2-1) 주인공의 첫 눈물은 어떤 감정이었나요?

주인공은 자신이 흘렸던 첫 눈물이 슬픔인지 감격인지 알 수 없다고 이 야기 했다. 처음 흘려보는 눈물이었고 그 감정을 처음 느껴보았기 때문에 자신의 감정을 알 수 없었던 것이라고 생각한다.

2-2) 여러분은 눈물을 흘릴 때, 어떤 감정들을 느꼈었나요?

셀 수 없이 많이 울어보았지만 매번 다른 감정들을 느꼈다. 슬픔, 행복, 기쁨, 두려움, 아픔, 감격 등 상황과 기분에 따라 많은 감정을 느꼈다.

3) 주인공은 자신의 머릿속 아몬드가 작다고 이야기 했습니다. 각자의 머 릿속 아몬드의 크기는 얼마라고 생각하나요?

내 머릿속의 아몬드는 적당하다고 생각한다. 너무 감정적이지도 않으며, 때로는 이성적이려고 노력하다가 감정이 없다고 이야기를 듣기는 했지만, 내 마음 속으로는 언제나 감정들을 느끼고 있기 때문이다.

4-1) 옛 말에 "무식하면 용감하다" 라는 말이 있는데 책에서 주인공이 "차를 보면 피한다" 라고 교육을 받은 거처럼 두려움도 감정의 일종인데, 감정이 없는 사람은 멍청할까?

그렇지 않은 거 같다. 감정이 없으면 조금 더 냉철하게 판단할 수 있기 때문이다

4-2) 주인공이 끔찍한 일을 당했을 때, 주인공이 감정이 없던 건 행운이었을까?

행운이었던 것 같다. 만약 그런 끔찍한 일을 당했을 때 감정이 있었다면 큰 후유증이 있었을 것이다.

4-3) 대상도서에서 윤재가 곤이 대신 윤 박사의 아내에게 작별인사를 건네는데, 이때 윤재가 감정이 있었다면 할 수 있었을까?

자신에게도 다친 어머니가 있었고 남을 속여야 했기에 양심의 가책이 무거워 해내지 못했을 것이다.

◈ 3단계 대상도서 관련 인간 삶과 사회관련 발문

1-1) 우리는 사회의 사람들이 감정표현 불능증, 감정공감 불능증을 앓고 있다고 이야기합니다. 이런 상황은 개인의 우울과 상처들로 인한 것일까요, 사회적인 상황으로 인한 것일까요?

사람들 개인의 상황에 따라 다르다고 생각한다. 각자에게 우울과 상처들이 있다면 그것을 드러내지 않으려고 감정을 표현하지 않는 경우도 있을 것이다.

1-2) 사회의 개인주의 속 살아가는 사람들은 타인의 감정을 공감하지 않으려 하는 것일까요, 공감하지 못하는 것일까요?

개인주의 사회로 변하면서 자신의 감정도 사회적인 상황에 맞추는 것 같기도 하지만 또 다른 면으로는 자신의 감정에 충실하려고 하다 보니 다른 사람들, 보편적인 감정이 아닌 다른 감정들을 느끼고 표현하거나 공감하지 않는 사람들도 있다고 생각한다.

2-1) 흔히 말하는 싸이코 패스는 '폭력성을 동반하는 이상 심리 소유자', '인격 장애증을 앓는 사람'을 말합니다. 그렇다면 싸이코 패스도 학습을 통해 감정을 형성할 수 있을까요?

싸이코 패스도 반복적인 노력을 통해서 스스로의 감정을 느낄 수 있다고 생각한다.

2-2) 감정을 학습할 수 있다면 각자가 학습한 감정에는 무엇이 있나요?

학습의 기준을 모든 경험들로 둔다면 내가 느끼고 있는 기쁨, 슬픔, 아픔, 부끄러움 등 모든 감정들이 학습에 의해서 형성된 감정일 것이다.

3-1) 우리 사회에서는 감정이 없는 사람이 더 편하게 살까?

우리 사회는 공정하지 못한 부분이 분명 존재한다. 그렇기에 그런 것에 대해 휘둘리지 않을 수 있기 때문에 감정이 없는 사람이 더 편하게 살 것이다.

3-2) 감정이 있는 것과 없는 것 둘 중 어느 쪽이 더 행복한 삶을 살까?

평생을 살아가며 얻을 스트레스의 양이 더 많아지고 있다. 정신질환 환자가 많아지고 있는 것이 그 근거이다. 그렇기 때문에 감정이 없는 사람이 더 행복한 삶을 살 것 같다.

3-3) 피도 눈물도 없어야 이득을 보는 시대에서 우리에게 감정이란 무슨 의미일까?

사회에서의 이익을 방해하는 사치일 뿐이다.

그럴 것이다. 감정이 없는 형식적인 대화를 사람들은 지겨워할 것이고 감정이 있는 인공지능을 환대할 것이다.

학생들이 만든 발문으로 토론을 진행하면 책 전체로 토론하기보다는 일부 내용만으로 진행하는 경우도 있고, 때로는 책의 핵심을 놓치는 경우가 있어서 교사가 준비한 발문으로 수업을 마무리하면 좋습니다. 『아몬드』의 경우 학생들이 놓친 발문은 이런 것들이 있었습니다.

먼저 2단계 대상 도서 관련 발문입니다. 2단계 발문을 잘 만들면 대상 도서를 요약해 보는 기능도 배울 수 있어 좋습니다.

1-1) 이 책의 가족 관계를 얘기해 볼까요?

1-2) 이 책에 등장하는 인물 중에 특별히 애착이 가는 사람이 있다면 누구인가요? 왜 그렇게 생각하나요?

2-1) 주인공 어머니께서는 어떤 일을 하셨지요? 왜 그런 일을 시작하였을까요?

2-2) 어머니 주변 인물 이야기를 해 볼까요? 어떤 분들이 계신가요?

3-1) 주인공과 곤이는 어떻게 친해지게 되었나요? 주인공과 곤이의 학교 생활을 이야기해 볼까요?

3-2) 곤이 이야기를 해 볼까요? 어떤 아이였지요?

3-3) 곤이의 변신은 누구의 책임일까요? 그렇게 생각하는 이유는?

3-4) 주인공과 곤이 이야기 중 기억에 남은 사건이 있다면?

3-5) 주인공이 가출한 곤이를 찾아간 이유는? 마지막 장면을 보면서 어떤 생각을 해 보았나요? 우리 사회는 이들을 어떻게 도울 수 있을까요?

4-1) 주인공과 도라 이야기를 나눠 볼까요? 어떤 장면이 기억에 남아 있나요?

4-2) 주인공과 도라가 어떻게 하면 좀 더 가까워질 수 있을까요?

5-1) 학교 폭력을 당해 본 적이 있나요? 이런 문제를 어떻게 하면 근본적으로 해결할 수 있을까요?

5-2) 학교 폭력 외에 사회적인 폭력도 있는데, 폭력의 유형과 그 대책을 이야기해 볼까요?

5-3) 국가적인 폭력도 심각할 수 있습니다. 누가 이야기해 볼까요?

다음으로 대상 도서 관련 인간 삶이나 사회 관련 3단계 발문을 소개해 봅니다.

1-1) 오늘날 우리 사회의 문제를 생각해 볼까요? 어떤 문제가 떠오르나요?

1-2) 이런 사회적 문제를 어떻게 해결할 수 있을까요?

2) 현대 사회일수록 정신적인 질병을 앓고 있는 분들이 많습니다. 육체적인 장애 말고 정신적인 장애도 심각하다고 하는데 이런 문제를 어떻게 해결할 수 있을까요?

3-1) 한 아이를 위해 마을 전체가 관심을 가지고 가르쳐야 한다는 말이 있습니다. 무슨 뜻일까요?

3-2) 우리 사는 지역의 교육현실은 어떤가요?

3-3) 우리 지역 아이들을 잘 키우기 위해 어떻게 하면 좋을까요?

이렇게 한 주는 이야기식 독서토론을 실시하고, 다음 주는 독서새물결(교차질의식) 독서토론을 실시합니다.

교차질의식 독서토론 주제는 이야기식 독서토론 수업을 하면서 보통 학생들이 선정합니다. 이야기식 독서토론을 하다보면 쟁점이 생기는 주제가 나타나고, 그 찬반 주제로 좀 더 깊이 있는 토론을 진행하면 아이들이 재미있게 참여합니다.

교차질의식 독서토론 방법을 다시 한 번 정리해 드립니다.

독서새물결(교차질의식) 독서토론은 쟁점이 있는 주제에 대한 찬반 토론 형식의 모둠별 토론(단체전)입니다. 토론 대형은 서로 마주보게 배치하고, 자리에 앉아서 편하게 진행하는 토론입니다. 독서토론은 토론 발제문을 밤새 외워 웅변처럼 배심원을 설득하는 토론이 되어서는 안 됩니다. 독서토론은 배심원이 없어도 가능해야 합니다. 교실 한쪽에서 친구들과 대화하는 토론도 가능하고, 식당가는 길에 서서 토론할 수도 있습니다. 그리고 읽을 책을 보면서 할 수도 있고, 준비한 자료를 참고하여 토론할 수도 있습니다. 자료를 활용하는 것이 매우 중요한 시대에 그 내용을 외워서 토론하는 웅변대회식 토론을 이제 그만 했으면 합니다.

그래서 교차질의 모형의 독서새물결 토론방법을 제시하였습니다. 토론자는 자리에 앉아서 준비한 자료를 맘껏 활용하여 토론하도록 지도하고 있습니다. 독서새물결 독서토론은 주어진 토론 주제에 대하여 발제-반론-재반론을 대상도서와 교과서 등을 근거로 설득하여 감동을 이끌어 내는 토론입니다.

이것을 우리는 교육적 독서토론이라 일컫습니다. 웅변식 토론이 아니라, 준비한 자료를 활용하여 배심원 없이도 편하고 즐겁게 토론하는 독서토론입니다. 멋있게 보여 주는 상업적 토론이 아니라, 교실 수업에 적용 가능하며, 배우고 있는 교과서를 근거로 삼아 진행하는 교육적 토론입니다. 그러므로 독서새물결 독서토론은 말하는 학생이나 듣는 학생이나 모두 감동을 주고받는 토론입니다.

『아몬드』의 교차질의식 토론 주제는 '사람의 감정은 학습으로 형성될 수 있다'입니다. 아몬드의 엄마는 선윤재에게 보통 사람들처럼 감정을 지닌 사람이 되어야 한다고 다양한 교육을 시킵니다. 그리고 대뇌의 아몬드가 결핍하여 감정이 생기지 않는다 하여 아몬드를 수시로 먹게 합니다. 오늘날 우리 어머니들이 자녀의 성장을 위해 학원에 몰입하여 지도하는 것과도 연결해 볼 수 있습니다. 학원을 보내는 것이 자녀의 지적 성장이나 전인격적인 성장에 관련 도움이 될까요?

이런 취지로 **'사람의 감정은 학습으로 형성될 수 있다'** 라는 주제를 선정하였습니다. 학생들의 반응을 정리해 보았습니다.

찬성 측 발제 1

- 중2, 심소0 -

사람은 교육적 동물입니다. 칸트가 말하기를, "사람은 교육을 통해서 인간이 된다"라고 했습니다. 이는 태어날 때부터 완벽한 존재가 아닌 '지속적인 교육'을 행해야지만 비로소 인간이 됨을 알 수 있습니다. 감정도 마찬가지입니다. 태어나고 얼마동안은 본능에 이끌려 행동하지만, 점점 자랄수록 부모님의 교육, 혹은 선생님의 교육을 통해 감정을 형성할 수 있을 것입니다. 자신이 처해진 환경 혹은 어른들의 영향으로 아이의 성향이 바뀌는 것도 바로 이것 때문이라 생각합니다.

반대 측 반론 1

- 중1, 윤초0 -

감정은 교육으로 형성될 수 없습니다. 윤재에게 행해졌던 엄마의 교육은 윤재의 인생을 순조롭게 만들어주려는 엄마의 '욕심'이었을 뿐, 그 이상도 이하도 아니었다고 생각합니다. 실제로 윤재가 자신의 감정을 조금씩 느낄 때, 예를 들면 심박사에게 도라로부터 느껴지는 감정을 말해줄 때에 윤재는 엄마의 교육을 받고 있지 않았습니다. 이를 통해, 감정은 지속적인 학습으로만 형성되는 것이 아닌, 살아가면서 이치와 진리를 알게 됨으로써 자연스럽게 형성됨을 알 수 있습니다.

찬성 측 발제 2

- 중1, 이서0 -

교육성과가 나타났습니다. 대상도서의 앞부분에서는 윤재의 엄마와 할머니가 윤재에게 '희로애락애오욕' 교육을 행하고 있는 모습이 나옵니다. 물론 바로 성과가 나타나지는 않았지만 주변 사람들의 교육, 예를 들면 곤이가 윤재를 위해 나비를 찢어 죽인 사건이나 도라와의 특별한 관계 등을 통해 점점 감정을 배워나갈 수 있었습니다.

반대 측 반론 2

- 중2, 우건0 -

그렇지만 감정은 배우는 것이 아닌 본능입니다. 에니어그램 시스템에서 말하는 인간의 3요소는 본능, 감정, 사고입니다. 인간의 3요소란 그 누구도 아닌 자신만이 바꿀 수 있는 것을 말하는데요, 감정도 마찬가지입니다. 누군가에게 증오, 사랑은 느끼는 것은 누군가 그렇게 하라고 가르쳐서가 아닌 내 사고방식의 판단과 본능에 달린 것입니다.

찬성 측 반론 1

- 중2, 심소0 -

윤재는 "희로애락애오욕" 교육으로 인해 조금씩이나마 감정을 알 수 있었고 학교에서 친구들과 별문제 없이 지낼 수 있었습니다. 그럼 그 교육은 잘 행한 것이 맞지 않나요?

반대 측 재반론 1

- 중2, 우건0 -

물론 당분간은 잘 지낼 수 있었겠지만 나이를 점점 먹으면서 주제 밖으로 벗어나는 질문을 해 엄마의 명쾌한 답변을 못 듣는 등 "희로애락애오욕" 교육이 윤재의 삶에 그렇게 도움이 되지 않았음을 알 수 있습니다.

152   제2부 행복한 독서토론 이야기

찬성 측 반론 2

- 중2, 이현O -

　감정의 학습을 통해 새로운 감정을 형성합니다. '감정코칭'에 의하면 감정을 공감하고, 코칭하는 것을 통해 올바른 방향으로 새로운 감정을 찾고 행동할 수 있게 합니다.

반대 측 재반론 2

- 중2, 우건O -

　인간의 감정을 학습한다는 것은 흉내 내는 것일 뿐입니다. 아몬드 35쪽의 '스스로 남들과 다르다는 것을 감추기 위해 고도의 연기가 필요하다'라는 것에 의하면 감정을 학습한다는 것은 감정을 흉내 내는 법을 배운다는 것일 뿐입니다.

찬 성 측 반 론 3

- 중2, 김혜0 -

사람은 언제나 새로운 감정을 학습합니다. '사랑보다 좋은 학습은 없다'
고 말하기도 한다. 이처럼 사람은 책, 영화 등 모든 경험을 통해 늘 새롭고
낯선 감정을 느끼고 학습합니다.

반 대 측 재 반 론 3

- 중1, 계규0 -

아닙니다. 감정은 인간의 성장, 성숙에 의한 변화입니다. 사회복지학 사
전에 의하면 학습의 의미는 경험, 연습, 훈련을 통해 일어나는 지속적인
행동이며 자연적인 성장, 성숙에 의한 변화는 학습이라고 할 수 없다고 합
니다. '감정' 또한 인간이 성장하면서 느끼는 자연스러운 마음이나 기분이
기 때문에 학습할 수 없다고 생각합니다.

상생협동 독서토론

『아몬드』 독서토론 세 번째 시간은 〈3-3-3〉 독서토론으로 제가 개발한 상생협동 독서토론 모형입니다. 원주 한 책읽기 운동 동아리 독서토론 한마당을 준비하면서 독서새물결 연구자들과 머리를 맞대어 개발한 독서토론 방법입니다. 상생협동 독서토론은 독서새물결 독서토론을 더욱 발전시킨 모형이며, 교육적인 목적으로 만들어진 비경쟁 독서토론으로 진행됩니다. 먼저 상생협동 독서토론을 다시 한 번 정리해 보겠습니다.

상생협동 독서토론(3-3-3 독서토론)은 토론 모둠 편성을 3명 단위로 3팀을 편성한다는 것이 가장 큰 특징입니다. 앞서 언급한 이야기식 독서토론은 5명이나 10명 내외의 학생들이 둘러 앉아 이야기를 나누듯 다양한 주제를 다양하게 펼치는 것이라 하였지요. 찬반 토론 형태인 독서새물결 독서토론은 두 팀이 모여 찬성과 반대 입장에서 토론을 펼칩니다. 그런데 오랫동안 토론을 하다 보니 인원이 많을 경우 기다리는 학생도 있고 하여, 세 팀이 함께 토론할 수는 없을까 고민하다가 역발상으로 세 팀도 토론이 가능하다는 결론에 이르렀습니다.

그 후 꼭 승패를 정하여야 할까 고민할 결과 상생협동의 정신을 반영하는 토론방법을 모색하였지요. 즉 첫째 판은 3팀이 토론을 펼친 후에 승패 판정 없이 3팀 9명이 다시 한 팀으로 재편성하도록 이끌어 주었습니다. 기존의 2팀이 참여하는 찬반 토론과 달리 3팀이 함께 토론하는 것도 역발상이었고, 판정을 내지 않고도 다음 토론이 진행되는 방안도 역발상이었지요. 바로 비상업적이고 교육적인 독서토론의 정착을 위해 구안되었습니다. 경쟁을 지양하고 상생과 협동정신을 토론과 접목하고, 대상 도서와 교과서에서 근거를 찾는 교육과정을 존중하는 독서토론입니다. 승리보다는 감동을 주는 독서토론 교육을 정착할 수 있는 토론모형이지요.

『아몬드』로 교차질의식 독서토론이 끝난 후 학생들과 자유롭게 상생협동 토론의 주제를 협의하였습니다. 아몬드를 먹인 어머니의 마음도 이해가 되면서 어떻게 하면 청소년들의 건강한 성장을 우리 사회가 도울 수 있을 것인가 고민하게 되었습니다. 이런 고민을 담아 '청소년의 건강한 성장을 위한 효과적인 방안'이란 주제를 선정하게 되었습니다. 이처럼 상생협동 토론은 주로 정책토론 형태가 됩니다.

학생들의 주장은 이러하였습니다.

발제 1

　　첫째, 학교에서 토론수업을 많이 한다. 토론을 하면 말하기, 듣기, 쓰기 능력이 모두 좋아질 수 있다. 토론을 준비하는 과정에서 주장을 정리하면서 쓰는 실력이 늘고 토론을 하며 상대방의 의견에 귀 기울이고 자신의 의견을 얘기하면서 능력을 향상시킬 수 있다. 듣기, 말하기, 쓰기의 능력은 우리가 살아가면서 기본적으로 갖추어야 할 능력이라고 생각한다. 그러므로 토론을 통해 능력을 키우면서 바람직한 성장을 할 수 있다고 생각한다,

　　둘째, 청소년 대상 멘토 강연을 한다. 강연을 통해 자신의 진로에 대해 한번 더 생각할 수 있는 기회가 되기도 하고, 살아가는 데에 있어 큰 도움이 되기도 한다고 생각한다. 강연을 듣고 깨달은 것이 많을 수 있고 강연을 해준 사람을 자신의 롤모델로 삼고 그 사람을 본받기 위해 열심히 노력할 수 있을 것이다. 자신의 인생을 되돌아보고 미래에 대해 설계해 볼 수 있는 좋은 기회라고 생각하여 청소년의 바람직한 성장에 도움이 된다고 생각한다.

발제 2

- 중3, 하진0 -

　청소년의 건강한 성장을 위해서는 자신의 진로계획을 잘 세워야 합니다.

　첫째, **진로계획을 잘 세우면 성공하기도 쉽습니다.** 『아몬드』의 주인공 도라와 고등래퍼2의 우승자인 김하온을 예로 들 수 있습니다. 도라는 자신의 장점이자 취미인 달리기를 열심히 노력하니 구 대회에서 2등을 하는 성공을 이뤘습니다. 또 고등래퍼2의 우승자인 김하온은 고등학교를 자퇴할 때 부모님을 설득하기 위해 '자퇴이유 및 계획'이라는 글을 써서 자신이 앞으로 할 일들을 계획했습니다. 그 결과 김하온은 고등래퍼2에서 우승을 했습니다.

　둘째, **스스로의 인격에 도움이 될 수 있습니다.** 진로교육을 통해 스스로 자신의 흥미·적성·능력에 맞는 지식과 기술을 습득해서 자신의 일을 잘해나가면 성취감을 얻고 자존감도 얻을 수 있을 것입니다. 자신이 좋아하는 일이 잘 풀린다면 그것이야말로 최고의 행복이 아닐까 싶습니다. 또한 자신이 좋아하는 일은 실패하더라도 좌절하지 않고 계속 재도전을 하기 때문에 근성에도 도움이 될 것입니다.

　셋째, **행복한 삶을 살 수 있습니다.** 00중학교 진로교과서에는 '자아를 실현하면 행복을 얻을 수 있고 따라서 행복한 삶을 살기 위해서는 자신이 스스로의 삶을 선택해야한다. 그러기 위해서는 진로 교육을 통해 자신의 진로 계획을 잘 세워야 한다.'고 쓰여 있습니다. 따라서 금전적이 아닌 정신적으로 성장하기 위해서도 진로 계획을 잘 세워야 합니다.

발제 3

- 중2, 우건0 -

청소년은 아직 성장하고 학습하는 단계이기에 많은 도움이 필요합니다. 청소년기에는 진로에 관심이 많아지고 점차 학업에 열중하는 시기입니다. 이로 인해 늦은 귀가로 많은 사고가 일어나고 있습니다. 즉, 이런 시기에 청소년에게 많은 사회적 관심을 기울여야 합니다.

첫째, **학교 밖 청소년들에게도 관심을 기울여야 합니다.** 학교 밖 청소년들을 위한 것에는 청소년 아웃리치가 있습니다. 청소년 아웃리치란 학교 밖 청소년의 지역사회 관심과 올바른 성장 유도를 위한 것입니다. 청소년 아웃리치 같은 정책을 실시하게 된다면 학교 밖에 있는 청소년에게도 관심을 기울일 수 있습니다.

둘째, **안심귀가 서비스를 추진해야 합니다.** 학업에 열중해 귀가시간이 늦어졌습니다. 또, 겨울철에는 해가 일찍 져서 금방 어두워지기도 합니다. 인적이 드물거나 가로등이 부족한 곳엔 안전이 위협되는 법이지요. 그래서 늦은 밤 인적이 드물고 안전이 위협되는 곳에 경찰관 또는 사람을 고용하여 학생들의 귀가를 안전하게 해야 합니다. 실제 사례로 서천군문화청소년센터에서 가로등이 부족하고 안전에 위협되는 곳에 청소년 8명을 대상으로 경찰관이 집까지 안전히 바래다 준 사례가 있습니다.

셋째, **학생들의 진로를 위해 교육정책을 개선해야 합니다.** 실제로 중학교 1학년을 대상으로 자유 학년제를 실행하고 있습니다. 하지만 이런 기회가 많이 없어 청소년들은 자신의 꿈을 찾지 못합니다. 대상도서에서도 도라는 자기가 하고 싶은 육상을 제대로 할 수 없었습니다. 이 일을 해결하기 위해 청소년들에게 다양한 진로체험과 같이 많은 하고 싶은 것을 체험하게 해 주어야 합니다.

발제 4

- 중3, 이현0 -

청소년들의 만남을 위한 기관을 설치하자. 청소년들은 학업, 교우관계, 부모와의 관계 등 다양한 고민들을 가지고 있는데 그런 고민들을 쉽게 털어놓지 못해 스트레스가 쌓이게 되고 따라서 공감능력은 저하되고 감정을 숨기는 경우가 생겨 부정적인 결과를 가져오는 경우가 있다. 예를 들어 이 도서에서 '곤이'는 어린 시절 가족에게 버림받고 온갖 나쁜 짓을 하고 다니며 세상에 대해 부정적인 감정을 가지고 있지만 사실은 나비 한 마리 죽이기 어려워하는 아이였다. 곤이는 자신의 감정에 솔직하지 못하고 억지로 자신을 만들어가면서 부정적인 결과를 가져온 청소년의 예로 들 수 있다. 그렇지만 곤이는 자신을 판단하지 않고 바라봐 주는 윤재에 호감을 느끼고 변화하기 시작한다. 이처럼 비슷한 고민을 가진 청소년들이 모여 서로의 고민들에 대해 공감 능력을 키울 수 있는 기관을 마련하여 청소년들이 자유롭게 정신적 건강을 회복할 수 있도록 해야 한다.

청소년 관심분야의 축제, 캠프, 동아리를 활성화하자. 부스를 직접 운영하거나 체험하면서 자신의 끼와 재능을 발산하고 흥미적성을 찾을 수 있게 한다. 예를 들어 00여자중학교에서는 1인 1동아리를 원칙으로 학교 교육활동 시간에 교사의 동아리에서 활동하거나 관심분야가 비슷한 학생들이 모여 새로운 자율동아리를 만들어 활동하기도 한다. 이를 통해 학생들은 학업 스트레스를 해소하고 신체적, 정신적 건강을 되찾을 수 있다.

상담기관의 문제를 고쳐 활성화시키자. 현재 학생들 가장 가까이에 있는 상담기관이라 하면 wee클래스를 들 수 있다. 그러나 경기도교육청의 자료에 따르면 wee 클래스에서 상담을 받은 학생들 중 75%가 자살을 하게 된다고 한다. 따라서 상담 내용에 대해 철저히 분석하고 구체적, 종합적인 대안을 마련하여 이러한 문제를 해결해야 한다. 또한 대상도서에서는 감정을 느끼거나 표현하지 못하는 주인공 윤재에게 심박사는 윤재를 있는 그대로 받아들이며 윤재의 이야기를 진심으로 들어주고 대화해주면서 윤재를 돕는다. 그렇기 때문에 학생들이 상담사에게 상담을 요청할 때 학생들의 고민들과 문제들을 실질적으로 공감해줄 수 있는 상담사를 채용해야 한다.

학교 밖 청소년을 위한 기관을 마련하자. 학교 밖 청소년들의 자퇴 원인은 다양하다. 학교의 교육과 학업에 대한 스트레스로 자퇴한 학생들을 위해서는 자퇴 후 생긴 교육의 공백 기간을 채울 교육시설이 필요하다. 또 스스로 공부를 필요로 하는 청소년들이 모여 함께 공부하며 새로운 교우관계를 만들어갈 수 있도록 해야 한다. 그러나 학교 입시에 따른 공부가 아닌 자신만의 꿈을 찾아 자퇴한 학생들도 있다. 이러한 학생들을 위해서 그들을 대상으로 분야별 교육 프로그램도 마련해야 한다.

다음은 반론과 재반론 토론 내용입니다.

반론 1

실패하더라도 좌절할 수도 있는데?

재반론 1

실패하더라도 좌절하는 것이 아니라 그 과정을 경험으로 삼아 더 발전해 나가야 합니다.

반론 2

요즘 취업하기가 어려워 진로 계획을 잘 세워도 성공하기 힘들다.

재반론 2

그러나 그 말이 취업이 어렵다는 거지, 취업을 할 수 없다는 말은 아닙니다. 취업하는 사람들도 많이 있습니다. 따라서 진로비전을 잘 세우면 취업하기도 쉽고 성공도 할 수 있습니다.

반론 3

진로계획만 잘 세우면 성공할 수 있는 건가?

재반론 3

진로계획을 세우면 성공하기 쉽다는 것이지 진로계획을 세운다고 성공이 보장되는 건 아닙니다. 성공하기 위해서는 다른 것 예를 들어 노력이 뒷받침 되어야 한다고 생각해야합니다.

3) 토론 후 이야기

독서토론 교사로서 도서 선정의 고민 다음으로 중요한 고민은 토론 주제의 선정입니다. 그런데 요즘은 이런 고민들도 많이 줄일 수 있었습니다. 토론 참여 학생들이 이야기식 독서토론 발문을 각자 만들어 토론에 참여하기 때문입니다. 그리고 그 독서발문 중에서 쟁점이 있는 것을 교차질의식 독서 새물결 토론으로 진행하니 주제에 대한 고민도 많이 줄어들었습니다. 물론 교사도 함께 독서발문을 만들고 토론 주제를 만드는 과정에 대한 고민은 계속해야 하겠지요.

3-3-3 상생협동 독서토론 주제 선정도 함께 만들어 가면서 토론 지도가 훨씬 쉽고 재미있게 변화하였습니다. 먼저 아이들이 좋아하고 저도 지치지 않고 토론지도를 할 수 있는 방안을 만든 것이지요.

그럼 남은 것은 감동 있게 읽고 신나게 토론하는 일만 남았네요. 금년에도 『아몬드』를 읽고 동아리 대항 독서토론 한마당 축제를 펼쳤습니다. 한 도시 한 책읽기 운동의 주요 행사로 매년 펼쳐지고 있는 독서축제이지요. 이번 독서토론도 3-3-3 독서토론 모형으로 〈상생협동〉 독서토론으로 진행하였습니다. 모두가 행복하고 존중받으며 자신의 생각을 창의적으로 맘껏 펼치는 교육적 독서토론으로 진행하였습니다. 모두 65개 동아리가 참여하였고, 21명의 선생님들이 진행 및 심사위원으로 수고해 주셨습니다. 독서토론을 경쟁이라 폄하하는 비교육자도 있지만, 독서토론이 이렇게 재미있고 행복하고 교육적인 토론인 것을 다시 확인할 수 있었습니다.

학생들은 건강의 가치를 몸과 신체로 나누어 자신의 주장을 펼치기도 하였고, 국가나 지차제가 어떻게 할 것인가에 대해 창의적으로 접근하기도 하였습니다. 어떤 학생들은 책방을 운영하였던 선재 엄마를 근거로 독서와 토론의 중요성을 강조하기도 하였고, 소수자인 친구들을 위해 공감 능력을 향상해야 함을 강조하기도 하였습니다. 어떤 학생들은 체험활동과 여행, 캠프 활동이 필요하다고 주장하기도 했습니다.

우리 청소년들의 고민과 성장 이야기를 담아낸 책을 더 만났으면 합니다. 행복한 토론을 마친 지금, 중학생 이상 청소년들이 꼭 읽어 보았으면 하는 좋은 책으로 적극 추천합니다.

학생들의 독서토론 소감도 들어보았습니다.

독서토론 소감 1

- 중2, 이현0 -

아몬드 도서를 가지고 다양한 토론 수업을 하면서 사회 현상에 대해서도 알게 되었고, 살아가면서 감정을 표현할 수 있다는 것이 얼마나 중요한 것인지 느끼게 되었다. 또 원주시 한 도시 한 책읽기 토론 대회에서도 아몬드를 통해 상생협동 토론을 하면서 많은 청소년들의 의견을 들을 수 있어서 좋았다.

독서토론 소감 2

- 중3, 하진0 -

원주 한 도시 한 책 읽기 운동으로 선정된 아몬드로 친구들과 토론을 해 보았는데, 토론 하면서도 제가 책 내용 중 놓친 부분과 미쳐 생각지도 못한 부분들이 있어서 역시 책은 여러 번 읽어야 효과적이구나 라고 느끼게 되었습니다. 또한, 노래, 영화, 드라마도 아니고 한 책으로 많은 친구들과 이야기가 통한다는 게 정말 믿기지 않았습니다. 이 토론지는 대회를 준비하며 다시 보충하며 만들었는데 밤을 꼬박 새가며 만들었고 첫 대회 토론지이기에 저에겐 값어치가 높은 토론지이지만, 교과 내용을 포함하고 있지 않아 완벽도나 그런 면에서는 아직 부족하다고 느끼고 있습니다.

독서토론 소감 3

- 중3, 김병O -

『아몬드』라는 도서를 가지고 토론 수업을 하면서 우리 사회에서 감정을 숨기고 표현하지 않는 사람들이 나타나는 이유에 대해 고민해 볼 수 있었고, 사회가 발전할 수록 많은 사람들이 함께 살아가는 가운데 감정을 표현하는 것이 왜 중요한지 생각해 볼 수 있었다.

다양한 토론 수업을 하면서 사회 현상에 대해서도 알게 되었고, 살아가면서 감정을 표현할 수 있다는 것이 얼마나 중요한 것인지 느끼게 되었다. 또 원주시 한도시 한책읽기 토론 대회에서도 아몬드를 가지고 상생협동 토론을 하면서 주제에 대한 많은 청소년들의 의견을 들을 수 있어서 좋았다

2. 머리로도 이해해야 하는 책 『동물농장』

1) 도서 선정 이야기

이 시대 우리 지도자를 보면서 여러분은 어떤 지도자가 되고 싶은가요? 이 시대 진정한 리더십에 대해 생각해 볼 수 있는 『동물농장』을 떠 올려 봅니다. 머리로 읽고, 가슴으로도 읽으며 다음 세대에는 우리 학생들 중에 우리 사회 최고의 지도자를 만날 수 있기를 소원해 봅니다.

『동물농장』은 오래 전에 서울대학교에 본고사가 있을 때에 논술대상 도서로 제시되면서 전국의 학교를 강타한 소설입니다. 또한 세계 유일의 분단 지역인 강원도에 살고 있는 교사로서, 강원북도에 대한 소망이 남다른 교사로 정철의 관동팔경을 온전히 답사하고 싶은 교사로서 이 책을 주목하게 되었습니다.

무슨 말씀이냐고요? 『동물농장』이 바로 공산주의라는 이상세계 건설과 그 이상세계가 어떻게 이상으로 끝나게 되었는가를 잘 밝혀 주는 소설이기 때문입니다. 공산주의로 인해 강원도가 분단되어 관동팔경을 다녀오겠다고 통일부에 교사탐방 연수를 신청했건만 아직까지 회신을 받지 못하고 있으면서 『동물농장』을 남다르게 읽어 볼 수가 있었습니다.

아주 오래 전에 네이버와 함께 전국 독서논술대회를 개최한 적이 있었지요. 이 때 선정한 도서가 바로 『동물농장』이기도 했습니다. 이 책을 어떻게 선정하였을까요? 네이버 전국 독서논술대회를 개최하면서 전국의 선생님들이 대상 도서를 추천해 주셨지요. 당시 가장 많은 추천을 받은 도서가 『동물농장』이었습니다. 집단지성의 힘으로 선정하여 『동물농장』으로 신나는 독서토론과 독서논술 한 마당을 펼칠 수가 있었습니다.

당시 대상 도서로 선정한 이유가 국가 지도자에 대한 갈증으로, 리더십 토론이 가능하다는 것이 가장 큰 이유였습니다. 지금도 국가의 리더십은 여전히 중요하지요. 그래서 고전이라 불리는 듯싶습니다. 동서고금을 막론하고 여전히 많은 사람들이 읽고, 우리 사는 세상 이야기를 맘껏 이야기하고, 지도자에 대하여 올바른 탐색을 할 수 있으니 이런 책을 우린 고전이라 하지요.

독서토론 도서는 이처럼 이야깃거리를 풍부하게 담고 있어야 합니다. 우리 선생님들은 이런 이야깃거리를 많이 담고 있는 도서를 선정하여 토론활동을 전개할 수 있으면 좋겠지요. 그런데 이 『동물농장』이 유명하다보니 초등학교까지 읽히는 것을 볼 수 있어 마음이 우울했습니다. 좋은 책이라고 아무나 읽은 것은 좋지 않습니다. 읽어야 할 발달단계에 맞는 도서를 선정하여 제시해 주는 것이 바로 우리 독서지도 교사의 양식입니다. 이런 전문성이 부족할 경우는 독서새물결 같은 교육적 토론에 힘쓰는 교사모임의 도움을 받아 선정하는 것도 필요합니다.

동물농장은 농장 주인을 몰아내고 혁명의 주도자가 된 돼지들이 결국 농장 주인처럼 변해가며 다른 동물들을 착취하게 되는 이야기로, 공산주의 사회를 비판하는 풍자 소설이다.

동물농장 속 농장은 마치 우리 사회의 축소판 같다. 또한 소설 속의 다양한 등장인물들은 독재 체제 속에서 살아가는 수많은 인간 군상들을 대변한다. 우리는 이런 인간 군상들 중 하나로서 작품 속에 몰입하게 되어, "나라면 어떻게 했을까."라는 질문을 스스로 던지게 된다.

"나라면 어떻게 했을까.", 공산주의의 허물에 매료되어 돼지들의 독재를 알아차리지 못한 말이 되었을까? 나의 안위를 위해 국가와 국민을 버리고 도망친 암말 같은 사람이 되었을까? 아니면 나폴레옹에게 항의하다 사형당한 일부 돼지들처럼 권력에 저항하다 형장의 이슬이 되어 사라졌을까?

나폴레옹이 지배라는 공포의 동물농장 속에서, 또 우리 세상의 다양한 독재 체제 속에서 우리가 선택할 수 있는 선택지는 그리 많지 않다. 결국 동물농장 속 동물들은, 그리고 우리 인간들은 독재 체제 속에서 내 안위를 위해서 숨죽이고 살아가거나, 독재 체제에 저항하다 장렬히 죽어갈 뿐이다. 그렇다면 결국 "나라면 어떻게 했을까."라는 질문은, "나라면 과연 맞서 싸웠을까?"라는 질문으로 귀결된다. 그리고 이 질문은 다시 "맞서 싸운다면 이길 수 있을까?"라는 질문을 낳는다. 동물농장에서 나폴레옹의 독재를 막을 수 있는 동물은 없어 보인다. 하지만 개개인으로서의 저항이 아니라면? 동물들이 힘을 합쳐 나폴레옹을 몰아낼 수는 있었을 것이다.

그들에게는 복서라는 강력한 힘을 가진 전사도 있었고, 벤자민이라는 돼지에 비견될만한 지능을 가진 지식인도 있었다. 그러나 복서는 너무 무지했고, 벤자민은 너무 약했다. 그들은 서로의 약점을 보완해주지 못했고, 독재에 맞서지 못했다. 그리고 이러한 용기의 부재는 복서의 죽음으로 이어졌다.

우리들의 세계에서도 이러한 현상이 일어난다. 교육받지 못한 노동자 계급은 서로 뭉침으로서 복서와 같은 힘을 낼 수 있지만, 교육받지 못했기에 서로 뭉치지 못한다. 교육받은 지식인들은 독재자의 만행을 모두 알고 있고 노동자들을 일깨워줄 수 있지만, 맞서 싸울만한 힘이 없기에 들고 일어서지 못한다.

지식인 계급과 노동자 계급의 단결은 독재에 맞설만한 힘을 가지고 있다. 결국 우리가 해야 할 일은, 내가 필요 농장에서 행해야 할 일은, 주민들을 일깨우고 일치단결시키는 것이다.

2) 독서토론 이야기

『동물농장』을 읽고 이야기식 독서토론과 상생협동 독서토론으로 교육적 독서토론을 진행해 보았습니다.

이야기식 독서토론

먼저 다양한 주제를 다양한 방법으로 이야기를 나누는 듯한 이야기식 독서토론 3단계 토론 내용을 정리해 봅니다.

◈ **1단계 배경지식과 관련한 발문**

1-1) 여러분은 동물농장, 또는 동물원에 가 본 적이 있는가? 가 본 경험이 있다면 그때의 기억을 떠올려 느낌과 함께 이야기해 보자.

1-2) 특별히 좋아하는 동물이 있는가? 그 이유는?

1-3) '돼지' 하면 무엇이 떠오르는가?

2) 「동물농장」은 우화 소설이다. 우화 소설이 가지고 있는 특징에 대해서 이야기해 보고, 이러한 형식을 이용한 문학작품에는 어떠한 것들이 있는지 찾아보자. 여러분이 직접 읽었거나 들어서 알고 있는 이야기도 좋다.

3-1) 애완동물을 길러본 적이 있는가? 어떤 동물을 길러보고 싶은가?

3-2) 내가 기르는 애완동물이 나에게 무슨 말을 한다면 주로 어떤 말을 할까?

4) 공산주의나 사회주의에 대해 알고 있는가? 장단점을 말해 보자.

5) 역사 속 인물이나 현재 살아 있는 인물 중에서 가장 위대한 지도자라고 생각되는 인물을 한 사람 골라서 소개해 보자.

내가 생각하는 위대한 지도자는 세종대왕이다. 세종대왕은 백성들을 사랑하는 마음으로 한글을 만들었으며, 과학적인 체계로 만들어진 한글은 세계에서 가장 훌륭한 글자라고 할 수 있다. 또한 세종대왕은 많은 발명품을 만들어 삶을 편리하게 해주었다.

◈ 2단계 텍스트 내용과 관련한 발문

1-1) 동물농장에 등장하는 인물(동물)들을 얘기해 보자. 그 동물 중에서 가장 애착이 가는 동물은 어떤 동물인가? 그 이유는 무엇인가?

1-2) 그들이 꿈꾸던 이상사회에 대해 어떻게 생각하는가?

2-1) 늙은 수퇘지 메이저가 메이너 농장의 동물들에게 전한 메시지는 무엇인가? 그리고 메시지를 들은 동물들은 어떻게 반응하였나?

2-2) 동물농장의 동물들이 생각한 이상사회는 어떤 사회인가? 그런 사회가 어떻게 하면 가능할까?

3-1) 반란에 성공한 동물들은 농장의 이름을 '동물농장'으로 고치고, 스노볼과 나폴레옹이 그들의 지도자가 되어 새로운 생활을 시작하게 된다. 스노볼과 나폴레옹이 동물들의 지도자가 된 까닭을 생각해 보고, 두 동물의 성격을 비교해 보자.

스노우볼과 나폴레옹은 모두 리더십이 강하다.

스노우볼은 동물들이 좀더 편안한 삶을 살 수 있도록 풍차를 건설하려고 했고, 혼자서 많은 시간을 들여 설계도를 작성하는 것으로 보아 계획성과 치밀함을 동시에 갖춘 인물이다. 또, 동물들 앞에서 풍차 설치를 위한 작업에 착수해야 하는 이유를 말해 동물들을 감동시키는 것으로 보아 논리적이며 이성적인 인물이다.

나폴레옹은 스노우볼보다 지지율이 낮다고 생각하자 자신이 키우던 개를 데리고 와서 스노우볼을 쫓아내는 비열하고 감정적인 인물이다.

3-2) 스노우볼은 왜 쫓겨나게 되었으며 나폴레옹은 스노우볼을 어떻게 이용했나?

3-3) 나폴레옹이 다스리는 동물농장에서 살아가는 동물들의 모습은 어떠한지 구체적인 사례를 들어 설명해 보자.

4-1) 『동물 농장』에서 동물들이 맨 처음 꿈꾸었던 이상적인 사회상을 말해 보자.

4-2) 그들이 정한 공동체 규율을 아는 대로 얘기해 보자. 그리고 그 규율을 본 느낌을 말해 보자.

메이저 영감의 자각으로 동물들이 봉기하여 계급이 없는 사회, 모두가 주인인 사회가 되었지만 동물들 사이에서 권력싸움이 일어나 나폴레옹이 권력을 차지하게 되면서 변질하게 된다. '어떤 동물도 다른 동물을 죽여서는 안 된다'라는 공약이 있으나 나폴레옹은 배신을 이유로 여러 동물들을 잔인하게 죽였다. '어떤 동물도 술을 마셔서는 안 된다'는 공약이 있으나 나폴레옹을 비롯한 가까운 부하들은 술을 마셨으며, 인간과 돈 거래를 금하였지만 나폴레옹은 프레드릭에게 목재를 팔았다. 또 동물들이 시트가 깔린 침대에서 자는 것을 금했지만 나폴레옹을 비롯한 돼지들은 농장 집의 침대에서 잠을 잤다. 이렇게 많은 규칙과 공약을 어기면서 나폴레옹은 독재를 일삼았으며 다른 동물들은 오로지 '우리들의 영도자 나폴레옹 동지'를 위해 존재해야만 했다.

5-1) 동물농장에서 복서는 주로 어떤 일을 하였나? 열심히 일하던 복서의 행위에 대해 어떻게 생각하는가?

이 글에서 돼지들은 통제와 억압과 회유를 통해 민중을 착취하는 권력자로, 복서는 지능적인 통제와 교활한 기만 체제 아래에서 결국 희생당하고 마는 우매한 민중을 상징한다. 복서의 죽음에 대해서는 지배계층인 돼지들의 탓으로 돌리기보다는 사회에 대한 인식이 없이 수동적으로 복종했던 복서의 잘못이 더 크다고 볼 수 있다. 사회의 구성원으로서 사회가 바르게 운영되고 있는가에 대한 반성과 의문을 가져야함에도 불구하고 무조건 복종만 하였다. 결국 농장을 위해 일을 했지만 돼지들을 위해 일을 한 것이 되었고, 타의든 자의든 권력강화의 도구로서 이용되었다. 복서와 같은 무모한 믿음은 결국 지배자의 배만 채우는 데 일조할 뿐 자신이 가꾼 조그만 꿈조차도 희생당하고 만다. 이러한 체제에 희생당하지 않기 위해서는 사회의 억압적인 구조 및 체계를 파악하고 대응하는 통찰력이 요구된다. 그러한 의미에서 복서의 죽음은 권력집중과 그로 인한 횡포, 집단에 의한 개인의 가치 상실, 언론과 권력의 결탁과 같은 인간 사회에서 일어날 수 있는 다양한 문제를 보여준다.

(98년도 서울대학교 논술 기출문제 참조)

6-1) 이 글에 나오는 동물 중에 복서와 대비되는 한 동물이 있다. 어떤 동물이라고 생각하는가? 왜 그렇게 생각하는가?

6-2) 이 글에 나오는 사냥개에 대해 어떻게 생각하는가? 사냥개의 역할은 무엇이었고, 동물들의 반응은 어떠하였나?

6-3) 여러분이 만약 동물농장의 동물이었으면 이러한 상황에서 어떻게 행동하겠는가?

◈ 3단계 텍스트와 관련된 인간의 삶이나 사회와 관련된 발문

1-1) 최근 동물들이 동물답게 살 권리를 얘기하는 사람들이 늘어가고 있다. 여러분은 이 문제에 대해 어떻게 생각하는가?

1-2) 이 책에서 동물들은 자신들의 삶이 불행한 것은 인간들의 횡포 때문이라고 생각한다. 인간이 동물들에게 행하는 횡포의 예를 찾아보고, 그러한 행동들이 왜 문제가 되는지 이야기해 보자.

2-1) 이 책에 나오는 등장 동물 중에서 본받고 싶은 동물이 있는가? 왜 그렇게 생각하는가?

2-2) 이 책에 나오는 동물 중에서 비판하고 싶은 동물이 있는가? 왜 그렇게 생각하는가?

3-1) 여러분은 동물들의 이상사회 건설이 실패하였다면, 그 원인이 무엇 때문이라고 생각하나? 지도자(스노우볼과 나폴레옹)의 역할에 대해 얘기해 보자. 그리고 다수 동물들의 역할에 대해서도 말해 보자.

　　일차적으로는 나폴레옹을 비롯한 지배계급의 부도덕성에 근거하지만, 대변인 스퀼러의 감언이설에 너무 쉽게 설득당하여 지배계급의 허위와 조작을 묵인하는 피지배계급의 소극적이고 수동적이며 무기력한 태도에 더 큰 문제가 있다. 지배계급의 허위와 위선에 대한 비판적인 자세가 절실히 요구됨에도 불구하고 현실을 직시하는 논리적이고 체계적인 사고가 결여되어 있다. 대중이 살아 깨어 있으면서 지도자들을 감시하고 비판하고 질타할 수 있을 때에는 혁명은 성공할 수 있다고 본다.

3-1) 이 소설의 중요 사건인 '풍차 건설' 사건에 대해 말해보자. 오늘날 이와 유사한 일로는 어떤 것을 들 수 있을까? 우리는 어떻게 대응해야 할까?

3-2) 우리나라의 지도자상에 대해 말해 보자. 어떤 지도자가 우리나라 지도자로 필요한 사람일지, 구체적으로 얘기해 보자.

4) 『동물 농장』은 변질된 사회주의를 통렬히 비판하고 있다. 하지만 사회주의 사회뿐만 아니라 자본주의 사회에서도 불평등의 고통은 크다. 우리 사회에 나타나는 불평등 현상, 혹은 여러분이 겪은 불평등의 사례가 있다면 말해 보자.

자본주의 사회는 사유재산제로 개념이 집약되어 있다. 따라서 소득의 차이에 따라 불평등 현상이 나타난다. 최근에는 양극화 현상이 극심해 사회문제가 되기도 한다. 한편 인터넷의 발달로 정보사회가 되면서 정보 불평등 사례도 많이 나타난다.

5-1) 여러분이 꿈꾸는 이상적인 사회는 어떤 모습인가? 여러분들이 꿈꾸는 이상적인 사회를 만들기 위해서 우리는 어떠한 노력을 해야 할까?

5-2) 이상 사회 건설 중에 이 글에서는 사회보장 제도인 '연금'에 대해 소개하고 있다. 연금에 대해 알고 있는 대로 얘기해 보자. 현재 우리나라의 연금과 복지제도에 어떻게 생각하는가?

상생협동 독서토론

이번엔, 『동물농장』을 읽고 3-3-3 상생협동 독서토론을 진행하였습니다. 물론 충성스런 일꾼 '복서'의 죽음 문제나 한반도 대운하 사건과 견줄 수 있는 '풍차 사건'을 주제로 찬반토론도 가능합니다. 그러나 동물농장을 선택한 것은 우리나라 지도자의 리더십을 놓고 청소년들의 의견을 듣고 싶어 정책 토론이 가능한 상생-협동 독서토론의 방법을 선택하였습니다.

토론 주제는 스노볼과 나폴레옹의 리더십을 참고하여 **'우리나라 지도자의 바람직한 지도력'**을 주장해 보도록 주제로 제시하였습니다.

학생들의 토론 내용입니다.

발제 1

- 중2, 이현0 -

첫째, 사회와 국민의 관찰 아래 모든 정책과 국가문제에 대하여 사회 구성원의 의견을 수용할 수 있어야 한다. 이 도서에서의 7계명은 동물들이 처음 반란을 일으키고 만든 것이다. 이 7계명은 국가에서 사회구성원이 만들어낸 법과 같은 역할을 한다. 나폴레옹과 돼지들은 다른 동물들을 지도한다는 이유로 권력을 남용하였다. 나폴레옹이 실시한 정책들은 돼지들과 함께 임의로 결정한 것이기 때문에 7계명을 포함한 동물농장의 평화를 깨버린다. 즉, 나폴레옹은 다른 동물들의 의견을 듣지 않고 독단적으로 행동해서는 안 되며 국민과 사회의 의견을 수용하는 지도력이 필요하다.

둘째, 한국의 지도자는 사회에 대한 이상과 실행력을 갖춰야 한다. 공약과 정책들을 믿고 사회의 지도자로 선출하였는데 실행하지 않는 모습들은 사회 구성원의 믿음을 깨버리는 것이다. 이런 문제들에 대해 나폴레옹에게서 배울 점은 실행력이다. 예를 들어 풍차가 한번 무너진 뒤 바로 다시 풍차를 빠르게 건설한다는 방안을 내놓았다. 하지만 무력으로 정책을 실행한다는 점에서는 문제가 된다. 따라서 우리 사회에서는 평화적인 올바른 방법을 통한 실행력을 갖춘 지도자가 필요하다. 스노우볼의 리더십에서 참고할 점은 '이상'이다. 이상주의자였던 스노우볼은 미래 사회에 대해서 밝은 방향으로 꿈꾸고 정책들을 시행하려한다. 따라서 스노우볼의 리더십을 참고하여 우리 사회를 더욱 올바른 방향으로 이끌어 가기 위해서는 사회에 대한 이상을 가지고 있어야 한다.

반론과 재반론입니다.

반론 1

- 중2, 용지0 -

한 국가를 지도하기 위해서는 어느 정도 개인의 능력도 필요한데, 사회의 관찰 아래에서 모든 정책들과 국가 문제를 논의하기에는 너무 많은 의견들과 개개인의 작은 문제들까지 해결해주어야 하는 것이 아닌가?

재반론 1

- 중2, 이현0 -

아주 사소한 문제들이 아니라면 국민들을 우선으로 하여 그들의 의견을 듣고 문제들을 개선할 수 있는 지도자 개인의 능력도 필요하다.

재반론 2

- 중2, 이현O -

스노우볼처럼 이상적인 모습도 필요하지만 그에 따른 이성적으로 생각할 수 있는 능력을 갖추고 있어야 한다.

다른 학생의 의견도 들어볼까요?

발제 2

- 중1, 김태O -

융통성을 바탕으로 실행력도 갖춘 정치를 해야 한다고 생각합니다.
융통성이 높은 지도자로 자국민들의 문제점을 파악하고 실행력 있게 문제
해결방안을 고쳐서 국민에 의한, 국민이 원한, 국민을 위한 나라를 만든다
면 잘 살며 차별도 사라지지 않을까요? 그러한 인물이 바로 제가 소개드릴
율리우스 카이사르입니다. 이 사람은 로마제국의 초대 황제라고 할 수 있
습니다. 이 사람을 통해 어떻게 로마제국이 번창할 수 있었는지는 그가 어
떤 인물인지 봐야합니다. 그는 호민관일 때 스캔들도 많았지만 그는 로마
의 문제점을 누구보다 잘 알았고 해결 방법을 제시하여 로마 시민들의 걱
정을 해결해 주었지요. 국민들이 그를 지지하므로 다른 라이벌들도 그를
업신여기지 못했고 오히려 그를 따르게 했으며, 황제가 되는가 했으나 부
하에게 죽게 됩니다. 그 후 후계자 내전인 팍스로마나에서는 안토니우스가
후계자일 줄 알았지만 그는 로마시민을 위해 개혁추진력이 있는 아우투구
스를 왕위에 앉게 하였고 자신의 모든 재산을 몇 년간 빈민촌에서 무상급
식 하도록 하게 했습니다. 이게 나폴레옹과 스노볼의 차이입니다. 스노볼
처럼 듣기만 하고 추진력이 없으면 민심을 얻지 못하고, 나폴레옹처럼 추
진력만 좋다면 독재자가 될 가능성이 매우 높기 때문에 이 둘을 섞은 지도
자가 나와야 우리나라가 수 천 년을 버틴 로마제국과 같은 나라가 되지
않을까요?

중학교 1학년 학생이어서, 표현은 좀 투박해도, 풍부한 독서활동의 결과로
로마 제국의 예를 잘 들었습니다.

또 다른 학생의 주장입니다.

발제 3

- 중2, 우건0 -

한국 지도자는 도덕적이고 부패하지 않아야 한다. 첫째, 한국 지도자들은 노블리스 오블리주와 같이 도덕적 행위와 정당성을 가져야 합니다. 노블리스 오블리주는 사회 고위층 인사에게 요구되는 높은 수준의 도덕적 의무입니다. 인간의 정당성은 어느 경우에나 궁극적으로는 인간의 존엄성, 곧 인간의 도덕성에서 보증되기 때문입니다. 높은 지도자일수록 더욱 도덕적 의무와 정당성을 가져야 합니다.

둘째, 지도자들은 부패하지 말아야 합니다. 대상도서에서도 나폴레옹은 스노볼과 함께 동물들을 위해 지도했지만 스노볼을 몰아내고 결국, 자기만을 위해 부패하게 됩니다. 가령, 한국의 지도자들이 이 책의 나폴레옹처럼 부패하게 된다면 대한민국은 더 이상 국민들을 위한 나라가 되지 못할 것입니다.

세 번째, 국민들의 의견을 들어야 합니다. 대상도서에서 나폴레옹과 달리 스노볼은 동물들의 의견을 듣고 풍차 건설 계획을 짰습니다. 이와 같이 한국의 지도자들은 오직 자신의 의견만 내세우지 않고 국민들의 의견도 들어 사회를 이끌어 나가야 합니다.

---

3) 토론 후 이야기

『동물농장』으로 신나게 토론하면서도 한 편에서 씁쓸한 마음을 지울 수가 없었습니다. 왜 우린 좋은 지도자를 세우지 못하였을까 하는 안타까움 때문이었습니다. 학생들의 토론을 지켜보면서 "이들이 대한민국의 리더십이 되는 때에는 우리나라가 소망이 있겠구나." 라고 생각하며 위안을 삼았습니다. 우리 교육과 스포츠가 정치적으로 이용당하지 않기를 간절히 기원합니다.

앞으로 정치할 분들은 우리 청소년들이 우리나라 지도자의 리더십으로 제시한 위의 의견들을 무시하거나 소홀히 여기지 말고 경청했으면 합니다. 청소년들에게만 경청하라 하지 말고 정치하는 분들이 청소년들의 의견을 경청하여 우리나라를 소망 있는 나라로 이끌어 주셨으면 합니다.

특히 우리나라 교육이 정치나 경제 논리로 폄하되거나 이용되지 않기를 간곡히 부탁드립니다. 동물농장의 이상과 실패, 말 없는 백성들의 소망을 저버리지 않는 교육자가 되시길 바랍니다. 보육을 넘어 참된 교육으로 나가는 교육감, 그러니까 '보육감'이 아니라 '옳은 교육감'이 되어 올바른 교육의 방향과 정책을 제시하는 교육감이 되기를 간절히 바랍니다. 그래서 교사 출신 교육부장관도 속히 나오고, 진보와 보수 교육감이 낙선되어 이 땅에서 사라지고, 진정한 참 교육자가 교육감으로 선출되는 나라가 속히 되기를 간절히 바랍니다.

『동물농장』을 바로 이런 취지를 잘 살려 독서토론 한마당을 펼친 도서이었습니다. 제 책을 읽게 되는 독자들도 『동물농장』을 함께 읽고, 우리 미래에 대해 토론해 볼 수 있기를 소망해 봅니다.

학생들도 이 책을 읽고 토론하면서 이런 이야기를 남겼습니다.

독서토론 소감 1

- 중2, 용지O -

한 국가(한국)를 바람직한 방향으로 이끌어 가기 위해서는 지도자가 사회 구성원들과 함께 국가문제들을 토론할 수 있어야 한다. 더 나은 미래 사회를 꿈꾸는 이상과 이를 이뤄나갈 수 있는 실행력을 갖춘 지도자가 필요하다.

한국 지도자가 바람직한 지도력을 가지기 위해서는 사회적으로 지위 있는 사람들만이 아닌 모든 국민의 입장에서 생각하고 판단해야 한다. 국민을 무시하는 대통령은 우리 지도자가 아니다.

대통령이 학생들과 토론도 하고 국민들과도 토론하며 국가의 중요 정책을 결정했으면 한다. 토론을 무서워하거나 두려워하지 말고 다양한 정책을 토론을 통해 결정하자. 토론 능력이 있는 분들을 나라의 지도자로 세워야 한다.

기존의 고정관념을 타파하는 겸손함과 섬김의 지도자상이 필요하다. 자신이 옳다고 여기는 것이 다른 사람은 그렇지 않다고 여길 수도 있다는 것을 인식해야 한다.

대통령이 교육에 대해 좀 더 관심을 가졌으면 한다. 교육은 백년의 국가계획이라 하는데, 우리나라는 교육에 대해 관심을 너무 일찍 내려놓은 것 같다. 교실은 엉망인데 말이다. 이제 재미있는 토론으로, 모르면 모른다고 얘기하고, 전문가 집단의 의견을 경청하며, 모두가 행복한 대한민국으로 이끌어 주었으면 좋겠다.

독서토론 소감 2

- 고2, 이주0 -

동물농장은 인간과의 부당한 노동관계를 뒤엎고 동물들만의 사회를 구성하며 이상향을 구현해 나가는 동물들의 이야기이다. 이야기가 위처럼만 진행된다면 좋겠지만 '동물농장'은 결국 지배층인 '나폴레옹'의 독재와 멍청한 동물들로 인해 다시 원래 모습으로 돌아오게 된다.

내가 이 책에서 가장 기억에 남는 부분은 바로 행동 규칙이 바뀌어가는 부분이다. 권력을 독차지한 '나폴레옹'은 자신의 입맛대로 규칙을 수정해 나가지만 구성원들 중 글을 읽을 줄 아는 자가 소수일뿐더러 그 소수마저 침묵해 버리며 '나폴레옹'은 그의 힘과 입지를 더욱 강화한다. 나는 이 장면을 보면서 교육의 중요성을 다시금 떠올리게 되었다. 만약 동물농장의 구성원들이 글을 읽을 줄 알고 생각하는 훈련을 했다면, 동물농장은 굳건히 유지될 수 있었을 것이다. 하지만 대중들의 무지함으로 인해 그들은 스스로 무너지게 되었다. 실제로 몇 명의 엘리트 집단이 전 국민을 선동하여 물들였던 '나치즘'의 사례가 있듯이 이러한 일은 현실에서도 충분히 벌어질 수 있는 일이다. 따라서 이러한 것을 방지하기 위해서는 전 국민의 지식 향상이 필수적이며 부가적으로는 지식인의 사회 참여 또한 요구될 것이다.

좋은 책이고 다시 읽을 가치가 있다. 반 아이들이 이 책을 꼭 읽었으면 좋겠다.

독서토론 소감 3

- 고1, 이상0 -

중3 겨울방학 때 『1984』를 읽었다. 이후 조지오웰의 데뷔작 『파리와 런던의 따라지 인생』을 학기 중에 읽으며 조지오웰에 대한 탐구를 확장시켜나갔다. 이번 여름방학 때 부모님의 추천으로 『동물농장』을 읽게 되었다. 고전인 『동물농장』이 21세기 오늘날에도 널리 읽히는 이유는 작품의 상황과 오늘날의 상황이 크게 다르지 않기 때문이다. 그리고 이에 관한 여러 이야기를 나눌 수 있는 독서토론을 하게 되어 정말 의미 있는 시간이었다.

나는 어떤 장면이 인상 깊기보다는 한 권력자, 독재자가 국가의 권력을 남용하며 부패해가는 과정이 기억에 남는다. 주인공 '나폴레옹'은 개를 키우며 군사적 기반을 마련하고 까마귀 떼를 동원하여 언론 또한 장악하면서 독재 체제를 구축한다. 전 집권자인 '스노볼'은 인간 없는 동물들만의 이상사회를 꿈꾸고 있지만 자본주의든 공산주의 어떤 형태의 국가든지 몇 명의 권력 계층의 이기적인 태도가 이상사회를 불가능하게 만든다. 이를 통해 대중, 민중, 시민들은 소수의 권력자들을 어떻게 감시해야 하는지에 대해 고민해볼 수 있다. 전두환 3S정책과 같은 우민화 정책, '빨갱이'와 같이 권력자들이 자신의 권력 유지를 위해 공동의 적을 만드는 행태는 우리가 비판적인 시각으로 권력자들을 감시해야할 부분이다. 권력자들을 감시하고 저항하려는 개인적 노력과 함께 부패를 밝히는 역할을 담당하는 '언론'의 노력이 가장 필요하다.

'복서의 죽음'에 대해 생각해 봤다. '복서의 죽은'은 알파벳을 공부하려고 노력하지 않은 개인적 차원, 복서의 희생을 방관한 벤자민과 같은 주변 인물, 자신의 욕구를 충족하기 위해 민중의 삶을 무시하는 권력자들, 즉 사회적 차원 등 다양한 관전에서 바라볼 수 있을 것이다. 민중들의 아둔함, 무기력함을 악용하는 권력자들을 감시하고 경계하기 위해 중·하층 계급의 시민들을 위한 교육정책, 시스템의 마련을 통해 민중들은 자기개발을 하고 비판의식을 갖도록 하는 것이 노력의 첫 발이 될 수 있을 것이다. 또한, 정치인들이 야합, 언론통제에 대항하는 등 국민들은 정치에 적극 참여하고 자신의 권리를 요구해야 할 것이다.

평소에 생각해보지 못한 주제인 한국의 복지체계의 한계, 연금제도의 구조 등에 대해서도 독서토론 때 얘기하면서 나의 사고, 가치관을 확장할 수 있었다. 주인공 중 복서는 열심히 일하는 말이다. 복서가 맹목적으로 풍차 건설에 헌신하는 것인지, 연금을 바란 것인지를 생각해 보았다. 이를 통해 '노동은 자아실현의 수단인가'에 고민을 해봤다.

제2장

―――

인문 · 사회 영역!
현실인가? 이상인가?

1. 인문학 캠프를 가능하게 한 책 『열하일기』

1) 도서 선정 이야기

매년 방학마다 학생들을 이끌고 해외 인문학 캠프를 다녀오고 있습니다. 윌리엄 셰익스피어 고향에서 셰익스피어 희곡을 관람했던 일, 낯선 런던 거리를 헤매며 금세 익숙해 졌던 런던 탐험 레이스, 형제의 나라 터키에서 동서양 문화의 융합을 몸소 체험했던 이야기가 지금도 생생합니다. 셰익스피어의 4대 비극을 읽고 갔고, 『처음 읽는 터키사』를 읽고 갔기에 그 감동은 더욱 깊었습니다. 책을 읽으며 생긴 호기심과 열정이 현장에서 살아나 우리에게 다시 다가왔으며 우리 인문학 캠프단 학생들을 따뜻하게 맞이해 주었습니다. 우린 밤늦게까지 읽고 간 책으로 토론하며 셰익스피어를 만나고 터키를 다시 만났습니다. 셰익스피어 연극을 관람하면서 문학의 위대함도 만났고, 기독교와 이슬람 문화를 만난 깊은 밤에도 숙소에서 학생들과 토론하며 인문학의 진한 감동을 이어갈 수가 있었습니다.

작년에는 문명의 고향 그리스를 다녀왔습니다. 이번에도 그리스로 가기 전에 어떤 책을 읽고 갈까 고민하기 시작했지요. 그러면서 초등학생을 위해서는 『고대 그리스의 역사 속으로 GO! GO!』(크리스 보데사, 지식나이테), 중등학생을 위해서는 『그리스사』(맥세계사편찬위원회, 느낌이있는책)를 선정하였습니다. 당시 소크라테스를 만나고 플라톤을 만난 감정은 무엇으로도 표현할 길이 없네요. 제우스신도 만나 인간과 신 사이의 이야기도 들어 보았습니다. 밤새 토론하며 그리스의 밤은 깊어 갔고, 문명 출발의 이야기를 나누며 우리 모두는 인문학 향기에 맘껏 취했었지요.

이처럼 멀고 가까운 여행지를 다녀오더라도 한 권의 책이 있으면 더욱 행복한 여행이 될 수 있습니다. 우리는 늘 인문학 캠프를 떠나기 전에 해당 지역의 역사와 문화 관련 책을 선정하여 읽고 떠납니다. 읽은 책으로 현장을 경험하며 행복했던 경험은 이루 표현할 수가 없습니다.

여행기하면 『열하일기』이지요. 한글로 짓지 못한 한 가지를 제외하면 이만한 여행기가 없습니다. 그래서 『열하일기』를 선정하여 학생들과 인문학 여행의 즐거움을 나눠 보았습니다. 학생들을 인솔하여 인문학 근거지를 다니면서 최고의 여행기 『열하일기』를 빠뜨릴 수는 없겠지요? 박지원의 『열하일기』를 읽으며 중국도 이해하고 조선의 삶과 미래도 읽을 수 있었습니다.

2) 독서토론 이야기

기껏해야 말을 타고 이동하거나 수레 또는 선박에 의존해야 하는 옛날 조선 시대의 해외여행은 어떤 모습이었을까요? 지금은 자유여행이다, 패키지여행이다 해서 여행의 종류도 많고, 선택도 다양하지만 조선시대에는 그렇지 못했습니다. 개인이 여행을 쉽게 할 수 없는 상황이라 연암은 사신단의 일행으로 여행할 수밖에 없었는데, 사신단은 또 어떻게 구성했으며 그렇게 많은 사람들이 어떻게 여행지에서 먹고 자고 이동을 했을까 궁금하기도 합니다. 박지원은 어떤 여정을 거쳐 중국을 여행했으며, 열하일기 속에 나타난 그의 중국문화 인식은 어떠했을지요? 학생들과 함께 토론해 보았습니다.

이야기식 독서토론

『열하일기』 토론은 이야기식 독서토론으로 진행하였습니다. **대상 도서**는 **『장복이, 창대와 함께하는 열하일기』**(『열하일기』라는 제목으로 출판된 도서가 매우 많으나, 저는 이 책이 토론하기에 가장 좋은 도서이었음)이었으며, 중간 중간에 아이들이 읽어온 다른 출판사의 책도 참고하여 진행하였습니다.

❖ 학생 한 명의 서투른 이야기식 독서토론 발문

대상도서	『장복이, 창대와 함께하는 열하일기』
배경지식 관련 발문	1) 여행에 가서 예상치 못한 일 때문에 당황한 경험 나누기 2) 조선시대에 청나라가 우리나라에 끼친 영향은?
대상도서 관련 발문	1) 창대가 열하에 간 것이 아니라 장복이와 박지원이 함께 열하에 갔다면 어떻게 되었을까 　　*창대는 여행이 처음이 아니고 장복이보다 더 많은 분야에서 관심을 보이며 적극적으로 박지원을 도와주었다. 반면에 장복은 초행길이었고 융통성이 없어 앞에서 열쇠를 잃어버린 것처럼 여행에 피해를 입혔을 것이다.* 2) 책문에 와서 열쇠를 잃어버린 것에 대한 책임이 장복에게만 있는가? 　　*박지원에게도 책임이 있다고 생각한다. 대상도서 72페이지를 보면, 박지원이 장복이가 나이도 어리고 초행길이라서 매사가 융통성이 없다고 말한다. 이를 알고 있는 박지원이 중요한 물건을 장복에게 맡긴 책임이 더 크다고 생각한다.* 3) 청나라 황제가 조선의 사신을 맞이하지 않고 열하로 떠난 상황에서 박지원 일행이 직접 열하로 떠난 것은 옳은 일인가 　　*청의 황제가 이미 조선의 사신이 청에 도착했다는 보고를 받았고, 열하까지 오라는 명령도 없었기 때문에, 열하로 떠나기보다는 그곳에서 청의 황제를 기다리거나 다시 조선으로 돌아가는 것이 더 효율적이라고 생각한다.*
인간 삶과 사회 관련 발문	1) 여행이 인간의 삶에 어떤 영향을 미칠까 　　*장복과 창대는 여행을 하면서 처음으로 낙타를 보았고, 똥으로 벽돌을 만드는 것을 보며 하찮다고 생각한 것도 아름답게 빛나는 빛이 될 수 있다는 것을 깨달았다. 이처럼 여행을 가면서 평소에 보지 못했던 것을 볼 수 있고, 한 가지의 물건을 다른 관점에서 보는 방법도 배울 수 있다. 그리고 창대는 여행을 하면서 자신의 꿈을 찾게 되는데, 이러한 면에서 여행은 인간의 삶을 더 풍요롭게 만든다고 생각한다.* 2) 여행은 사회에 어떤 영향을 미칠까 　　*여행은 한 나라의 경제에도 영향을 미친다. 방사능 피해로 인해 일본의 관광객 수가 크게 줄었는데, 이는 일본의 경제에 영향을 끼쳤다.*

❖ 교사 보완 이야기식 독서토론 발문

◈ 1단계 배경지식 관련 발문

1-1) 중국에 대해 아는 대로 이야기해 보자.

1-2) 청나라가 처음 일어난 곳이 어디일까?

1-3) 심양은 본래 조선의 땅이었다. 수나라 당나라 시절에는 고구려 땅에 속해 있었다. 그런데 지금은 왜 청나라 땅이 되었을까? 조선은 왜 이 넓은 땅덩어리를 버리고 좁은 곳에서 살고 있는 것일까?

1-4) 우리 옛 땅을 되찾을 방법에 대해 말해 보자. (7월 10일 일기 참고)

---

2) 가장 기억에 남는 여행지를 이야기해 보자.

◈ 2단계 대상도서 관련 발문

1-1) 박지원은 성을 쌓을 때 돌보다는 벽돌이 낫다고 주장했다. 그 이유는 무엇일까?(6월 28일 참고)

1-2) 당시 우리나라의 건축술과 중국 청나라의 건축술을 비교하여 말해보자.(7월 5일 참고)

2-1) 박지원이 말한 조선의 아름다움에 대해 말해 보자.(8월 10일 참고)

2-2) 이에 대한 여러분의 생각은 어떠한가?

3-1) 조선의 사신에게 청나라 황제가 서번(티베트)의 성승을 만나 보라는 말한다. 이에 대해 어떻게 생각하는가? (8월 10일 참고)

3-2) 당시 불교를 배척하고 유교를 숭상하는 조선의 입장에서 어떻게 처신해야 할까?

4) 열하를 다녀오지 못한 역관들은 열하에서 가져온 물건을 구경하기 위해 연암에게 모여들었다. 그들에게 연암이 보여준 보물은?(8월 20일 참고) 이에 대한 여러분의 생각은? 자신의 보물 이야기를 나눠 보자.

◈ 3단계 대상도서 관련 인간 삶이나 사회 관련 발문

1-1) 청나라 황제가 열하에 궁전을 짓고 서번의 성승을 스승으로 모시는 진짜 이유를 연암은 무엇이라고 보았는지 말해 보자. 이에 대한 여러분의 생각은 어떠한가? (8월 12일 참고)

1-2) 이 내용을 참고하여 우리나라의 외교 정책에 대해 자신의 생각을 펼쳐 보자.

2) 연암의 말(馬) 얘기에 대한 창대의 사람 이야기를 설명해 보자. (8월 14일 참고)

연암의 말 이야기
창대의 사람 이야기
자신의 진로 이야기

3) 열하에서 다시 귀국하는 첫 날 표정 중에 기억나는 장면은? (8월 15일 참고) 지나갈 때는 보지 못하였던 것들이 돌아오면서 새롭게 보였다는 말이 무슨 말일까? 아래 시를 참고하여 말해 보자.

"내려갈 때 보았네
올라갈 때 못 본
그 꽃"

자신의 보지 못했던 것들
내가 보아야 할 것들

교차질의식 독서토론

함께 토론해 봐요.

"내가 너한테도 책을 한 권 사 주마."
"예?"

나리는 너무 신이 나서 창대가 글을 읽지 못한다는 것도 잊은 듯했다. 창대는 말문을 열기도 전에, 나리에게 이끌려 한 책방으로 들어갔다.

"무엇이 문제냐? 글이야 배우면 되지."

나리의 말에 창대는 뒤통수를 얻어맞은 듯 머리가 멍해졌다. 이때껏 누구도 창대에게 글을 배우라는 말을 한 적이 없었다. 창대 스스로도 글을 배우겠다는 생각을 해 본 적이 없었다. 상것들 중에는 간혹 언문을 배우는 이들도 있었지만, 창대는 그조차도 엄두를 내지 못했다. 글은 으레 양반들의 것이고, 천한 것들은 감히 어깨 너머로도 엿볼 수 없는 것으로 여겼다.

"글을 배운다!"

나리는 무심코 던진 말일지 몰라도, 창대는 그 말 한마디에 심장이 무섭게 뛰기 시작했다. 갑자기 천민에서 양반이 된 듯, 지하에서 머물다 지상으로 올라온 듯 세상이 환해졌다. 겨우 입에 풀칠이라도 하기 위해 말 먹이는 일밖에 할 줄 모르던 자신이 많은 일을 할 수 있을 것 같은 자신감이 붙었다. 책장을 넘기고 있는 스스로의 모습을 상상하는 것만으로도.

여전히 한 글자도 모르는 까막눈 창대인 건 방금 전이나 똑같았다. 그런데 무언가를 배운다는 희망이 자신을 이렇게 뜨겁게 만들 줄은 창대 스스로도 미처 몰랐다.

창대는 나리가 쥐어 준 책을 가만히 넘겨보았다. 언뜻 보았을 땐 그림이 많은 듯 했지만, 찬찬히 살피니 글도 꽤 있었다. 글을 읽어야 그림도 완전히 이해가 될 듯했다.

"책 속에 길이 있고, 책 속에 인간의 삶이 있느니라. 삶을 뛰어넘으려면 책으로 들어가야 하나니."

나리는 책을 뒤적이는 창대를 흐뭇한 표정으로 바라보았다.

- 『장복이, 창대와 떠나는 열하일기>』117-120쪽에서 -

(1) 다음 내용을 읽고 느낀 점을 나누어 보자.

"무엇이 문제냐? 글이야 배우면 되지."
"천민에서 양반이 된 듯, 지하에서 머물다 지상으로 올라온 듯 세상이 환해졌다. 삶을 뛰어 넘으려면 책으로 들어가야 하나니,"

(2) 나의 문제는 무엇인가? 내가 뛰어 넘어야 할 것은 무엇인가?

(3) 글을 배운다는 의미를 인문학을 배운다와 연결하여 생각해 보자.

(4) 인문학을 배워야 할 이유는 무엇인가?

상생협동 독서토론

이번에는 **상생협동**(3-3-3) 독서토론으로 진행해 보았습니다. 주제는 '중국을 바라보는 바람직한 시선'입니다.

발제 1

- 중3, 우건0 -

중국을 안 좋게 바라보던 우리의 편견이나 고정관념을 깨뜨려야 한다. 중국은 예전부터 야만족이라는 시선으로 우리에게 비춰져왔다. 물론 중국에서 야만적인 사건들이 일어나긴 하지만 그 소수의 사건으로 우리는 중국을 평가하고 있다고 생각한다. 옛날처럼 중국을 모시는 관계가 아니라 평등한 상태에서 우리가 문화적으로 많이 교류하면 중국도 시선이 바뀌지 않을까?

우리가 중국의 자문화 중심주의 정신을 문화상대주의의 이론으로 벗어나게 해주자. 중국은 오래전부터 자문화 중심주의로 살아오고 있다. 중화사상이 이에 해당하는데, 중국이 이렇게 자신들의 문화만을 고집하며 다른 문화를 처음부터 아예 부정적으로 판단하는 것 자체가 잘못이기 때문에 우리나라와 주변 나라들이 중국의 자문화 중심주의를 바꿔줄 수 있는 문화상대주의를 선도하는 시선을 보내면 중국도 같은 시선으로 바라볼 수밖에 없을 것이다.

편견 없이 생각하는 게 정말 중요하다. 뭐든지 고정관념적인 생각은 버려야 한다. 틀 안에서 생각하고 바라보면 발전이 없다. 중국도 우리도 바람직하게 성장하고 발전하려면 입장을 바꿔서 상대적으로 생각하는 게 참 중요하다.

발제 2

- 중2, 김태O -

현재 우리 사회에서는 중국이라는 나라에 대해서 대부분이 안 좋은 시선으로 보고 있습니다. 오리 발바닥 요리, 원숭이 요리 등 쉽게 상상하지 못할 중국의 엽기적인 식문화, 10여 년 전의 우리나라의 공중화장실보다도 비위생적인 화장실 문화 등 낮은 문화수준이라고 볼 수도 있습니다. 하지만 저는 지금부터 이러한 중국의 문화를 바람직하게 보는 태도와 우리가 낮은 문화수준을 가지고 있다고 생각하는 중국의 배울 점에 대해서 말해 보려고 합니다.

첫째, 중국의 문화가 어떠하든지 그 문화를 낮은 수준의 문화라고 생각하지 말고 존중해주어야 합니다. 우리나라를 예로 들어보면, 서양의 여러 나라들은 우리나라의 개고기 문화에 대해서 비난합니다. 하지만 개고기 문화는 우리나라의 고유한 문화로 서양 사람들이 비난을 할 권리가 없다고 저는 생각합니다. 이처럼 중국의 문화 또한 그들의 조상 때부터 내려오던 존중받아야 마땅한 고유문화입니다. 우리는 이러한 중국 문화를 '낮은 수준이다.' '없어져야 하는 야만스런 문화이다.' 라며 비난하지 않고 존중하는 태도를 가져야 합니다.

둘째, 우리는 중국을 경쟁국이라고 바라보아야 합니다. 문화적인 측면에서는 존중해주는 것이 맞지만, 경제적인 측면에서는 경쟁국으로 바라보아야 합니다. 현재의 중국은 많은 인구수를 동원해 값싼 노동력을 통한 값싼 제품을 생산해 똑같은 기능의 제품이지만 훨씬 저렴한 가격으로 판매하고 있습니다. 현재는 우리가 IT산업과 같은 미래 지향적 산업에서 아직까지는 앞서나가고 있다고도 말하지만 대부분의 전문가들은 조만간 중국이 세계 IT산업 시장을 이끌 것이라고 예상하고 있습니다. 우리는 이러한 중국을 경쟁국이라고 바라보며 배워야 할 점에 대해서는 하루 빨리 수긍하고 우리나라의 경제력의 성장을 위해 중국의 막강한 생산력에 대해 견제해야 합니다.

발제 3

- 중3, 용지0 -

중국인의 입장에서 중국을 바라보아야 한다. 현재 중국에 대한 한국인의 인식은 대부분 부정적인 면으로 일반화 되어있다. 그렇기 때문에 한국인의 인식을 바로 바꾸려고 하기보다는 중국인의 입장에서 중국을 바라보면 중국에 대한 바람직한 인식이 나타날 것이다.

대상도서 197쪽과 200~202쪽에서는 조선의 사신이 반선에게 중국의 방식으로 예를 차리는 장면이 나온다. 황제 앞에서는 무릎을 꿇고 걸어가고, 반선을 볼 때 머리를 조아리는 예절을 지키는 장면에서는 특히 중국의 예를 따르는 모습이라고 할 수 있다. 이처럼 중국인의 입장에서 중국을 바로 알고 중국을 바라보아야 한다.

중국인의 입장에서 중국을 바라보기 위해서는 우선 한국에서 중국을 받아들이는 자세가 필요하다고 생각하는데, 처음부터 중국인의 입장으로만 생각한다면 오히려 문화 사대주의적인 모습이 나타날 수 있지 않은가? 하지만 중국인의 입장으로 바라본다는 것에서 오직 중국의 장점, 뛰어남을 바라본다는 것은 아니다. 중국의 장점과 단점을 바로 알고 중국을 바라보기 위해서는 그 안을 제대로 이해할 필요가 있다고 생각한다.

강대국이라 하는 중국의 발전과정을 이해하고 그 문화적 차이를 인정해야 한다. 중국은 인구수가 많은 만큼 경제규모가 크고 인적 자원이 많다. 또한 기초 과학력과 자체 기술력이 뛰어나다고 한다. 중국은 이러한 장점들을 바탕으로 국가를 발전시키고 있다. 이런 과정에서 중국만의 문화가 나타나고 이 문화는 다른 나라에서 이해하기 힘들 수도 있다. 그러나 이러한 문화 또한 중국에서 왜 나타났어야 하는지 이해하고 그 차이를 인정하면 바람직한 자세로 중국을 바라볼 수 있을 것이다.

3) 토론 후 이야기

교통방송 이야기

강원교통방송에서 일 년 남짓 〈행복한 주말 북 카페〉를 진행한 적이 있습니다. 어느 하루는 열하일기를 소개하였는데, 이 때 방송한 내용 일부를 소개합니다.

> **여행기 하면 어떤 책이 떠오르나요?**
>
> 걸리버 여행기란 소설도 있고요, 13세기에 나온 마르코 폴로의 동방견문록 이란 여행기도 있지요. 그러나 열하일기만한 여행기가 없다고 생각합니다. 『열하일기』는 연암의 폭넓은 지식과 언어적 순발력, 기지와 재치 등이 담겨 있고, 정치와 철학, 예술과 건축, 생활사 전반에 걸쳐 가치 있는 글들이 들어 있어 다른 여행기와는 차별화되는 세계 최고의 여행기라 할 수 있습니다.
>
> 연암 박지원은 꿈에 그리던 중국을 다녀오면서 두 가지에 크게 놀랐습니다. 어떤 내용일까요? 한 가지는 위에 나온 벽돌로 집을 짓는다는 사실이었고요, 다른 하나는 종이를 발명하여 책을 만들어 본다는 사실이었습니다.
>
> 연암은 중국을 여행하면서 중국 사람들이 벽돌로 집을 짓는다는 사실에 놀랐습니다. 당시 우리는 무엇으로 집을 지었을까요? 그렇지요. 초가집이었지요. 사실 오늘날도 벽돌로 집을 짓고 있으니 참으로 놀랄 만한 건축술이라 할 수 있습니다. 그리고 연암은 이 벽돌을 사람에 빗대어 설명하고 있는 장면이지요.

연암 박지원은 벽돌로 집을 지어야 견고한 것처럼 사람이 제 구실을 하고 행복한 삶을 살기 위해서는 꿈이 있어야 한다고 설명하고 있습니다. 당시 하인이던 창대와 장복이에게 무슨 꿈같은 얘기가 필요했을까 생각할 수 있지만 박지원은 중국 여행을 통해 그들에게 꿈을 심어 주었던 것이지요. 우리나라도 우리 국민들이 미래를 꿈꾸고 행복하게 살 수 있도록 하는 것이 진정한 정치가 아닐까 생각해 보았습니다.

『열하일기』는 인물에 대한 묘사가 뛰어나다고 하지요?

『열하일기』에는 곳곳에 인물에 대한 묘사가 나옵니다. 당시 청조 인물들을 날카롭고 섬세하게 살펴 그 특징을 잘 기술해 두었습니다. 또 연암은 청조의 지배층에 속하는 인물들에 못지않게 하층 민중들에 대해서도 깊은 관심과 애정을 기울여 묘사하였습니다. 조선 사행이 거쳐 간 숙소들의 주인과 그 가족, 각종 장사꾼들, 요술사 등의 직업적인 연희인들, 시골의 훈장, 점장이, 도사, 승려, 창기, 하녀, 거지 때 등 여행 도중에 마주친 다양한 신분의 중국 민중들을 각기 개성 있는 인물들로 그려내고 있는 재미있는 여행기입니다.

토론하며 배운 점이 있다면?

이 책에는 이런 내용도 나옵니다.

 기공이 나를 이끌고 같이 밖으로 나와 달구경을 하였다. 달빛이 대낮같이
 밝았다. 나는 있다가, "만약 달 속에 또 한 세계가 있어 달로부터 땅덩이를
 바라보는 자가 있다면 역시 우리처럼 난간에 기대고 서서 땅 빛이 달에 가득
 찼다고 '땅 놀이'를 할 터이겠지!" (〈태학관유록〉 8월 10일 48-49쪽)

이 말은 연암의 상대주의적 사고를 잘 반영하고 있지요. 지구의 모습에 대
한 온전한 이해는 지구에서의 자기 이해만으로는 가능치 않고, 달에서, 우
주에서 바라본 각기 '다른' 지구의 이해와 비교, 대조해야 할 것입니다. 즉,
입장을 바꾸어야 온전한 실체를 파악할 수 있음을 연암은 알고 있었던 것
입니다. 정치하는 분들을 포함하여 우리 모두가 기억해야할 대목이기도 합
니다.

❖ 인문학 독서학교 토론수업 이야기

제가 주말마다 원주 인문학 독서학교를 운영한 지가 금년 들어 20년째가 됩니다. 학생들과 신나게 토론하고 나눈 이야기를 여기에 잠깐 소개해 봅니다.

독서토론 소감 1

- 중2, 윤초0 -

『열하일기』라는 책을 처음 이 수업을 통해서 접해 보았다. 이 책은 일기형식이라서 주제를 찾기 조금 어려운 책이었고, 박지원의 성격이나 장점이 잘 드러나 있었던 것 같았다. 예를 들면, 일기 안에는 여러 인물들이 등장하는데 그 한 명 한 명을 묘사하는 능력이 뛰어나서, 관찰력이 좋은 사람이구나 생각했다. 그리고 그 시대에 생각하기 어려운 사상을 가지고 있기도 해서 좀 놀랐다. 그 책을 읽고 첫 날엔, 이야기식 토론을 하게 되었다. 이야기식 토론을 하면 내용도 잘 이해가 되고 책을 요약해주기도 해서 좋았다. 보통 첫날은 이야기식 토론을 중심으로 선생님께서 수업해 주신다. 이야기식 토론 후 다음 주에 할 교차질의식 토론 주제를 함께 정하니 또 한 번 정리가 되는 시간도 되었다.

그리고 두 번째 날은, 한 주제를 가지고 토론을 하게 되었다. 모두가 준비를 잘 해오고 주장도 명확하게 해서 토론을 수월하게 진행할 수도 있었다. 역시, 준비하는 그 과정이 가장 중요한 거 같았다. 왜냐하면 준비하는 과정 중에 여러 가지 자료와 근거를 찾으면서 많은 정보들을 얻을 수 있기 때문이다. 모두가 열심히 준비를 해 와서 상대팀들도 모두 만족한 토론이 될 수 있었다. 열하일기 토론수업은 정말 재미있었던 것 같다.

내 꿈은 외교관이다. 따라서 2019년의 진로계획은 영어 말고 또 다른 언어인 스페인어를 한번 공부해 보는 것이다. 왜냐하면 스페인어는 그래도 배우기 쉬운 언어라고 하고, 지구의 많은 사람들이 스페인어를 쓰고 있기 때문이다. 그리고 역사, 지리, 세계사, 경제 관련 책들을 많이 읽어야겠다. 물론 학교 공부도 열심히 하고, 이 인문학 토론 수업도 열심히 참여할 것이다.

독서토론 소감 2

- 중3, 이현0 -

처음에 『열하일기』를 읽을 때에는 내용과 단어가 어렵게 느껴져서 힘들었다. 그렇지만 수업을 통해 처음에 이야기식 토론지를 만들고 토론을 하면서 열하일기를 기본적이고 간단한 부분에 대해서 정리할 수 있었다. 또 교차질의식 토론을 할 때에 행복을 위해 실리와 명분 중 무엇이 더 중요한지 내 입장에서 생각해 볼 수 있었다. 특히 교차질의식 토론지를 만들어 보면서 열하일기의 배경인 조선 시대에는 명분, 실리가 어떻게 대립되어 있는지, 지금은 어떤 것들이 있는지 등 여러 예들을 찾아 볼 수 있었다. 마지막으로 했던 상생협동 토론은 준비하는 과정부터 조금은 어렵게 느껴졌다. 나부터도 중국을 바라보는 시선이 긍정적이지는 않았기 때문에 어떤 것이 바람직한 자세일지 많이 고민해보았던 것 같다. 그리고 상생협동 토론을 준비하면서 왜 중국에 대한 인식이 부정적으로 나타나는지, 앞으로 강국이 되어가는 중국에 대해 우리의 인식은 어떻게 변화되어가야 할지 알아볼 수 있었다. 이번 수업을 통해서 『열하일기』에 대해서 자세하게 알아볼 수 있었고, 열하일기라는 책의 작은 범위에서 끝나는 것이 아닌 과거와 현재의 중국에 대한 인식 등을 배울 수 있는 기회였던 것 같다. 특히 연암 박지원에 대해서는 집에도 관련된 책이 있어서 그 책을 아주 인상 깊게 보았던 기억이 있어서 이번 열하일기 수업이 지루하지 않고 흥미롭게 느껴졌다.

올해 나는 주말 인문학 독서학교에 작년보다 더 적극적으로 참여할 계획이다. 작년부터 참여하고 있는 원주 인문학 독서학교에서 수업하는 도서, 토론 등은 한 가지 주제로만 이루어지는 것이 아니라 다양한 분야로 수업하기 때문에 올해 나의 인문학 공부 계획에 큰 도움이 될 것이라고 생각한다. 또 지금까지는 내가 책을 한 분야로만 치우치는 경향이 있었는데 올해는 여러 분야의 책을 최대한 많이 읽고 그 내용에 대해 내 생각을 정리하는 습관을 기를 것이다. 중학교 3학년이 된 만큼 학교공부에 문제가 없도록 인문학 수업을 받을 것이고, 인문학 공부만큼은 지겨운 공부라고 생각하지 않고 책을 통해 다양한 여행을 한다는 생각을 가지고 실천할 것이다.

금년 중학교 3학년이 되는 나의 진로계획은 이제 아주 가까이 다가온 고등학교 입시를 우선으로 생각하고 공부할 것이다. 나의 진로인 '초등학교 교사'에 더 가까이 갈 수 있는 길을 찾고, 봉사활동이나 학교공부만이 아닌 더 다양한 인문학, 진로 공부도 꾸준히 실천할 것이다. 특히 3학년의 시험 성적이 고등학교 입시에 큰 영향을 미치기 때문에 올해는 작년보다 학교 공부를 좀 더 성실하게 임할 계획이다. 그리고 올해는 자기주도 학습을 통해 스스로 공부하는 능력을 좀 더 확실하게 기르면서 부족한 부분이 없도록 공부할 것이다. 그렇지만 학교 공부에만 몰두하는 것이 아니라 '독서' 또한 중요하게 생각하면서 꾸준히 실천할 계획이다.

2. 토론의 정석 『정의란 무엇인가?』

1) 도서 선정 이야기

『정의란 무엇인가?』 이 책은 지난 2014년 전국 독서지도교사 겨울연수에서 대상도서로 선정하여 독서토론 연수를 진행한 도서입니다. 독서새물결은 매년 방학마다 전국단위 독서교육 교사연수를 실시하고 있으며, 지난 2014년에는 이 책으로 토론 전문연수를 실시했고, 다음 해인 2015년에는 『10대를 위한 정의란 무엇인가?』를 선정하여 중학교 대상 독서토론대회를 개최하기도 하였습니다. 초등학교 학생들에게는 『어린이를 위한 정의란 무엇인가?』가 적절합니다.

그 이후 독서새물결이 서울교대 평생교육원의 위임을 받아 18년째 운영하고 있는 독서토론지도사 자격과정 연수나 원주 인문학 독서학교 등에서 대상 도서로 선정하여 독서토론 활동을 지금까지 실시하고 있습니다. 즉 검증된 좋은 책이라는 말입니다. 특히 토론거리가 풍부하여 독서토론 대상 도서로서 매우 좋습니다. 또한 '정의' 라는 좀 어려운 주제를 마이클 샌델 교수가 하버드대학교 강단에서 다양한 예화를 통해 학생들에게 강의한 내용이어서 아주 재미있기도 하고, 사례와 예화 중심이어서 생각보다 쉽게 접근할 수 있는 책이기도 합니다.

이 책은 자유사회의 시민은 타인에게 어떤 의무를 지는가, 정부는 부자에게 세금을 부과해 가난한 사람을 도와야 하는가, 자유시장은 공정한가, 진실을 말하는 것이 잘못인 때도 있는가, 도덕적으로 살인을 해야 하는 때도 있는가 등 우리가 시민으로 살면서 부딪히는 어려운 질문들을 설득력 있게 풀어갑니다.

　오늘날 우리 사회는 정의로운 사회일까? 정의로운 사회가 되기 위해 우리는 무엇을 어떻게 해야 할까? 이 글에는 정의를 설명하며 제레미 밴담의 공리주의를 통해 다양한 예화를 제시하고 있습니다. 영국 난파선 배에 타고 있던 파커 이야기나 선로에서 작업하고 있던 철도 노동자 이야기 등을 통해 최대 다수의 최대 행복을 이야기하고 있습니다. 다수의 이익을 위해 소수는 희생될 수 있을까? 일전에 KTX 강릉선 탈선 사고 때 전화를 좀 받았습니다. 괜찮냐고? 필자 고향이 강릉 정동진이기 때문입니다. 그래서 그 이후 진행된 이천 양정여고 독서토론 특별캠프 때 마이클 센델 교수처럼 나도 강릉선 탈선 사고를 예화로 강의를 해 보았습니다. 다수의 이익을 위해 소수는 희생될 수 있는가? 기차가 지나는 철도 위에서 작업하던 노동자 5명이 희생되어야 하는지, 기차가 지나는 않는 예비 선로에서 편하게 쉬고 있던 노동자 1명이 인원이 소수라는 이유로 희생당하는 것이 정의인지에 대해 이천 양정여고 학생들과 진지한 토론을 해 보았습니다. 강릉선 탈선 사고를 연계하면서. 여러분들은 다수의 이익을 위해 소수는 희생될 수 있다는 토론 주제에 대해 어떻게 생각하는가? 무엇이 정의일까요?

　다시 말해 『정의란 무엇인가?』 이 책은 독서토론 우수 도서로 검증된 도서이므로 토론 현장에서 많이 활용해 보면 좋겠습니다.

❖ 졸업생이 토론 멘토로 돌아와 추천한 이유

- 대학1, 이강O -

『정의란 무엇인가』라는 책을 읽고 이야기식 독서토론을 진행해보면서 우리 사회에서 '정의'라는 가치는 여러 가지 의미로 해석될 수 있다는 것을 알았습니다. 특히 여러 철학자의 이론을 가지고 갑론을박하며 많은 학생들의 여러 의견을 들으면서 『정의란 무엇인가』라는 책이 우리 사회에 주는 이야기 거리가 굉장히 많다는 생각을 했습니다. 고대부터 지금까지 사회질서에 존재하는 많은 가치들이 시대에 따라 다르게 해석될 수 있고, 사회마다 다르게 적용될 수 있다는 것을 보면서 나에게 가장 소중한 가치, 우리 사회에 꼭 필요한 가치에 대해 고민할 수 있는 시간이었습니다.

또한 '다수를 위한 소수의 희생은 정당하다.'라는 주제로 교차질의식 독서토론도 해 보았습니다. 토론자들은 다수와 소수의 기준, 그에 따른 희생의 필요성에 대한 이야기를 많이 주고받았습니다. 양측 토론자의 의견을 들으며 우리 사회에서 다수를 위한 소수의 희생이 얼마나 존재하고, 그것이 꼭 필요한 희생인지 생각해볼 수 있었습니다. 『정의란 무엇인가』라는 책이 쉽지 않음에도 불구하고 학생들이 책을 소화하는 능력이 우수하다고 생각했습니다. 저 역시도 책을 읽으며 이해되지 않는 부분도 많고 주제에 적용하기가 까다롭다고 생각했는데 학생들이 많은 부분을 토론에 적용하면서 대상도서를 활용하는 능력이 우수하다는 것을 보여주었습니다.

이 책으로 독서토론을 하면서 사회 정의를 다시 생각해 볼 수 있어 좋았습니다. 또한 밴덤의 최대다수의 최대행복에 대해 토론해 볼 수 있어서 토론 도서로는 매우 좋은 책이라 생각합니다.

2) 독서토론 이야기

『동물농장』을 읽고 이야기식 독서토론과 상생협동 독서토론으로 교육적 독서토론을 진행해 보았습니다.

이야기식 독서토론

이번에는 이 책으로 독서토론 방송을 진행했던 강원교통방송 〈행복한 주말 북 카페〉 대담 내용을 소개해 보겠습니다.

정의를 이해하는 세 가지 방식

사회가 정의로운지 묻는 것은, 우리가 소중히 여기는 것들, 이를테면 소득과 부, 의무와 권리, 권력과 기회, 공직과 영광 등을 어떻게 분배하는지 묻는 것이다. 정의로운 사회는 이것들을 올바르게 분배 한다. 다시 말해, 각 개인에게 합당한 몫을 나누어 준다. 이때 누가, 왜 받을 자격이 있는가를 묻다 보면 문제가 복잡해진다.

우리는 이미 이 문제와 씨름하기 시작했다. 가격폭리의 옳고 그름을 따져보고, 상이군인훈장과 구제 금융을 둘러싸고 대립하는 여러 주장을 곰곰이 생각하면서, 재화 분배를 이해하는 세 가지 방식을 찾아냈다. 행복, 자유, 미덕이 그것이다. 이 세 가지 이상은 정의를 고민하는 서로 다른 방식을 암시한다.

앞서 여러 논쟁에서, 행복을 극대화하고 자유를 존중하며 미덕을 기르는 행위의 의미, 그리고 그와 관련한 이상이 서로 충돌할 때 무엇을 해야 하는가를 놓고 의견이 엇갈렸다. 정치철학이 이런 문제를 단번에 해결할 수는 없다. 그러나 우리 주장을 다듬고, 민주 시민으로서 우리가 직면한 여러 대안에 도덕성을 부여하는 데 도움이 될 수는 있다.

오늘 소개해 주실 책은 어떤 책인가요?

2014년 한 해를 보내고 이제 소망의 2015년을 맞았습니다. 오늘은 새해를 시작하면서 우리 사회가 좀 더 정의로운 사회가 되기를 소망하며 『정의란 무엇인가』란 책을 소개해 보려고 합니다.

어떤 책인지요?

이 책은 마이클 샌델 교수가 담당하고 있는 하버드대학교 교양 필수 과목인 〈도덕적 추론〉 영역의 〈정의〉라는 강좌를 바탕으로 쓴 정치철학서입니다. 자유사회의 시민은 타인에게 어떤 의무를 지는가, 정부는 부자에게 세금을 부과해 가난한 사람을 도와야 하는가, 자유시장은 공정한가, 진실을 말하는 것이 잘못인 때도 있는가, 도덕적으로 살인을 해야 하는 때도 있는가 등 우리가 시민으로 살면서 부딪히는 어려운 질문들을 예화를 중심으로 설득력 있게 풀어낸 책입니다.

이 책을 소개하는 이유가 있으신지요?

예, 지영씨는 우리나라가 정의롭다고 생각하시는지요? (정의로운 것 같기도 하고, 아닌 것 같기도 하고) 그럼 정의란 무엇일까요? 어떻게 하면 정의롭게 살 수 있을까요?

이 책 첫머리에 이런 이야기가 나옵니다. 미국의 태풍인 허리케인 찰리가 플로리다를 휩쓸고 지나간 후 미국에도 우리나라처럼 가격폭리 논쟁이 불붙었습니다. 즉, 상인들은 평소보다 훨씬 비싼 가격으로 물건을 팔아 플로리다 주민들은 바가지요금에 분통을 터뜨렸지요. 얼음, 생수, 지붕 수리 비용, 발전기, 심지어 집을 잃어 들어간 모텔 방의 가격이 높아져 수렁에 빠진 사람들에게 곤란함을 주었습니다. 그런데 플로리다에는 〈가격폭리처벌법〉이 있어서, 허리케인이 지나간 뒤 많은 건수의 피해 사례가 접수되었습니다. 그럼 이 〈가격폭리처벌법〉을 집행하는 것이 바람직할까요? 어떤 이들은 〈가격폭리처벌법〉은 조속히 집행되어야 한다고 주장하였고, 어떤 이들은 반대하였습니다.

그들은 어떤 이유로 그렇게 주장하였을까요?

먼저 가격폭리처벌법을 집행해야 한다는 쪽에서는 법을 집행하여 벌금을 내고 추가로 받은 금액을 소비자에게 돌려주어야 한다, 남의 고통을 이용해 먹으려 한 사람들의 탐욕으로 질서를 해치게 된다, 전통이나 물건 본래의 가치로 결정되는 '공정가격'에 따라 물물교환을 해야 한다고 주장하였습니다.

반면 〈가격폭리처벌법〉은 집행되지 말아야 한다는 측에서는 가격이 높아지면 수요자는 소비를 억제하고 공급자는 허리케인 피해를 입은 먼 곳까지도 재화와 용역을 공급하려는 욕구가 높아진다, 가격은 구매자와 판매자가 서로 교환할 물건에 부여하기로 한 가치일 뿐이다, 시장이 견딜 만한 값을 요구하는 행위는 폭리가 아니며 탐욕도 뻔뻔스러움도 아니고 자유 사회에서 재화와 용역이 분배되는 방식이다, 등의 이유를 들어 반대하였습니다.

지영씨는 이 문제에 대해 어떻게 생각하시나요? (좀 어렵네요)

그럼 저자인 하버드대학교의 마이클 샌델 교수는 뭐라고 하였지요?

아까 시작할 때 읽어 드린 내용에도 잠깐 언급되었는데요, 마이클 샌델 교수는 이 문제를 정의와 연계하고 있습니다. 즉, 행복 극대화, 자유 존중, 미덕 추구 세 가지인데요, 이 셋은 서로 다른 각도에서 정의를 바라보지요. 그래서 행복과 자유라는 측면에서는 가격폭리처벌법을 반대할 수 있을 것이고, 미덕이란 측면에서는 그 법을 찬성하게 됩니다. 이러한 딜레마의 설정과 이 문제를 정의란 측면에서 접근하여 우리 사회가 좀 더 정의로운 사회가 되어야 한다고 마이클 샌델 교수는 말하고 있습니다.

좀 어렵네요. 정의를 이해하는 좀 더 쉬운 예가 있을까요?

좀 쉽지만 아침 시간에 소개하기엔 좀 조심스런 예가 하나 있습니다. 제러미 밴담의 최대 다수의 최대 행복이란 말 들어 보셨지요? 이른바 공리주의의 핵심이론이죠. 마이클 샌델 교수는 이 이론에 반대하면서 영국의 난파선 한 사건을 소개하고 있습니다. 희망봉 앞바다에서 난파한 이 배에는 선원 4명이 타고 있었는데, 표류 18일 만에 음식이 떨어져 선원들이 모두 굶어죽게 되자, 다수결로 소년 선원을 죽이는 끔찍한 일이 진행되었지요. 과연 이런 일이 정의로울까요? 칸트는 많은 사람에게 쾌락을 준다는 이유만으로 그것을 옳다고 할 수는 없다, 다수가 특정 법을 지지한다는 이유만으로 그 법을 정당하다고 할 수도 없다고 주장하기도 했습니다.

그러니까 최대 다수의 최대 행복이론은 무서운 면이 숨어 있기도 하네요. 또 다른 이야기 좀 들려주시지요.

　이번엔 우리나라 관련 이야기 하나 소개해 볼까요. 현재 우리나라는 분단국가로서 징병제로 국가 방위 업무를 진행하고 있습니다. 전쟁을 수행하거나 국가를 방위하기 위해서는 군인이 필요한데 이 군인을 모으는 방법에는 크게 3가지가 있습니다. 징병제, 유급 대리인을 허용하는 징병제, 자원군이 바로 그 것입니다. 자유 지상 주의자들과 공리주의자들은 자원군, 유급 대리인 허용의 징병제, 징병제 순으로 선호하지요.
　지영씨는 어떻게 생각하세요? 이에 대해 마이클 샌델은 이렇게 얘기하고 있습니다. 첫째, 자원군 제도는, 가난과 경제적 어려움이 만연한 불공평 사회라면 자원을 통한 입대 결정은 어쩔 수 없는 선택이라는 것이다. 자원군으로서 누릴 수 있는 혜택을 위해 입대하는 이들에게는 어쩌면 그들의 선택에는 강압적 요소가 끼어들 수 있다는 것이지요. 둘째, 유급 대리인 허용의 징병제에 대한 반박입니다. 군복무는 시민의 의무이다, 시민이라면 나라에 봉사할 의무가 있는데 그것을 시장에 내놓고 거래를 하는 것은 잘못이라고 주장하고 있습니다.

끝으로, 이 책을 읽는 독자에게 하시고 싶은 말씀은?

오늘은 좀 어려울 수 있는 『정의란 무엇인가?』를 소개해 보았습니다. 우리나라가 정의롭게 위해서는 어떻게 해야 할까요? 마이클 샌델은 공동선을 추구하는 정치, 시민의식이 깨어있고 희생과 봉사가 있는 나라, 자유로운 시장체제의 규범이 되어줄 도덕적 기준, 불평등을 뛰어넘는 연대가 있는 시민 사회, 도덕에 기초하는 정치 체계를 강조하였습니다.

우리 교통방송 모든 청취자와 함께 새해에는 우리 사회가 좀 더 정의로운 사회가 되고 우리 모두가 행복한 나라가 되길 소망하며 이 책을 소개해 보았습니다. 모두들 이 책을 한번 읽어 보시면 좋겠습니다.

상생협동 독서토론

학생들의 토론 장면도 잠깐 소개해 보겠습니다. 『정의란 무엇인가』를 읽고 '다수의 행복을 위해 소수의 권리는 희생할 수 있다' 란 주제로 토론해 보았습니다.

찬성 측 발제

- 중3 김은O -

다수의 행복을 위해 소수는 희생될 수 있다는 주제에 대해 찬성합니다. 첫째, 좀 더 올바른 결정을 하기 위해서 입니다. 우리는 학급회의를 할 때나 국회에서 중요 법률을 채택할 때, 일상생활에서 사소한 결정을 할 때 '다수결'에 의해 결정을 합니다. 왜 '소수결'이 아니라 '다수결'에 따라 일을 결정하는 것일까요? 그 이유는 좀 더 많은 사람들이 지지하고 원하는 선택을 하기 위해서 입니다.

대상 도서 57페이지의 '거지 이야기'를 봅시다. 구빈원으로 끌려가는 거지들이 어떤 불행을 느끼든 일반 대중이 겪는 고통의 합이 그보다 크지요. 즉 많은 사람들이 피해를 입는 것보다 적은 수의 사람이 피해를 입는 것이 더 효율적이라는 뜻입니다. 대상 도서 1강 '철로 이야기'를 봅시다. 멈출 수 없는 기차가 왼쪽으로 꺾으면 5명이 죽고 오른쪽으로 꺾으면 1명이 죽는 상황에 있는데 토론자님이라면 어느 쪽으로 기차를 돌리겠습니까?

반론

- 중2, 용지0 -

다수가 항상 옳은 것은 아닙니다. 다수가 원하는 것은 그들에게 만족감을 줄 수 있고, 다수결로 인해 대부분 사람들은 일을 빠르게 처리할 수는 있습니다. 그러나 그것이 옳지 않을 수도 있습니다. "그래도 지구는 돈다"라고 외쳤던 갈릴레이 갈릴레오처럼 소수의 의견이 옳았던 적도 인류 역사상 상당히 많습니다.

재반론 및 둘째 이유

- 중3, 김은0 -

그렇다고 소수의 의견이나 결정이 옳았던 것이 다수의 결정보다 많지는 않습니다. 그래서 현대 민주 사회에서는 다수의 의견으로 운영될 수밖에 없습니다.

둘째 이유로 소수 때문에 다수가 피해보는 일이 생기기 때문입니다. 소수의 '권리' 문제 때문에 소수의 입장까지 고려하게 된다면 일의 진행 속도 및 다수가 해야 할 일에 차질을 입을 수 있습니다.

대상 도서 7강 소수 우대 정책을 보면 홉 우드 이야기가 나옵니다. 30년간 법정은 소수 집단 우대 정책으로 생기는 난해한 도덕적 그리고 법률적 문제로 골치를 앓았다고 언급하고 있습니다. 소수 우대를 해주다보니 그들은 더 많은 것을 혜택 받으려고 하고 그에 따라 다수가 오히려 피해를 입는 일이 생기게 되었던 것이었습니다. 학급회의 때에도 어떠한 일을 결정하는데 소수의 반박으로 인해 중간점을 찾는데 시간이 많이 지체되어 하교 시간이 늦어지는 경우가 생긴 적도 있었습니다.

반론

- 중1, 김태0 -

그렇다고 소수의 의견은 무시해도 된다는 것인가요? 시간이 좀 걸리더라도 올바른 결정을 위해서라면 참아야 할 듯합니다. 소수는 약자일 수 있으니 다수가 존중해 주어야 우리 사회가 함께 사는 아름다운 세상이 되지 않을까요?

반대 측 발제

- 중2 임광O -

저는 다수의 이익을 위해 소수는 희생될 수 있다는 주제에 대해 반대합니다. 첫째, 우리 사회가 시끄러워 집니다. 다수의 행복을 위해 소수의 인권을 침해하다가는 결국 '시위'라는 행위가 일어날 수 있습니다. 시위는 국력은 물론 국제신용등급까지 낮추는 정말 매우 안 좋은 현상입니다. 만약 우리가 다수의 행복 때문에 소수의 인권을 침해한다면 그들은 시위 등 다양한 방법으로 자신의 의사를 표현하게 되며, 우리 사회가 어지러워집니다. 이게 도리어 다수에게도 안 좋지 않을까요?

한국은 2008년 이후 표현에 대한 자유가 침해당하며, 프리덤 하우스에 의하면 한국의 언론자유는 70위라고 합니다. 과연 이런 상황에서 시위가 안 일어난다는 보장이 없으며 이미 그전에도 촛불시위부터 수많은 시위가 일어난 우리 국가이기에 더더욱 소수의 인권을 침해하면 안 된다고 봅니다.

둘째, 명백한 인권 침해입니다. 국가는 다수가 살아가는 공동의 집합이긴 해도 그렇게 소수의 의견을 다수결이란 방법으로 무시하게 되면 이는 곧 소수가 챙길 수 있는 여러 권리를 무시하는 것이며 인권 침해 행위입니다.

헌법 37조 2항을 끝까지 읽어 보면 '제한하는 경우에도 자유와 권리의 본질적인 내용을 침해할 수 없다.'고 서술하고 있습니다. 이는 곧 필요에 따라 그 권리를 침해 할 순 있지만 그 본질적인 인간에 대한 권리는 침해 할 수 없다고 볼 수 있습니다. 또한 네이버 캐스트 심리학 소수와 다수에 대해 읽어보시면 '다수의 의견이기 때문에 별 다른 고민 없이 받아들여 나의 생각이나 가치관으로 만들어 버리는 경우도 자주 일어난다.'라고 답하고 있습니다. 그렇게 볼 때 우리가 생각하는 그런 문제가 일어나진 않습니다.

반론

- 중2, 우건0 -

영화 '연가시'를 보면 다수의 목숨이 걸린 상황에서 소수의 인권 문제로 도리어 사건 해결이 늦어지게 되고 많은 사람이 목숨을 잃게 되었습니다. 좀 안타까운 면도 있지만 우리 사회 전체를 위해서는 소수의 인권보다는 다수의 목숨을 위해 판단하고 처리할 일들이 더 많습니다.

헌법 37조 2항을 참고하면 "국민의 모든 자유와 권리는 국가안전보장·질서유지 또는 공공복리를 위하여 필요한 경우에 한하여 법률로써 제한할 수 있다." 고 서술되어 있습니다.

3) 토론 후 이야기

『정의란 무엇인가?』는 토론 수업이나 독서토론 수업에 매우 좋습니다. 토론 거리가 많이 들어있기 때문입니다. 우리 사회의 다양한 이야기가 들어 있고 어려운 사회와 정의 문제를 예화를 통해 전달해 주고 있어서 이해가 쉽습니다. 주제는 좀 어렵지만 마이클 센델 교수가 하버드대학교에서 강의한 내용을 담아내었기에 도리어 재미있게 접근할 수 있었습니다.

이 책으로 이야기식 독서토론, 독서새물결 독서토론을 실시하였고 상생협동(3-3-3) 독서토론도 실시하였습니다. 학생들은 정의란 무엇인가를 읽고 토론하면서 상생협동 토론모형이 가장 마음에 든 모양입니다. 어려운 주제이므로 서로 의견을 모으는 과정이 중요한 상생협동 토론이 유익하고 즐거웠던 것 같았습니다.

독서토론 소감 1

- 대학2, 추현O -

토론 수업을 하며 상생과 협동을 위한 토론자의 기본자세를 배울 수 있었습니다. 상대방과 근거 자료를 토대로 논박하며 서로를 존중할 수 있다는 점이 토론의 가장 큰 매력이라고 생각했습니다. '정의란 무엇인가? (마이클 샌델)'을 읽고 토론하며 선의지를 중시한 칸트의 윤리설, 벤담의 공리주의 등 다양한 윤리 개념을 쉽게 접할 수 있다는 점도 매력적이었습니다. 더불어 이론만 알고 넘어가는 것이 아니라 실전에 접목해 보면서 실증적인 탐구자가 되어볼 수 있어서 좋았습니다. 후배들이 어려워하는 부분을 먼저 배운 선배로서 가르쳐주고 부족한 부분을 보완해주는 과정은 서로에게 뜻깊었습니다. 가르치는 사람도 배워가는 활동인 독서 토론 멘토링이 더욱 활발하게 이루어진다면 자기주도성과 상호 협동의 자세를 기를 수 있다고 생각했습니다. 아직 부족하고 미숙한 부분은 누구에게나 있겠지만 점차 다양한 경험을 통해 실력을 기르고 난관을 극복한다면 많은 것을 배우고 느낄 수 있다고 생각합니다. 불과 몇 년 전까지 토론이 무엇인지도 잘 모르던 어린 저의 가치관과 신념을 확립해 준 것은 독서 토론이었습니다. 주말 독서 학교에서 배웠던 초등학생은 어느덧 대학교에 입학을 앞두고 후배들에게 조언을 건네고 있습니다. 앞으로도 주말 독서 학교를 통해 이런 선순환이 계속되었으면 좋겠습니다. '나비효과'라는 말처럼 대한민국의 독서 토론 및 논술 교육이 이런 자그마한 물결을 통해 큰 파도로 성장하길 바랍니다.

독서토론 소감 2

- 중3, 이현O -

'10대를 위한 정의란 무엇인가' 를 대상도서로 수업을 들으며 평소에 가지고 있던 '정의' 에 대한 생각을 재정의하게 됐습니다. 공리주의적 사고관에 입각했던 저의 생각과 생명의 경중을 따질 수 없다 라는 생각의 격돌을 통해 생명의 가치는 동일하다 라는 생각을 바탕으로 공리주의적 사고를 확립했습니다.

또한 부자세가 필요한지에 대한 생각도 다시 한 번 해보았습니다. 그 중에서 가장 인상 깊었던 주제는 소수자 우대 정책이었습니다. 평소 저의 생각은 소수자는 무조건적으로 존중받아야하며 그들에게 혜택이 주어져야 한다 라고 생각했습니다. 그러나 이러한 생각은 무조건적인 정의와는 거리가 멀다 라는 것을 알게 됐습니다. 처음 생각의 시작은 다수결에 대한 고찰로부터였습니다. 선생님은 다수의 의견은 항상 옳은가에 대한 질문을 던지셨습니다. 평소 다수결에 젖어있던 제 생각으로는 당연히 다수의 의견은 옳다 라고 생각했습니다. 그러나 다수의 의견이 항상 옳은 것은 아니다 라는 것을 중세 시대의 '마녀사냥' 이나 '홍위병' 이야기들을 통해 알게 되었습니다.

또한 다수의 의견이 관철되는 동안 소수자의 의견은 자동적으로 배제되고 무시되었다는 사실을 알게 되었습니다. 다수결의 제도는 효율적인 의사결정 과정을 산출해낸다 라는 장점이 있지만 그로인해 다양한 의견들이 묵살되는 현실을 마주했습니다.

그 다음에는 다수결이 만연한 현대 사회에서 소수자의 의견은 얼마나 존중되어야 하는지를 고민했습니다. 선생님은 개개인의 의견을 모두 존중하고 받아들이다보면 사소한 의사결정 과정에서도 무수한 시간이 걸릴 수 있다 라는 것을 알려주셨습니다. 그렇다면 어디까지의 의견을 존중해주어야 할까 라는 의문을 품게 됩니다. 그것에 대해서는 계속해서 고민해 보았고 토론해 보았지만 명확한 결론은 보이지 않았습니다. 정확한 답을 얻지는 못했지만 수업을 듣고 토론하며 다수의 의견이 진리이다 라는 저의 생각은 바뀌게 되었습니다. 다수의 의견 역시 오류의 여지가 있고 소수의 의견은 존중받아야 할 권리가 있다 라고 생각하게 되었습니다. 본 수업을 통해 새로운 각도를 통한 생각을 하였고 사고의 범위가 확장되는 경험이었습니다.

제3장

과학 영역!
현재인가? 미래인가?

1. 청소년이 잘 쓴 책 『소녀, 적정기술을 탐하다』

1) 도서 선정 이야기

여러분, 적정기술이란 말 들어보셨나요? 적정기술이란 말이 생긴 지는 얼마 되지 않습니다. 1960년대 영국의 경제학자 프리츠 슈마허가 개발도상국에 적합한 소규모 기술인 '중간기술'을 제안함으로써 본격적으로 고려되기 시작한 개념입니다. 인도의 마하트마 간디는 서구의 방직기계를 거부하고 인도 전통의 물레를 이용해서 면화를 가공했습니다. 간디는 서구의 거대 기술이 인도에 적합하지 않다고 본 것이었지요. 따라서 적정기술이라 함은 주민들도 제작하고 작동할 수 있는 기술들로 지역 친화적, 환경 친화적인 개념입니다. 최근엔 지속가능한 기술로 변화되어 쓰이고 있습니다.

이 책은 우리 청소년들에 좀 낯 선 '적정기술'이라는 것에 대한 책입니다. 좀 어려워 보이기도 하지요? 그러나 이 책을 지은 고등학생 승연이는 중학생 때에 적정기술을 만났으니 그리 어렵지만은 않습니다. 승연이는 세계의 90%가 기술에 소외된 채 불평등한 삶을 살고 있다는 사실에 충격을 받습니다. 그래서 따뜻한 기술 적정기술 전도사로 '배워서 남 주자'의 삶을 실천하게 됩니다.

적정기술을 어려워하는 학생들에게 자신의 진로와 연계해 보도록 지도해 보았습니다. 의사가 되고자 하는 학생들에게 어떤 의사가 되면 환자들이 좋아할까? 판사가 되고자 하는 학생에게도 어떻게 하면 올바른 판결을 내릴 수 있을까? 특히 소외된 90%의 이웃을 위해 어떤 판결이 필요할까? 생각해 보도록 하였습니다. 진로 소논문 쓰기 지도를 할 때 자연스럽게 진로와 이웃을 연계하니 진로 소논문의 내용이 승연이를 닮아가는 것 같아 보였습니다.

기아와 난민, 생활과 과학 등 삶에서 어떻게 하면 이웃을 위한 기술을 개발할 수 있을 것인가 관심을 갖도록 지도했습니다. 학생들은 대상 도서와 관련 도서를 읽고 토론하면서 자신의 진로를 적정기술과 연계하는 모습을 행복하게 지켜볼 수 있었습니다. 할머니들의 걸음 보조기만해도 그동안 외형적인 가치나 디자인을 중요시하던 학생들이 승연이처럼 "이렇게 개조하면 할머니들이 밀고 다니시기 좋은 걸음 보조기가 되겠구나" 생각하는 성숙한 모습에 마음 든든하였지요.

이 책은 청소년의 입장에서 내 진로에서 어떤 적정기술이 필요할지, 자신이라면 어떤 적정기술을 발명하고 싶은지 자연스럽게 고민할 수 있도록 안내해

줍니다. 나아가 적정기술 이야기만 나오는 것이 아니라 진로와 꿈 이야기가 나옵니다. 이 책의 주인공처럼 자신이 이루고자 하는 삶의 목표에 도전하는 자세를 배울 수 있도록 안내해 줄 것입니다.

승연이처럼 학교에서 공부만 하는 것이 아니라 무언가를 더 알아보기 위해서 직접 발로 뛰면서 찾아다니고 의견을 묻고 직접 참여하는 자세를 이 책을 읽는 우리 학생들도 발견하게 될 것입니다. 나아가 자신은 지금 어떤 목적을 가지고 이떻게 꿈꾸고 있는지 되돌아보게 할 것입니다.

이러한 적정기술은 앞으로 미래 우리 사회에서 매우 중요합니다. 학생들의 진로 탐색과 선정에도 '배워서 남 주자'의 적정기술 철학이 적용되어야 합니다. 미세 먼지나 인구 문제 등 현재 재난에 가까운 국가적 과제나 에너지 부족 문제, 아프리카 난민 문제, 각 나라들의 내전 등 각종 과제나 문제를 적정기술로 보안해야 합니다. 그래서 적정기술을 많이 알려야 합니다. 아직 적정기술이 무엇인지 모르는 친구들이 이 책을 읽고 적정기술을 이해하고, 각자의 진로에 적정기술을 접목한 진로 선정이 되면 좋겠습니다.

이 책의 주인공이 어린 나이에 적정기술을 알고 그 삶이 바뀐 것처럼 이 책을 읽는 학생들이 진로와 직업에 대한 접근 방식이 변화하고, 이웃과 사회를 위해 유익한 직업 선택이 이루어졌으면 합니다.

인문학 독서학교 학생의 추천 이야기

- 중3, 용지0 -

'적정기술', 매우 생소한 단어다. 특히나 선진국인 대한민국에서, 일반인이 '적정기술'이라는 단어를 들어보는 것은 정말 토론대회에서 우승하는 것만큼이나 어렵다. 그런 내가 토론대회에서 우승해서인지, '적정기술'이라는 단어를 들어보게 됐다. 적정기술이 무엇인지 처음 들었을 때는 몰랐다. 하지만 점점 책을 읽으며 적정기술은 '소외된 90%를 위한 기술'이라는 것을 알게 되었고, 그 이용도 알게 되었다. 세계 디자이너의 95%는 구매력 있는 상위 10%의 소비자들만을 위해 모든 디자인 활동을 하기 때문에 적정기술은 소외된 90%의 사람들에게 초점을 맞춘 기술이다. Q드럼, 라이프 스트로우 등이 그 예이다. 적정기술은 크게 '생명 유지'와 사용자의 '소득 창출'이라는 목적을 가진다. 생각보다 감동적인 기술이었던 것이다.

이 도서를 활용해 이야기식 토론 수업을 할 때에 적정기술이 무엇인지 알고 있었던 학생은 별로 없었지만 적정기술에 대한 설명을 듣고, 선생님의 '적정기술을 어느 곳에 적용시키면 좋을까'라는 질문에 많은 학생들이 순식간에 자신의 생각을 얘기하고 그에 반론하는 등 '브레인스토밍'과 같은 시간이 이루어졌다.

수업이 끝나고 보니 적정기술이 더 이상 어렵게 느껴지지 않았다. 우리와 먼, 제 3세계, 개발도상국에만 적용되는 줄 알았던 적정기술이 우리 대한민국의 소외계층에도 적용될 수 있다는 것을 알았다. 사실, 기술은 모두가 누릴 수 있어야 한다. 그러지 못하는 상황이 안타까울 따름이다.

2) 독서토론 이야기

『소녀, 적정기술을 탐하다』로 이야기식 독서토론과 상생협동 독서토론 방법으로 학생들과 함께 즐거운 토론, 유익한 토론을 해 보았습니다. 이번 도서는 진로연계가 가능한 진로독서로 실시하여 학생들의 참여가 더욱 적극적이었습니다.

이야기식 독서토론

우선, 학생들이 만든 이야기식 독서토론 발문을 소개합니다.

◈ 1단계 배경지식 관련 발문

1-1) 적정기술에 대해 들어본 적 있나요?
이 책으로 처음 알게 되었다.

1-2) 적정기술이 무엇이라고 생각하나요?
어떤 문제를 해결하기에 맞는 기술을 말하는 것 같다.

2-1) 소외된 90%라 하면 누가 떠오르나요?

아프리카에서 죽어가는 사람들.

2-2) 왜 90%나 되는 사람이 소외되었다고 이야기 할까요?

의식주를 해결하면서 편안하게 사는 사람도 있지만 전 세계 곳곳을 살펴보면 사회로부터 소외된 사람들이 많은 것 같다.

3-1) 우리 주위에도 적정기술이 있을까요?

적정기술에 대해 이야기를 들어본 적은 없지만 자연스럽게 알고있는 적정기술이 있을 것 같다.

3-2) 자신이 경험하거나 들어본 적정기술은 무엇이고, 느낌은 어땠나요?

굴러다니는 물통을 들어본 적이 있다. 이것에 대해 알게 됐을 때 작게 생각할 수 있는 문제라도 더 나은 생활을 할 수 있게 이런 것을 발명한다는 것이 신기했다.

◈ 2단계 대상도서 관련 발문

1-1) 이 책에서 승연이가 처음 적정기술에 대해 관심을 가지게 된 계기는 무엇인가요?

중학교 1학년 때 과학 멘토링 프로그램에서 강의를 듣고 관심을 가지게 되었다.

1-2) 승연이는 적정기술에 대해 알기 전 어떤 학생이었나요?

호기심과 궁금증이 많고 책 읽기를 좋아했다.

1-3) 승연이의 호기심이나 독서가 적정기술을 배우는데 어떤 도움이 됐나요?

적정기술에 대해 궁금한 점을 가지고 스스로 찾아보며 책을 통해 경험한 여러 일들이 적정기술을 배우는데 도움이 됐다고 생각한다.

2-1) 승연이가 적정기술에 대해 공부한 뒤 처음 만든 것은 무엇인가요?

시각 장애인을 위한 스마트폰 길 찾기 앱.

2-2) 여러분이 적정기술을 공부한다면 만들어보고 싶은 것은 무엇인가요?

물을 마실 때마다 영양소를 섭취한 수 있는 물통.

3-1) 태양열 보청기나 지세이버 프로젝트와 같은 적정기술에서 필요한 것은 무엇인가요?

적정기술이 필요한 지역의 문화와 그 지역의 재료, 적정기술의 지속 가능성이 필요하다.

3-2) 그렇다면 적정기술을 사람들에게 더 쉽게 알리는 방법엔 무엇이 있을까요?

적정기술을 사용할 사람들에게 '필요한' 것들을 만들어서 접근하기 쉬운 방식을 찾아야 한다.

4-1) 적정기술이 많은 사람들이 알지 못하는 이유가 무엇일까요?

사람들이 주위에서 쉽게 소외된 90%의 사람들을 찾아낼 수 있지만 그들을 위한 기술이 보편화되지 않아서 적정기술을 제품을 아더라도 그것이 적정기술인지 알지 못하는 경우가 있다.

4-2) 적정기술을 공부하는 사람들이나 책이 이야기 하는 것은 무엇인가요?

소외된 이웃에게 손을 내미는, 소외된 사람들을 위한 적정기술을 만들자.

◈ 3단계 대상도서 관련 인간 삶이나 사회 관련 발문

1-1) 우리 주위의 소외된 사람들은 어떤 삶을 살아가나요?

소외되는 이유가 어떤 것이냐에 따라 굶어 죽기도 하고 병에 들어도 치료받지 못하는 등 힘든 삶을 살아간다.

1-2) 사회에서 소외 되는 사람들이 생기는 이유가 무엇이라고 생각하나요?

한 지역, 한 나라로만 생각하면 여러 이유들을 발견할 수 있겠지만 전세계적으로 생각하면 환경이 따르지 않는 것이 큰 이유라고 생각한다.

2-1) 적정기술이라는 분야가 왜 만들어졌나요?

소외된 이웃을 돕기 위해서이다.

1-2) 소외된 사람들을 위해서 왜 하필 적정기술이 필요할까요?

적정기술은 의미 그대로 소외된 90%의 사람들을 위한 것이고, 각자의 나라와 지역에서 좀 더 나은 삶을 살 수 있도록 도와주기 때문이다.

3-1) 청소년들은 적정기술에 대해 언제 배울 수 있나요?

적정기술에 대해 관심 있는 청소년이 아니라면, 기회가 거의 없는 것 같다.

3-2) 미래를 살아갈 청소년들이 적정기술에 대해 공부할 수 있는 기회를 어떻게 마련할 수 있을까요?

적정기술에 관련된 다양한 체험과 경험을 할 수 있도록 해야 한다.

4-1) 적정기술이 꼭 소외된 사람들을 위해서만 발전해야 하나요?

현재로선 소외된 사람들을 돕는 것이 중요하지만 앞으로는 더 많은 곳에 적정기술이 필요해질 것이고, 그렇게 발전해갈 것이다.

4-2) 적정기술의 미래는 어떨 거라고 생각하나요?

시간이 지날수록 소외된 사람들이 적어지게 된다면 더 많은 사람의 더 나은 삶을 위한 적정기술이 나올 것이다.

상생협동 독서토론

다음엔 『소녀, 적정기술을 탐하다』를 읽고 상생협동(3-3-3) 토론 모형으로 적용해 보았습니다. 앞서 설명한 대로 이 책은 학생들의 진로와 연계하면 매우 좋은 도서입니다. 그래서 토론 주제를 **'여러 가지 직업에 적정기술을 활용하는 방법'**으로 제시하고 토론해 보았습니다. 학생들의 토론 내용을 소개합니다.

발제 1

- 중3 이현0 -

자신의 직업에 적정기술을 활용하자. 어떤 직업이든 어떤 일을 하든 적정기술이 필요한 부분이 있다. 예를 들어 '경찰' 이라는 직업이라 하면 국민을 보호하는 일을 하는 것이므로 여기에서 좀 더 구체적으로 사회에서 소외받는 저소득층, 장애인 등에 대해서 적정기술을 활용하여 효과적으로 그들을 보호할 수 있도록 하는 방법이 있다. 대상도서에서는 어떤 직업이든 그 직업을 가진 상태에서 적정기술 프로젝트에 자신을 사용하며 '적정기술자' 가 되는 것이라고 말한다. 이처럼 각자의 분야에서 알맞은 적정기술을 활용하여 적정기술을 우리 사회에서 보편화 시켜야 한다.

청소년들을 교육하는 기관에서도 적정기술을 교육하자. 청소년들은 정적기술에 대하여 물건을 알고 있지만 그것이 적정기술을 사용한 것인지 모르는 경우가 대부분이다. 따라서 청소년을 교육하는 기관인 학교와 같은 곳에서는 선택적이던 필수적이던 미래를 살아갈 청소년에게 적정기술을 교육해야 한다. 청소년을 가르치는 교사들은 각 교과수업에 적정기술을 대입시켜 자연스럽게 적정기술에 대해 청소년의 관심을 이끌어 낼 수 있다. 미래사회는 지금보다 더 나은 세상이 될 수도 있고, 소외된 사람이 늘어나는 세상일 수도 있지만 무엇이든 적정기술이 필요하다. 또한 청소년들에게 적정기술을 가르침으로서 소외된 사람을 돕고 더불어 살아가는 능력을 키울 수 있다. 이로써 직업을 통한 적정기술자 뿐만 아니라 청소년 스스로도 적정기술을 실천할 수 있게 된다.

반론 1

우리 사회의 직업에 적정기술을 사용하게 된다면 너무 소외된 사람들을 위하는 쪽에 치우치게 되지 않을까?

재반론 1

현재 우리 직업들은 평범하다고 할 수 있는 사람을 위해 발전되는 경우가 대부분이기 때문에 앞으로는 조금 더 소외된 사람들을 위하며 함께 살아갈 수 있도록 해야 한다.

반론 2

현재 청소년들은 자신의 미래에 대한 입시준비만으로 많은 스트레스를 받기도 하며 공부를 하는 등 입시에 대해서 중요하게 생각한다. 그런데 이런 청소년들에게 적정기술까지 배우게 한다면 청소년들의 상황을 고려하지 않는 것이 아닌가?

재반론 2

현재 청소년들이 입시를 중요하게 생각하는 것은 맞다. 하지만 앞으로 살아가기 위해서는 많은 사람들과 함께 살아가는 능력이 필요하다. 그리고 이런 것을 배우는 것이 적정기술이다. 적정기술을 배우면서 청소년들은 잠시나마 입시에 대한 스트레스에서도 벗어날 수 있고, 교과수업에 크게 지장을 주지 않고 수업과 관련하여 자연스럽게 배우게 되기 때문에 문제가 되지 않는다고 생각한다.

발제 2

- 중3 우건0 -

　　청소년이 적정기술을 실천하고 탐구하기 위해서는 사회의 노력이 필요하다. 적정기술이란 무엇일까요? 적정기술은 첨단기술과 하위 기술의 중간 정도 기술이라 해서 중간기술이나, 대안기술, 국경 없는 과학기술 등으로 일컬어집니다. 대부분의 학생들은 적정기술이 들어 보지도 무엇인지도 모릅니다. 그렇다면 청소년 적정기술 실천 방안에는 무엇이 있을까요?

　　첫째, 교과 과목에서 적정기술을 언급해야 합니다. 적정기술을 실천하기 위해서는 탐구 교과인 사회 과목에서 언급을 해야 한다고 생각합니다. 사회는 경제, 정치, 문화 등을 배웁니다. 여기서 나른 나라의 문화를 알고 몽골과 같이 어려운 나라를 예로 들어 적정기술을 언급하여 청소년들이 적정기술을 탐구하고 실천 할 수 있도록 도와야 합니다.

　　둘째, 적정기술 관련 행사를 개최해야 합니다. 대상도서에서도 주인공 조승연은 한 강연에서 적정기술에 대하여 듣고 관심을 가졌습니다. 제가 생각한 것은 적정기술 구상 대회를 여는 것입니다. 가령 대회를 열게 된다면 청소년들을 비롯한 일반 사람들도 관심을 가지게 될 것입니다. 그래서 강연을 많이 열어 적정기술을 알리고 대회를 통해 관심을 유도시켜야 합니다.

250　제2부 행복한 독서토론 이야기

발제 3

- 중2 이서0 -

  우선, 적정기술의 필요성과 편리함을 알린다. 대상도서에서 주인공이 학교에서 친구들에게, 선생님께 적정기술 이야기를 꺼내면 그게 뭔지 모른다는 답을 듣는 것이 대부분이라 나와 있습니다. 심지어 학교나 동네 도서관에서도 적정기술에 대한 책이 흔치 않다고도 나와 있습니다. 이처럼 적정기술은 많은 사람들에게 알려지지 않았고 그렇기에 이를 알려야한다고 생각합니다. 적정기술은 사람들의 삶의 질을 높여줄 수 있습니다. 우리는 광고나 교육, 체험을 통해 적정기술의 필요성과 편리함을 알려야합니다. 청소년들의 경우에선 학교에 전문 강사가 와서 적정기술을 알리고 체험하는 시간을 가지는 등의 방법이 있습니다. 대상도서에선, 주인공이 학교에서 친구들에게, 선생님께 적정기술 이야기를 꺼내면 그게 뭔지 모른다는 답을 듣는 것이 대부분이라 나와 있습니다. 심지어 학교나 동네 도서관에서도 적정기술에 대한 책이 흔치 않다고도 나와 있습니다.

둘째, 청소년들이 빈곤의 절박함을 알게 한다. 빈곤이란 쉽게 말하면 가난하여 살기가 어려운 사람들을 말합니다. 이러한 사람들이야말로 적정기술을 가장 필요로 하는 사람들이라 생각합니다. 그래서 청소년들이 빈곤의 절박함을 알게 된다면 그를 돕기 위해서라도 적정기술에 관심을 가지고 임하지 않을까요? 아침조회 시간에 학교에서 관련 동영상을 틀어주는 등의 예시 방안이 있습니다. 대상도서에서 적정기술은 체온이 느껴지는 기술이라 정의했습니다. 이처럼 사람 사이의 감정, 애틋함, 절박함으로 우리는 그에 더욱 관심을 가집니다. 공익광고 등이 이와 같은 원리입니다. 대상도서에서 적정기술은 체온이 느껴지는 기술이라 정의했습니다. 사람들은 적정기술에 대해 많이 알고 있지 않습니다. 대상도서 176쪽을 보면, 오히려 적정기술은 선진국이 후진국에게 쓰다 남은 것 주는 기술, 일명 땜방기술 이라고 알고 있는 사람들도 있습니다. 하지만 적정기술 아이디어를 내는 대회를 주최하면 청소년들의 많은 관심을 얻을 수도 있고, 적정기술이 무엇인지 모르는 사람들에게 많은 홍보를 할 수도 있다. 그리고 적정기술에 대한 아이디어가 있어도 실제로 만드는 것이 어려워 경진대회에 참여하지 못하는 학생들이 이러한 공모전을 많이 참가해 청소년의 참여율도 높을 것이라 예상됩니다. 시민의 아이디어에서부터 비롯된 바람직한 적정기술은 소외된 90%의 사람들에게 많은 도움이 될 것입니다.

3) 토론 후 이야기

『소녀, 적정 기술을 탐하다』의 주인공 승연이는 평소에 호기심이 많아서 책을 많이 읽던 학생이었습니다. 어느 날 승연이는 적정기술이라는 새로운 기술을 어느 교수님께 듣습니다. 강의를 통해 적정기술에 눈뜨게 되었고 소외된 친구와 이웃을 생각하며 학교생활을 하게 됩니다. '배워서 남 주자'는 인문학적 사고로 생활을 하게 되니 보이는 것이 모두 적정기술이 됩니다. 자연스레 생활 속의 작은 실천들이 모아지게 되었고 이렇게 책으로까지 세상에 나오게 되었습니다.

적정기술은 시각 장애인을 위한 내비게이션이나 신체적으로 세포가 너무 민감한 친구를 위해서 깔창을 특수 제작하였던 것처럼 따뜻한 마음만 있으면 쉽게 만나게 됩니다. 이러한 기술은 앞으로 우리 사회에서 매우 중요하게 다가올 것입니다. 각자의 진로와 직업 속에서 적정기술을 접목하는 것이 인류 평화를 위한 것이니 매우 중요하겠지요?

그러므로 이 책은 진로독서가 가능한 도서입니다. 최근 우리나라는 뒤늦게 학생들의 진로에 관심을 많이 갖게 되었지요? 자유학년제도 그런 산물의 하나입니다. 진로교육 초기에는 직업탐방하고 관련 옷도 입어보고 하는 진로교육이 많았습니다. 최근에는 진로캠프도 좀 하지요. 그런데 진로상담교사들의 고민이 이런 진로교육을 연중 지속 가능하게 하는 프로그램을 목말라 하더군요. 그래서 독서새물결에서는 진로독서 교육을 제시하였고 저도 현장에서 진로독서 교육을 실천하고 있지요.

이 책은 이런 진로독서 교육으로 아주 좋은 책이었습니다. 학생들이 그저 돈이나 많이 버는 직업을 택하거나 안정적인 직업을 택하는 것에서 나아가

민족과 인류를 위해 그리고 소외된 이웃을 위해 직업을 선택할 수 있도록 지도하는 것이 중요합니다. 진로독서 교육은 이러한 작은 실천을 현실 속에서 가능하게 할 것입니다.

앞으로 우리 사회는 인구 문제, 노령화 문제, 통일 문제, 기아 문제, 에너지 문제, 난민 문제 등 다양한 현실 문제에 부딪히게 될 것입니다. 이러한 문제에 직면하여 지속 가능한 적정기술이 개발되고 적용되어야 합니다. 그러므로 적정기술을 많이 알려야 합니다. 우리 청소년들이 적정기술에 관심을 갖고 자신의 진로 속에 잘 녹여냈으면 합니다.

독서토론 소감 1

- 중3 우건0 -

이 책을 읽고 임영규 선생님과 그리고 친구들과 함께 독서토론을 해 보았다. 가장 많이 나눴던 것은 "우리 실생활에서 쓰일 수 있는 적정기술은 무엇이 있을까?" 였다. 적정기술이란 최첨단 기술과 하위 기술의 중간기술이다. 많은 의견 중 내가 떠올렸던 것은 학생들의 안전을 위한 휴대폰 앱이었다. 요즘에는 학생들이 걸으면서까지 휴대폰을 사용하고 있기 때문에 걸으면서 사용할 수 없는 앱을 만드는 것이었다. 친구들과 선생님의 의견을 들어보면서 많은 아이디어를 알 수가 있었고 그 아이디어를 통해 많은 문제들이 보완되었으면 좋겠다.

독서토론 소감 2

- 중3 심소0 -

임영규 선생님과 하는 인문학 독서학교 토론수업을 하다가 '소녀, 적정기술을 탐하다' 라는 제목의 책을 접하게 되었다. '적정기술' 이라는 말이 생소한 나에게는 이 책이 신선하게 다가올 수밖에 없었다. 책을 읽어보니 '적정기술' 이라고 해서 마냥 힘들고 어려운 기술이 아니었다. 오히려, 누구나 쉽게 창작하고 의견을 낼 수도 있는, 우리에게 아주 친숙한 기술이었다.

'적정기술' 이란 주로 개발도상국 지역의 문화적, 정치적, 환경적 측면들을 고려하여 삶의 질을 향상하는 기술이다. 빈곤 퇴치 등을 위해 적용되는 기술로 첨단기술과 하위기술의 중간기술이다. 대안기술, 국경 없는 과학기술 등으로 일컬어진다고 한다.

우리는 각자 만들어 온 독서발문으로 '적정기술' 의 활용에 대해서 이야기를 나누어 보았다. 임영규 선생님께서는 한 명씩 적극적으로 질문을 해주시며 학생들의 참여도를 높이셨다. 반강제적인 다른 선생님들과는 차원이 다른 수업방식을 볼 수 있었다.

수업이 끝난 후 집에 와서 다시 한 번 더 책을 정독하여 보았다. 처음 읽었을 때와 달리, 책을 읽으면서도 상황에 관련된 알맞은 적정기술들이 떠오르기 시작했다. 생각의 창문이 열린 느낌이라고나 할까. 인문학 토론 수업을 받으면서 많은 이로운 점을 알고 배우게 되는 것 같다. 이 수업에 참여할 수 있도록 해주신 임영규 선생님께 항상 감사드린다.

독서토론 소감 3

- 중2 김태0 -

　　주말 인문학 독서학교는 단순히 토론만하는 곳이 아니라 학교에서 가르쳐주지 않는 활동들을 하게 되는 토론학교이다. 처음에는 나도 토론지를 쓰고 책을 읽는 것이 힘들었지만 천천히 배워감으로서 더욱더 성장한 나를 발견하곤 한다. 주말, 남들이 쉴 때에 나는 인문학을 공부한다는 생각에 보람을 느낄 때가 있다.

　　독서토론이 정말로 좋은 점은 어휘력과 사고력 모두 기를 수가 있다는 것이다. 그리고 독서학교는 매번 새로운 도서로 토론하기 때문에 질리지도 않는다. 제일 좋은 것은 대치동에서나 있을 법한 특수교육을 우리 원주에서 무료로 받을 수 있다는 것이다. 열심히 하면 더욱 재밌게 수업을 할 수 있기 때문에 좋다. 토요일에 다른 친구들과 만나는 대신에 주말 독서학교에서 친구들을 만나 토론하는 것이 더 즐겁다.

　　이런 독서토론 활동이 더 활성화 되었으면 좋겠다. 그리고 여태까지 가장 흥미롭고 새로웠던 수업은 전에 말한 것과 같이 『소녀, 적정기술을 탐하다』이다. 이번 책 선정은 선생님께서 추천해 주셨는데, 여러 가지로 의미 있는 책이어서 더욱 즐겁게 토론수업을 받을 수 있었다.

2. 옳은 미래를 생각하게 하는 책 『왜 인공지능이 문제일까?』

1) 도서 선정 이야기

이 책은 교육부가 후원한 제17회 대한민국 독서토론대회 단체전 결승전 대상 도서입니다. 대한민국 독서대회는 독서새물결이 교육부의 후원으로 매년 개최하는 대한민국 최고의 독서축제이기도 하지요. 현재 대한민국은 토론 공화국이라고 할 정도로 각종 토론대회가 난무하고 있습니다. 상업적인 목적의 비교육적인 독서대회도 참 많습니다.

독서새물결은 현장 교사 중심의 연구모임답게 이 독서대회를 학교 독서토론 교육의 정착을 위해 기획하였습니다. 그리고 현장 선생님의 전문성을 바탕으로 디자인하여 진행하고 있으며, 교육부의 검증을 받아 행복한 독서토론 축제로 매년 개최하고 있습니다.

특히 기존의 상업적인 토론 방법을 개선하여 토론자가 행복하고 즐거워하는 토론 방법을 제시하여 진행하는 교육적 토론대회가 바로 우리 독서토론대회의 정체성이자 핵심입니다. 그래서 옳은 토론 공화국의 토론 대통령답게 독서토론의 전문성과 리더십으로 우리 독서대회를 운영하고 있습니다.

우리는 매년 사회적 이슈의 교육적 수용과 인문학적 접근을 위해 대회 주제를 설정하여 운영하고 있습니다. 이전에는 '물'을 주제로 토론대회를 개최한 적도 있고, '쌀과 식품', '에너지', '돈', '소비' 등 매년 중요한 사회적 문제를 주제어로 선정하여 운영해 오고 있습니다. 제17회 대한민국 독서대회에서는 '인공지능'을 주제로 진행하였으며, 그 때 대상도서 중 한 권이『왜 인공지능이 문제일까』이었습니다.

『인공지능이 왜 문제일까』 라는 이 책은 일상생활에서 어떻게 인공지능이 이용되는지, 얼마나 적용되고 우리에게 어떤 편리함을 주는지, 청소년들의 눈높이에 맞게 잘 설명한 책입니다. 최근 우리 사회에서 인공지능은 주목받고 있는 주제어입니다. 미래 학자에 의하면 인공지능은 우리에게 편리함을 주기도 하지만 때론 우리를 위협할 수도 있다 합니다.

과연 우리 미래는 어떤 모습으로 변할까요? 아마 우리가 예상 못하는 수준까지 발전되리라 짐작합니다. 이에 우리 청소년들은 우리 사회가 어디까지 발전을 했고, 앞으로 얼마나 발전할 지에 대해 제대로 알아야 합니다. 남의 일인 줄 알았던 이야기가 어느새 우리에게 너무나 익숙해져 버린 스마트폰과 인공 도시, 우주여행, 유전공학, 첨단 의학 등 다양한 모습으로 우리 곁에 펼쳐져 있기 때문입니다. 인공지능이 어떤 모습으로 존재하는 것이 올바를지, 인간과 공존하기 위해서는 어떤 것들이 필요한지, 인공지능이 우리에게 어떤 영향을 미칠 지 등 4차 산업시대에 살아갈 학생들에게 이 책을 읽고 스스로 고민해 볼 수 있었으면 합니다.

이 책을 주말 인문학 독서학교 도서로 선정하여 독서토론을 실시한 적도 있습니다. 우리에게 너무 익숙하고 편리한 인공지능이 우리 일상생활에서 어떻게 사용되는지와 인공지능의 발달이 다 좋은 것만은 아니라는 사실을 알려주고 싶었습니다. 청소년들에게는 인공지능의 발달로 인해 스마트폰이라는 것이 왔지만 스마트폰 중독자가 늘고 있다는 결과도 얻었습니다. 이처럼 인공지능의 발달로 우리의 삶은 행복할 수도, 불행할 수도 있습니다. 이에 주말 인문학 독서학교 도서로 선정해 함께 토론을 하면서 성장하기를 바랐습니다. 인공지능에 대해 먼저 알고 여러 관점에서 토론을 한 아이들이 자신의 미래 진로를 설정하고 준비하는 것도 유익할 것이라 생각합니다.

무엇보다 아이들이 재미있게 토론할 수 있는 도서여서 좋았습니다.

2) 독서토론 이야기

이 책에 언급된 주제어 '인공지능'에 대해 학생들과 함께 다양한 이야기를 나눠 보았습니다. 먼저 자신의 진로가 무엇인지 말하게 하고, 그 진로와 직업의 방향이 미래에는 어떻게 변화할지 이야기해 보았습니다. 그 후 자신의 진로와 직업에서 인공지능은 어떻게 작용하고 어떤 역할을 할 것인지 토론해 보았습니다. 주로 기술과학 계통의 학생들이 많은 이야기를 펼쳐 내었지만 인문사회 계통의 희망 직업군 학생들도 인공지능의 인문학적 소양이 가능한지에 대해 다양한 이야기를 나눌 수 있었습니다.

그 후 '인공지능의 발달은 인간의 삶을 행복하게 한다' 라는 주제로 교차질의식 형태의 독서새물결 독서토론을 해 보았습니다. 아래 내용은 당시 결승전에서 만난 두 학교의 독서토론지(개요서) 내용입니다. 독서새물결 독서토론은 먼저 독서토론지를 심사하여 17개 시도 대표를 선발하고, 선발된 학교를 대상으로 조별 토론리그를 거쳐 결승전을 치루는 월드컵식 방법으로 독서대회를 진행하고 있습니다.

찬성 측 발제 1

로 - 고2 권혁0 -

첫째, 인공지능은 인간보다 정확하고 효율적이다. '한국일보'에 따르면 현대인은 하루에 수많은 선택을 한다고 한다. 또, '게티이미지뱅크'에서는 몸무게의 2%인 두뇌가 섭취에너지의 20%이상을 사용한다 한다. 이는 현대인의 결정, 선택 피로를 잘 보여준다. 미국 스위스모어대학교 사회행동학 교수인 배리 슈워츠는 "너무 많은 선택지는 자유보다 마비를 가져 온다"고 역설했다. 실제로, '인공지능 혁명2030' 29쪽에 의하면 판사들은 오후에 더 자주 가석방 거부를 하고, 배고플 때, 잠들기 전에 충동 구매가 많이 일어난다고 한다, 또 미국 소재 2,000개 기업 직원 100만 명을 대상으로 수행한 퇴직연금 투자에 관한 연구에서는 10개의 투자 방식을 추가로 제안 받을 때마다 선택을 포기하는 직원은 2%씩 늘어났다고 한다. 이에 인공지능 혁명 2030에서는 미래에는 선택의 권리, 자유보다 효율성이 더 중요하다 하면서, 선택으로 뇌의 에너지를 소비하기 보다는 이를 AI가 대신하도록 하면 인간은 더 창의적, 발전적이 될 것이라 한다.

둘째, 인공지능은 경쟁의 대상이 아니다. '인공지능의 미래, 사람이 답이다'에 의하면 하나의 직업 내에서 특정 작업의 일부만이 인공지능으로 대체될 것이라 한다. 즉, 인공지능은 '편리한 도구' 인 것이다. 우리는 제 2차 산업혁명, 정보혁명, 인터넷 혁명이 일어났을 때도 지금과 같은 문제에 당면해 있었다. '인공지능70' 225쪽에 의하면 이러한 혁명이 편리함을 가져다 줬다 한다. 즉, 그 활용법을 찾아야 한다는 것이다. '인공지능70' 227쪽에 의하면 인공지능은 경쟁자가 아니라 파트너라고 한다.

반대 측 발제 1

- 고2 최효0 -

첫째, 인간에게 위협적인 요소가 될 수 있다. '대한민국청소년의회'에서는 아르헨티나에서 열렸던 인공지능 국제포럼에서 인공지능이 테러 및 군사적분야로 악용될 가능성이 높다는 성명서가 발표되었다 하면서 인공지능의 문제를 말한다. 'KBS 뉴스'와 '조선비즈'에 의하면 일론머스크, 스티브워즈니악 등 혁신가들은 인공지능이 악용될 경우 핵무기보다 더 위험하다고 하고 있다. 그리고, 'K벤치'에 의하면 구글이 펜타곤과 군사적 목적의 AI '메이븐' 프로젝트를 진행하였다 하고, '조선비즈'에 의하면 러시아가 인공지능 미사일, 드론, 로봇을 개발 중인 사실이 공개되었다고 한다. **심지어** '문화일보'에서는 우리나라의 국방부, 방위산업청, 국방기술품질원이 '7대 전략기술 트렌드'를 선정, 육성하고 있는데, 이에 AI가 포함되어 있다고 한다. '인공지능70' 44쪽에 의하면 이에 대비하여 아이작 아시모프가 3대 윤리 법칙을 만들었지만 슬로우 뉴스에 의하면 이 원칙이 모순을 드러낸다고 한다.

둘째, 사회적인 혼란을 초래할 수 있다. '과학이슈' 150쪽에 의하면 인공지능으로 인한 일자리 문제를 말하면서 인공지능으로 창출될 직업을 해결책으로 드는데, '대한민국청소년의회'의 기사내용을 참고하면 옥스퍼드대학연구보고서에 인공지능으로 200만개의 일자리가 창출되는 반면, 710만개의 일자리가 감소한다고 한다. 또한 '인공지능70' 36쪽에 의하면 무인자동차의 딜레마, 인공지능처벌을 예로 들면서 인공지능이 책임을 전가할 대상이 불분명하고 법과 제도의 적용범위가 모호하다고 한다. '중학교 천재교육 도덕교과서1' 132쪽을 참고하면 인간은 존엄하다하는데, 인간의 생명을 인공지능에게 떠넘길 수는 없다고 생각한다.

찬성 측 발제 2

- 고2 박지0 -

첫째, 인공지능으로 삶이 더 편리하고 여유가 생길 것이다. 천재교육 도덕① 221쪽에는 '현대인은 과학 기술에 삶의 많은 부분을 의존한다.'라고 나와 있다. 이를 증명이라도 하듯이 우리는 스마트폰이 없으면 많은 불편을 느낀다. 스마트폰이 없으면 할 수 없는 일이 많기 때문이다. 스마트폰은 우리가 할 수 없는 것을 할 수 있게 해주었고 우리의 삶에 여유를 불어넣었다. 스마트폰처럼 인공지능은 벌써 우리 삶 안에 들어와 있다. 대상도서 100쪽 '빅데이터와 인공지능의 예측'부분에 나오는 데이터 마이닝, 협업 필터링 등은 이미 우리의 삶에 들어와 우리가 여가시간을 보내는 데 도움을 보태고 있다. 우린 인공지능으로 인해 더 높은 수준의 문화생활을 하고, 더 높은 수준의 여가시간을 보내어 우리 삶을 더 편리하고 여유가 생기게 바꿔줄 수 있을 것이다.

둘째, 인공지능은 우리가 못하는 일을 할 수 있다. 기술이 아무리 발달했음에도 위험지역에 들어가 사람들을 구조하는 일 등은 아직 어렵다. 이런 위험지역에 인공지능로봇을 투입하여 사람들을 구하면 더 많은 사람들을 구할 수 있을 것이다. 또한 2014년 소방청의 전국 소방관 심리조사 결과에 따르면 우울증을 앓는 비율이 일반인보다 4.5배, 외상 후 스트레스 장애를 겪는 비율은 10배 이상이나 높았다 한다. 인공지능이 인간을 대신해 인간이 들어가지 못하는 위험지역 등에 투입된다면 소방관들의 정신을 조금이나마 보전이 가능할 것이고 인공지능은 인간이 하기 힘든 일을 더 정교하고 완벽하게 해낼 수 있기 때문에 공장 등에 투입된다면 인간이 사흘 동안 할 일을 하루 동안 해 낼 수 있는 등 인공지능은 우리가 못하는 일을 할 수 있다.

반대 측 발제 2

- 고2 안광O -

　첫째, 인공지능의 발달로 우리 인간은 많은 불편을 겪게 된다. 인간이 만든 것엔 언제나 흠이 있기 마련이다. 인공지능도 인간의 발명품이니 예외는 아니다. 그 예로 최근 발생한 우버와 테슬라의 자율주행차 사고 등을 들 수 있다. 관련도서 '왜 인공지능이 문제일까?' 111쪽에는 자율주행차가 사고가 났을 때 법적 책임의 소재를 물으며 해커가 자율주행자동차의 소프트웨어를 해킹 해 차량의 통제권을 빼앗아 극닥적인 세력의 자폭테러에 이용 될 우려도 있다고 말하고 있다. 또한, 인간도 완벽히 해내지 못하는 문제를 소프트웨어인 인공지능이 완벽하게 해내야 한다는 것 자체가 무리일 수 있다고 말하고 있다. 인공지능이 각각의 상황에 대해 학습을 하지 못한다면 인공지능이 상용화 되었을 때 우리는 많은 불편을 겪게 될 것이다.

　둘째, 인공지능이 많은 일자리를 앗아간다. 대상도서 222쪽부터 226쪽을 참고하면 인공지능이 직업의 일부는 대체해도 직업 자체는 급격히 사라지지 않을 것이라 하고 있다. 하지만 이는 결국 인공지능의 관리직만 남고 나머지 직업은 대부분 사라진다는 얘기이다. 또한 옥스퍼드대학은 인공지능의 발달로 약 200만개의 직업이 생기지만 약 700만개의 직업이 사라질 것이라는 연구결과를 내놓았다. 또한 최근 주목받는 자율주행차도 버스기사와 택시기사 등의 생계를 위협한다. 인공지능의 우리의 삶을 편하게 해줄 수는 있지만 인공지능으로 인해 자신의 일자리를 잃는 사람은 삶을 행복하게 느끼지 못할 수도 있다. 인공지능의 발달은 일부의 삶은 행복하게 할지 몰라도 누군가의 삶은 행복하게 하지 못할 것이다.

반대 측 학생들의 반론과 재반론 토론 내용입니다.

반론 1

스마트폰이 우리의 삶을 행복하게 한다 하셨는데, 스마트폰이 생김에 따라 생기는 문제가 있지 않습니까?

재반론 1

하지만 스마트폰으로 인해 생기는 문제중 대표적인 스마트폰 중독은 우리 사회에 큰 영향을 미치는 것도 아니고 많은 사람이 겪고 있는 것이 아니기 때문에 큰 문제가 아니라고 생각합니다.

반론 2

데이터 마이닝과 협업 필터링 등이 이미 우리 삶의 많은 부분을 차지하고 있다고 하셨는데, 그 예를 들어주실 수 있습니까?

재반론 2

데이터 마이닝과 협업 필터링 등은 인터넷 쇼핑몰 등에서 사용자 추천 목록 등에서 이용되고 있습니다.

반론 3

소방관은 여러 돌발 상황이 많은 곳에서 일을 합니다. 인공지능은 미리 짜여진 알고리즘으로 인해 움직이는데, 알고리즘으로 짜여진 상황이 아닌 다른 상황일 때는 어떻게 대처하실 겁니까?

재반론 3

그런 상황에 쓰이는 인공지능에는 전반적으로 짜여진 알고리즘으로 움직이지만 돌발 상황에는 인간이 인공지능을 조종할 수 있도록 만들어진 인공지능을 사용하면 된다고 생각합니다. 또한 관련도서 '왜 인공지능이 문제일까?' 36쪽을 보시면 2015년 다르파 세계 재난로봇 경진대회에서 우승을 한 카이스트의 휴보2가 나와 있습니다.

찬성 측 학생들의 반론과 재반론 토론 내용입니다.

반론 4

하지만 인공지능은 딥러닝을 통해 여러 기사들을 보며 사건사고를 학습할 수 있습니다.

재반론 4

그렇습니다만 그것은 사건사고를 '학습'만 하는 것입니다. 인터넷 기사엔 항상 해결책만 나와 있는 것이 아니고, 나쁜 예와 잘못된 사실도 들어 있기 때문에 인공지능이 인터넷 기사로 학습한다면 많은 사회적 문제가 발생할 것입니다.

반론 5

인공지능이 일자리를 앗아가는 것은 맞지만 지금 우리가 예측하는 일자리의 수 보다 더 많은 일자리가 생겨날 수도 있습니다.

재반론 5

하지만 인공지능은 우리가 어려워하는 것을 쉽고 정교하게 해낼 수 있기 때문에 인간의 일자리가 위협받을 수 있습니다.

반론 6

그렇습니다. 인간의 일자리가 위협받을 수 있습니다. 그런데 제 말씀은 위협받고 사라지는 일자리가 많은 것 이상 우리가 예상치도 못한 새로운 일자리가 생길 수 있습니다. 유튜브 크리에이터 같은 직업군은 우리가 생각지도 못한 직업군이지만 이미 벌써 다양한 직업군으로 우리 사회에 자리매김 하고 있습니다.

재반론 6

그렇습니다만, 그렇게 생겨나는 직업군보다 사라지는 직업군이 많다는 것이 제 주장입니다. 아까 말씀드린 옥스퍼드대학의 연구결과는 인공지능으로 200만 개의 직업이 새로 생겨 나지만 약 700만 개의 직업이 사라진다고 합니다.

3) 토론 후 이야기

    인공지능으로 학교 내 방과후학교 토론수업과 학교 밖 주말 인문학 독서학교 토론수업을 받은 학생의 소감입니다.

독서토론 소감 1

- 중2 용지0 -

    『왜 인공지능이 문제일까』라는 도서로 토론수업을 하면서 큰 어려움은 없었지만 전보다 많은 것들을 생각해볼 수 있었다. 평소에 인공지능에 대해 가지고 있던 생각들을 서로 토론하면서 여러 의견들을 들어볼 수 있었고, 특히 점점 인공지능에 대한 책들이 많이 나타나면서 정말 인공지능 시대가 다가오고 있다는 것을 실감할 수 있었다. 우리 주위에서는 인공지능이 얼마나 발전했는지, 공존하면서 살아가기 위해서 우리는 어떤 것을 배우고 준비해야하는지 등 책에 나온 내용만이 아니라 인공지능에 대해서 많은 생각을 해 볼 수 있는 수업이었다.

    특히 미래 사회는 인공지능의 시대가 된다고 한다. 그런데 우리는 학교에서 미래 사회를 대비하는 교육을 구체적으로 받은 적이 없다. 현재 학교마다 자유학년제를 실시하고 있는데, 이런 과정을 통해 미래 사회를 대비하는 인문학 교육이나 독서교육을 더욱 체계적으로 받았으면 한다.

지난 주에는 주말 인문학 독서학교에서 『소녀, 적정기술을 탐하다』란 책을 읽고 토론해 보았다. 이때 적정기술을 말을 처음 들었다. 선생님께서는 각자의 진로와 미래 선택할 직업 속에서 자신이 실천할 적정기술을 소개하여 발표하도록 이끌어 주셨다. 그때 나는 먼저 나의 진로를 생각해 보았고, 내가 하고 싶은 직업 속에서 어떤 적정기술을 실천할지 생각하는 유익한 시간이 되었다. 난 미래 외교관을 꿈꾸고 있다. 선생님께서는 외교관과 적정기술을 연계해 보도록 말씀해 주셔서 소외된 이웃을 위한 외교관이 되겠다고 다짐해 보았다.

오늘은 『왜 인공지능이 문제일까?』를 읽고 토론해 보았다. 이 역시 미래 진로와 직업 속에서 인공지능이 어떻게 반영되고 활용될 것인가 토론했다. 난 외교관이란 직업 속에 인공지능이 어떻게 접목될 수 있을까 생각해 보았다. 과학 영역이 아니어서 좀 덜 영향이 있지 않을까 하였는데, 다른 친구들과 토론하며 인공지능은 과학뿐만이 아니라 인문사회 등 사회 모든 영역에서 인공지능 시대가 올 것을 깨달을 수 있었다.

그래서 오늘 인공지능 토론을 통해 내 미래 진로인 외교관에서 인공지능을 어떻게 활용할 것인지 고민을 시작하였다. 이렇게 미래 진로와 직업과 연계하여 토론하니 더욱 유익한 독서토론이 되었다.

독서토론 소감 2

- 중3 김병0 -

우리 학교에서는 방과후학교로 인문학 독서토론반을 운영하고 있어 참여하고 있다. 3학년 때 처음 참여하였는데 생각보다 재미있어 열심히 참여하고 있다. 그리고 이 내용을 선생님께서 지도하시는 주말 인문학 독서학교에서 한 번 더 토론할 수 있어 실력이 많이 는 것 같다. 학교마다 토론식으로 수업하면 아이들이 매우 좋아할 것 같다.

하루는 선생님께서 도서관에 붙여 놓은 포스터를 보시고, 전국 독서토론대회에 나가보지 않겠냐고 하셔서 너무 기뻤다. 선배들을 통해 얘기는 들었는데 선생님께서 특별히 말씀을 하지 않으셔서 우리는 못 나가나 생각했었다. 아마 우리 실력을 지켜보신 것 같았다. 그래서 학교 독서토론 방과후학교나 주말 독서학교에 더욱 열심히 참여하게 되었다. 대회 주제가 '인공지능'이었고 대상 도서가 있어서 책부터 읽었다. 그리고 토론지를 작성하고 학교에서 한 번, 학교밖 독사학교에서 한번 이렇게 두 번씩 토론했다. 학교에서는 같은 학교 친구들이어서 편하게 하였지만, 주말 독서학교에서는 다른 학교 친구들과 하게 되니 좀 긴장된 면도 있었다. 그런데 난 도리어 다른 학교 친구들이랑 토론하는 게 더 재미있었다.

선생님께선 자신의 진로와 미래 사회 인공지능의 연결을 생각하고 토론해 보자고 하셨다. 나중에 알았지만 그게 바로 이야기식 독서토론이었다. 우리가 만든 독서발문과 선생님이 준비하는 발문으로 재미있게 이끌어 주셨다.

저는 장래 희망이 건축가이다. 그래서 건축 속에 인공지능을 활용하는 것이 어떻게 가능할지, 이미 어떻게 활용되고 있고, 미래 어떻게 활용될 것인지를 조사하고 발표하고 토론해 보았다. 선생님께서는 "가우디를 뛰어넘을 건축가가 되어라" 하고 격려해 주셔서 기분이 좋았다. 다른 친구들도 각자의 진로 속에서 인공지능의 역할과 한계를 토론하였다. 아이들이 눈빛이 반짝이는 것을 볼 수 있었다.

인공지능으로 전국독서토론대회 수상한 학생의 수상 소감문입니다.

독서토론 소감 3

- 고2 안광0 -

독서대회 준비 과정 : 우선 지역예선을 위해 토론지를 미리 작성하고 결선을 준비했는데 중간에 기말고사가 끼어 있었기 때문에 시험이 끝날 때까지는 대회준비를 할 수가 없었다. 시험이 끝나자 대회까지 약 1주일 정도가 남아있었고 대회준비를 하기에는 조금 부족한 시간이었지만 매일 수업이 끝난 4시 반부터 밤 9시~11시까지 논제를 분석하고 우리의 주장과 주장에 대한 근거를 찾았다. 때로는 밤을 새워 예상반론에 대한 반박을 준비하기도 했다.

독서대회 수상 소감 : 대회를 준비하면서 사실 우승까지 가리라고는 생각도 하지 못했고 작년 성적인 8강만 가도 만족할 생각이었다. 8강을 지나 4강, 결승까지 가면서도 우리 팀이 우리나라에서 가장 토론을 잘하는 고등학생들 중 하나에 있다는 게 실감이 나지 않았다. 특히 결승에서 수많은 사람들 앞에서 나의 의견을 펼쳐 나간다는 사실 자체가 나에게는 굉장히 큰 부담으로 다가왔다. 하지만 그 사실이 동시에 나에게 설렘과 좋은 경험으로 남았다. 운이 좋아 최우수상을 받긴 했지만 만약 그 토론에서 졌어도 나는 만족했을 것 같다. 물론 상이 주는 기쁨도 있었지만 그것과는 상관없이 우리나라에서 가장 논리적인 고등학생들과 같이 어울려 토론할 수 있었다는 사실이 너무 좋았다.

토론 소감 : 토론대회를 하면서 나는 한 번도 "토론을 이겨야지"라고 생각했던 적이 없다. 그냥 이번 토론에서는 어떤 주장이 나올까, 어떤 우리가 생각하지 못했던 반론이 들어올까 하는 설렘과 기대감으로 토론에 임했다. 사실 그 생각이 우승까지 가는 좋은 원동력이 되었다. 토론은 상대의 주장을 꺾고 무너뜨리기 위함이 아닌 상대의 의견을 듣고 받아들일 부분은 받아들이고 이상한 부분은 반론하며 함께 더 좋은 의견을 찾아가는 것, 이것이 내가 이번 대회에서 느낀 가장 큰 교훈이다.

제4장

예술 · 진로 영역!
인간인가? 자연인가?

1. 그림을 보고도 토론이 가능한 책 『우리 그림이 들려주는 사람 이야기』

1) 도서 선정 이야기

이 책은 2012년 원주 한 도시 한 책읽기 운동 선정도서로 처음 만났습니다. 이 책에는 40편의 옛 그림 속 인물에 대한 설명이 들어 있으며, 그림의 주제, 제재와 관련된 재미있고 유익한 이야기로 구성되어 있어, 선조들의 생활 현장 속에 함께 있는 듯한 생생함을 느낄 수 있는 책입니다. 그림을 통해 당시 사회를 이해하고, 문화를 읽고, 사람들을 만날 수 있는 매우 흥미로운 책이기도 합니다. 이 책에는 우리 선조들의 교육, 사회, 문화, 가정, 인간관계, 지혜 등과 정치 이야기가 다양하게 소개되어 있습니다.

'이 잡는 노승'처럼 이 책에 나와 있는 40편의 이야기는 시대 상황과 지혜와 교훈을 담고 있습니다. 생각보다 훨씬 재미있게 읽을 수 있어 좋았습니다. 지루하지도 않습니다. 그림을 통해 인간 삶의 모습을 전해 주는 이 책도 한번쯤 읽어 보시기 바랍니다. 토론할 내용이 무궁무진합니다.

우리는 언젠가부터 우리 문화를 폄하하거나 부끄러워하는 모습을 종종 봅니다. 물론 부족한 것이 있겠지만 우리 조상이 남긴 아름다운 문화와 전통은 계승해나가는 것도 필요합니다. 그리고 그런 소중한 문화유산들을 다음 세대에게 물려줄 의무도 있지요.

아무래도 우리는 서양화에 좀 더 익숙해져 있지요. 그림 그리는 방법 등이 대부분 서양에서 전해진 이유 때문이기도 합니다. 교과서도 서양 그림 일색이어서 그렇기도 하고요. 이 책을 통해 잊힌 우리 그림에 대해 한 번 더 생각해 보고 우리 그림에 대해 관심을 갖게 되었으면 합니다.

바로 이러한 취지로 원주 한 도시 한 책읽기 운동 본부에서는 이 책을 선정하여 도시 독서문화 운동을 펼쳤습니다. 원주시민들은 한 도시 한 책읽기 운동의 취지를 살려 온 가족이 함께 읽을 수 있는 『우리 그림이 들려주는 사람 이야기』를 한 해 동안 열심히 읽고 토론하는 인문학 도시로 거듭났지요.

당시 도서선정위원장이었던 필자는 모든 시민이 함께 대상도서를 선정한다는 의미에서 시민들로부터 추천도서를 받는 등 각 기관 단체의 추천을 받아 선정 작업을 시작했습니다. 이러한 과정을 거쳐, 원주시가 혁신도시와 기업도시, 평창동계올림픽 등으로 큰 변화에 직면한 만큼 온고지신의 지혜로 새로운 도약을 꿈 꿀 수 있도록 좀 특별한 책을 시민 앞에 내 놓았으며, 시민들로부터 좋은 평가를 받은 도서이기도 하였습니다. 특히 '그림'이 이야기의 주제가 되는 책이 선정된 것은 이번이 처음이어서, 많은 시민들의 눈길을 끌었습니다.

2004년 출발한 원주 한 도시 한 책 읽기 운동은 우리나라에서 시민 주도로 진행되고 있는 가장 오래된 독서문화 운동으로, 장일순 선생의 일화를 엮은 『좁쌀 한 알』을 시작으로 매년 한 권의 책을 선정하고 있습니다. 매년마다 선정하는 도서가 원주 시민과 대한민국 국민에게 유익한 독서경험을 전해주고 있습니다. 우리 학생들과도 그 해의 선정 도서를 함께 읽고 토론하는 즐거움에 감사하며 지내고 있습니다.

『우리 그림이 들려주는 사람 이야기』 이 책을 읽고, 그림을 통해 아름다운 사람에 대해 맘껏 이야기해 볼 수 있기를 바랍니다. 그래서 이 책을 독서토론 도서로 모든 분들께 추천합니다.

2) 독서토론 이야기

　아래 내용은 주말 인문학 독서학교 100회를 맞아 아이들과 함께 그림과 사람 이야기로 맘껏 이야기를 나눠 본 이야기식 독서토론 내용입니다. 당시 지역방송 YBN에서 촬영하여 소개한 내용이었으며, 여기에 그 방송 독서토론 내용을 요약하여 지상 중계해 드립니다.

❖ 원주 인문학 독서학교(독서영재아카데미) 100회 기념 독서토론회

> ## 우리 그림이 들려주는 사람 이야기
> - 박영대 / 현암사 -

그동안 학교 생활이나 가정이나 사회생활을 해 오면서 '그림'을 본 적이 있지요? 지금 가장 기억에 남는, 떠오르는 그림 한 편씩 소개해 볼까요?

임유O(중3): 자신을 그릴 때 보통 자신이 가장 아름답고 멋질 때를 그리는데, 고흐는 귀를 자르고 우울하고 비참할 때 자신을 그림으로써, 외면적 가치보다 내면적 가치에 집중하는 모습에 감동을 받았습니다.

최재O(중3): 저는 〈뭉크의 절규〉라는 그림이 가장 기억에 남습니다. 뭉크의 절규라는 그림은 보았을 때 대충 그린 듯한 느낌도 들지만, 형태 왜곡이나 색채들이 인간의 내면 세계를 표현하기 위해 섬세하게 표현된 것이기 때문에 저는 그 그림이 가장 기억에 남습니다.

추현O(중1): 네 저는 〈모나리자〉라는 그림이 가장 생각납니다. 왜냐하면 초등학교 때 눈썹 숱이 별로 없어서 별명이 모나리자이었는데. 제 초등학교 별명을 되새기면서 모나리자에 대해서 동질감을 느꼈습니다.

1) 김홍도의 그림 중에서 가장 기억에 남는 작품은 무엇인가요? 그 이유도 발표해 보세요.

최재0(중3): 저는 김홍도 그림 중 대상 도서 44페이지에 〈논갈이〉가 가장 기억에 남았습니다. 왜냐하면 논갈이는 옛날 농경중심의 생활상을 잘 표현된 그림일 뿐만 아니라 풍속화가로서 서민들의 즐거운 표정을 잘 표현했기 때문에 가장 기억에 남습니다.

추현0(중1): 저는 88페이지에 나와 있는 김홍도의 〈마상청앵〉이라는 그림이 가장 인상 깊었습니다. 왜냐하면 그 안에는 고구려 2대왕 유리왕이 지은 황조가라는 시가 한 편 나와 있는데요, 황조가와 〈마상청앵〉에 나와 있는 그림이 잘 접목된다면 〈마상청앵〉이라는 그림에서 굉장히 생동감 넘치는 느낌을 받을 수 있기 때문이었습니다.

2-1) 신윤복의 그림 〈처네 쓴 여인〉, 〈저잣길〉, 〈거문고 줄 고르기〉 등의 작품에 등장하는 인물에 대해 이야기해 보세요.

이한0(중2): 보통 김홍도의 그림은 직접적으로 얼굴의 상태를 표현해 주셔서 우리가 그림만으로 보고 대충 알 수 있는데, 신윤복은 〈처네 쓴 여인〉 경우처럼 처네를 씀으로써 그 얼굴을 보지 못합니다. 그래서 이런 감상자의 상상력을 풍부하게 해주는 그런 힘이 있다고 생각합니다.

유보0(고1): 신윤복의 그림은 부드러운 선과 다채로운 색으로 낭만적인 분위기를 연출하는 효과가 있는데요. 김홍도의 그림은 인물의 얼굴이나 옷차림 등에 중점을 둔 반면에, 신윤복은 그 배경을 중심으로 배경을 채우는 방식으로 그림을 그려 분위기를 잘 표현했다고 생각합니다.

2-2) 신윤복의 그림을 김홍도의 그림과 비교해 본다면 어떤 차이점이 있을까요?

임유0(중3): 신윤복과 김홍도는 둘 다 조선시대 때 풍속 화가인데, 신윤복은 주로 여자를 그렸고 김홍도는 주로 남자를 그렸습니다. 김홍도는 사회 활동이 많은 남자를 그림으로써 조선시대의 일반적인 바깥 모습을 그렸다면, 신윤복은 여자의 미묘한 감정이나 보이지 않는 생활상을 그림으로써 상상을 자극했다고 생각합니다.

2-3) 여러분은 신윤복과 김홍도의 그림 중 누구의 그림이 더 좋은가요? 이유를 들어 발표해 보세요.

최은0(중2): 저는 개인적으로 신윤복의 그림을 더 선호하는 편인데요, 신윤복의 그림은 여백의 미가 잘 나타나 있어, 마음껏 상상할 수 있어 좋아합니다.

함영0(고1): 저는 김홍도의 그림이 더 좋았습니다, 왜냐하면 김홍도의 그림은 우리 조선시대 생활상을 나타내면서 그것이 역사와도 관련이 있는 중요한 참고자료가 되기 때문입니다. 반면에 신윤복의 그림은 여성적인 어조와 섬세한 미를 잘 표현했으나 저는 김홍도의 그림이 역사와의 더 관련 깊기 때문에 더 좋아합니다.

김태0(중1): 저도 신윤복 화가가 더 마음에 듭니다. 왜냐하면 아까 최은영 토론자가 말한 것처럼 배경을 그리지 않고 남겨둔 것에서 여백의 미를 찾을 수 있고, 여백의 미에서 독자들의 상상력을 자극시킬 수 있기 때문입니다. 그리고 인물의 얼굴을 그냥 자세하게 표현하지 않고 간결하게 표현함으로써, 그 표정에 나타나 있는 인물의 감정을 유추할 수 있게 함으로 저는 신윤복 작가 그림이 더 마음에 듭니다.

3-1) 〈미인도〉라는 그림에 나오는 조선 시대의 미인은 어떤 모습인지 말해 볼까요?

유보O(고1): 보통 조선시대의 미인은 지금과 굉장히 다르다고 하는데요. 지금과 마찬가지로 흰 피부와 까만 눈썹과 빨간 입술은 같지만, 지금과는 달리 조금 얇고 찢어진 눈이 미인의 기준이 되었다고 합니다. 그리고 지금은 이상할 정도로 마른 여자들을 선호하지만, 이 선호가 되고 있는데요. 조선시대에는 살기가 어려운 시대상을 반영해서인지 좀 통통하고 하얗고 둥글둥글한 여성상이 미인이었다고 합니다.

3-2) 조선시대의 미인과 달리 오늘날의 미인은 어떤 모습인지 발표해 보세요.

임유O(중3): 저는 마음이 착한 여자가 미인이라고 생각합니다.

계서0(중1): 요즘 여자들이 성형수술을 많이 하고 있는데 저는 왜 성형수술을 하는지 잘 모르겠습니다. 여자들이 예쁘게 보이기 위해서 성형수술을 한다고 하는데 여자들이 왜 예쁘게 보여야 하는지에 대해서도 좀 생각해 필요가 있다고 생각합니다. 여자들의 외모가 상품화 되는 것 같은 그런 시대상에서 외모보다는 내면의 아름다움을 가꾸는 것이 지금의 여자들이 해야 하는 일이 아닌가 생각합니다.

유보0(고1): 저는 성형수술에 대해서 찬성하는 입장입니다. 이 시대만이 그렇게 외모지상주의가 있는 것처럼 말씀하시는데 사실 인간이 미를 추구한다는 것은 오래된 인간의 본능이라고도 할 수 있습니다. 빌렌도르프의 비너스 상을 보신 적이 있을 텐데요. 옛날부터 인간은 특정한 미모 상을 이상향으로 정한 것을 알 수 있습니다. 박씨 부인이 외모가 굉장히 못생겼을 때는 박해를 받다가 예뻐졌을 때는 다시 환영을 받았다는 고전작품도 있습니다. 이것을 보면 성형수술이 꼭 외모지상주의를 주도한다고는 할 수 없습니다. 또 성형수술을 찬성하는 이유는 성형수술을 함으로써 자신감을 찾고 있는 사람들이 늘고 있기 때문입니다, 자신의 특정한 외모 때문에 자신감을 찾지 못하는 사람들이 성형수술을 함으로써 자신감을 찾는다면 이것은 얼굴이 예뻐지는 것 이상의 더 큰 가치를 가지고 있다고 생각합니다.

임유O(중3): 저는 성형수술을 반대합니다. 성형수술은 본래 목적이 의학적인 용도로 사용되는 수술이기 때문에 살아가는 데 지장을 주는, 장애를 고치는 수술은 필요합니다. 양악수술을 예로 들어 보겠습니다. 원래 양악수술은 턱을 깎아서 그 턱의 문제가 있는 사람을 교정하는 수술인데 요즘 예뻐지기 위해서 양악수술을 많이 하다가 과다출혈로 사망하는 사람도 있었다고 합니다. 그래서 무리한 수술로 건강을 위협하는 이런 성형수술은 옳지 않다고 생각합니다.

유보O(고1): 물론, 성형수술이 큰 문제를 일으키는 경우도 있습니다. 그러나 저는 예뻐지기 위해 성형수술을 할 수도 있다고 생각합니다. 예를 들어서 제 친구들 중에서도 쌍꺼풀 수술을 한 사람들이 많습니다. 작은 성형수술로 더 큰 가치를 찾는다면 그게 더 좋은 쪽이라고 생각합니다.

이한O(중2): 저는 성형수술에 대해서 찬성하는 입장인데, 일단 성형수술은 그들의 자유라고 생각합니다. 본인이 원한다면 그들의 얼굴이나 몸을 고칠 수 있는 것이고, 성형을 함으로써 그들이 만족을 취할 수 있다면 그것은 옳은 것이라고 생각합니다. 최근 중국 사람들이 우리나라에서 성형수술을 많이 한다고 하는데, 중국 사람들의 성형수술로 우리나라는 더욱 더 경제적 이익을 취할 수 있습니다. 그래서 저는 성형수술을 찬성하는 입장입니다.

◆ 3단계 대상도서 관련 인간 삶과 사회 관련 발문

1) 〈달마도〉처럼 아주 빠른 순간에 몇 가닥 선으로 그린 그림의 작품 가치에 대해서 어떻게 생각하나요?

정세O(중2): 그림을 그리기 위해 많은 시간을 소모하는 다른 사람들과 달리 〈달마도〉를 그린 '김명국'이라는 화가는 〈달마도〉를 그릴 때 바르게 그린 듯합니다. 『좁쌀 한 알』의 장일순 선생님이 말씀하시길 예쁜 글씨는 모양이나 겉모습이 아름다운 것이 아니라 그 안에 들어있는 내면적인 가치를 보라고 하셨습니다. 그래서 저는 인물의 속마음을 읽을 수 있고 내면적 가치가 잘 들어나 있는 〈달마도〉 같은 그림이 매우 가치가 있다고 생각합니다.

추현O(중1): 네 저도 정세훈 토론자의 입장을 지지하는데요, 짧은 시간이 걸리더라도 내면적인 아름다움이나 자신의 성의가 잘 드러난다면 굉장히 좋은 그림이라고 생각합니다. 예를 들어서 자신이 공부를 3시간을 하는데 대부분 딴 짓만 한다면 자신이 이뤄낸 것은 별로 없을 테고, 30분을 공부한 사람이 30분을 집중해서 공부를 한다면 자신이 얻어내는 것이 많을 것입니다. 이처럼 시간은 자신이 얻는 이득이나 내면적인 아름다움과는 별개라고 생각합니다.

함영O(고1): 저도 달마도에 대한 의견은 추현호 토론자에 대해서 찬성합니다. 왜냐하면 꼭 시간과 정성을 들인다고 해서 그게 가장 가치있고 좋은 그림은 아닙니다. 마치 서양의 크로키 같이 빠른 시간 안에 짧게 강렬하게 그 사람의 특징만을 잘 나타낼 수 있어도 그것은 좋은 그림이라고 생각합니다.

최재O(중3): 그림을 섬세하게 표현한다는 것은 작가가 노력해서 열심히 그
린다는 뜻과 비슷하다고 볼 수 있는데요. 그렇게 그린 그림에
서는 작가가 뭘 전하려고 하는지 살펴 볼 수 있지만 빨리 그
린 그림은 아무리 살펴봐도 작가가 뭘 전달하려는지 알 수 없
어서, 저는 섬세하게 그린 게 좋다고 생각합니다.

2) 명품 복제품의 유통에 대한 의견은 어떻게 생각하나요?

임유O(중3): 저는 미술 복제품을 만드는 것에 대해 찬성합니다. 왜냐하면
미술 복제품을 만들면 작품을 사람들에게 알리는데 도움을 주
어 오히려 진품의 가치가 상승 할 수 있기 때문입니다. 또한
미술 복제품을 만듦으로써 사람들에게 미술작품을 감상할 수
있는 기회를 더 많이 줄 수 있어서 사람들의 문화적 수준을
높일 수 있다고 생각합니다.
최은O(중2): 저는 반대합니다. 그림을 보는 사람의 의견으로만 보자면 진
품의 가치가 상승 할 수 있고 그래서 또 다른, 자신이 볼 수
없었던 그림을 복제품으로 통해서 볼 수 있다는 면에서는 좋
은 면도 있습니다. 그러나 화가 입장에서 보면 먼저 순수 미
술 창작인의 의욕이 낮아 질 수 있고 미술인들의 수가 점점
줄어들어 순수 미술을 보기가 힘들어 질 것이기 때문입니다.

유보O(고1): 저는 임유O 토론자의 의견에 찬성하는데요. 왜냐하면 저희가 복제품이라는 것만 봤을 때는 짝퉁이라는 걸 알 수 있기 때문입니다. 예를 들어서 구찌나 루이비통 같은 작품을 복제품으로 만들어서 짝퉁으로 들고 다니는 사람이 굉장히 많은데요. 이런 짝퉁이라는 게 만들어 짐으로써 루이비통의 가격이 떨어지거나 구찌나 프라다의 가격이 떨어지는 경우는 잘 볼 수 없습니다. 또한 짝퉁이 만들어 짐으로써 그 진품을 가지고 다니는 사람이 줄었다고도 말할 수 없습니다. 오히려 그 짝퉁으로써 대비되는 진품의 가치가 더 높아지는 경우를 볼 수 있습니다.

이한O(중2): 저는 최은O 토론자의 의견을 지지합니다. 일단 복제품을 만듦으로써 창작자나 저작자의 욕구를 낮추게 됩니다. 현재 인터넷의 무료 다운로드 같은 문제가 많은 논란을 일으키고 있는데요, 이것은 저작자 즉 창작자의 권리를 보호하기 위해 하는 행동입니다. 또 복제를 함으로써 그들의 이익률을 낮출 수 있습니다. 그렇기 때문에 저는 복제품 유통에 반대합니다.

추현O(중1): 저도 반대측 입장을 지지합니다. 미술 복제품을 많이 늘린다면 여러 가지 문제가 생길 것 같습니다. 예를 들어 유명한 미술 작품의 복제품을 서로 합성한다든가 혹은 미술복제품을 불법으로 복제하는 등의 문제가 많이 생길 것 같아서 미술 복제품을 많이 만드는 것을 반대합니다.

최재O(중3): 미술품이 진품으로 존재할 때 그 가치가 높을지는 모르지만, 미술품이 있는 지역에서만 한정되어 있고 많은 사람들이 그 가치를 느낄 수 없다는 단점이 있습니다. 또 그 지역에 한정되어 있기 때문에 많은 사람들이 미술품을 볼 수가 없습니다. 차라리 미술품을 복제해서 전국적으로, 세계적으로 널리 알리는 것이 그 미술에 대한 가치를 알리고 더 많은 사람들이 알게하는 방법이 아닐까 생각합니다.

유보O(고1): 저작권을 침해한다는 기준이 굉장히 애매하다는 문제가 있는데요. 예를 들어서, 〈모나리자〉라는 그림의 사진을 찍는 것이 저작권을 침해하는 행동인지, 아니면 그런 사진들도 저작권을 침해하는 행동인지 확실히 규정을 해주셨으면 좋겠습니다.

최재0(중3): 저는 고가의 경매에 대해서 찬성하는 편입니다. 왜냐하면 그 뭉크의 절규라는 그림을 지금 사람들이 표현하려고 하면 그 옛날 작가가 그리려고 했던 의도를 자세히 알 수 없고, 표현도 제대로 잘 할 수 없기 때문에 미술품이 그 정도 가치가 있다고 생각합니다.

유보0(고1): 저도 미술품이 그만한 가치를 가지고 그만한 가격을 매길 수 있다고 생각됩니다. 예를 들어서 이 책을 100원에 판다고 생각을 해봅시다. 제가 이 책을 100원에 팔아서 누군가 이 책을 100원에 산다면 이 책은 100원의 가치밖에 없는 것인데, 제가 이 책을 1억 원에 팔고 그 사람이 1억 원에 산다면 이것은 1억 원의 가치가 있습니다. 100원에 산 물건과 1억 원에 산 물건, 둘 중 어떤 것을 가치 있게 생각하고 더 잘 보존하시겠습니다. 분명히 모든 사람들이 1억원에 산 이 책을 더 가치 있고 더 잘 보존할 것이라고 생각합니다. 뭉크의 〈절규〉라는 그림은 아까 최재0 토론자께서 말씀하신 것처럼 많은 내면적인 사실 묘사를 통해서 높은 가치를 지니고 있습니다, 그런 가치를 지닌 미술작품을 저가에 판매한다는 것 자체가 미술작품의 고유 가치를 떨어트리는 것이라고 생각할 수 있겠습니다.

정세O(중2): 그림은 사고파는 상업을 위한 수단이 아닌 그림 자체, 그림 고유가 가지고 있는 가치가 있습니다. 그것이 만일 사고 파는 수단이 된다면 그 그림의 고유의 가치를 잃어버리고 그 다른 의미로 변질되지 않나 저는 생각합니다.

추현O(중1): 그림이라는 것은 예술작품이기 때문에 예술작품 그 자체의 가치가 있다고 볼 수 있습니다, 하지만 예술작품의 가치를 그런 돈으로 계산한다면 뭉크가 그린 〈절규〉의 최고가를 훨씬 뛰어 넘는 가치가 될 수도 있습니다. 이를 보면 예술작품을 돈으로 가치를 매긴다는 것은 조금 모순이 있다고 생각합니다.

3) 토론 후 이야기

『우리 그림이 들려주는 사람 이야기』로 2018년 12월에 졸업하는 중학교 3학년 대상으로 취약시기 특별수업을 한 적이 있었습니다. 아시는 분들도 계시겠습니다만 중고등학교는 수능과 기말고사 이후 학교는 거의 무방비상태가 됩니다. 평가가 다 끝났다고 교육이 끝난 것은 아닌데, 학교마다 교실마다 이 취약시기 고민이 큽니다. 참, 이 취약시기가 자기계발시기로 순화되어 쓰이고 있습니다. 어떤 학교는 매일 영화만 보여 주어, 1교시 영화, 2교시 영화, 3교시 영화 ……. 이게 무슨 학교입니까?

그래서 저는 이런 취약시기, 자기계발시기를 진로독서 활동을 강화하는 시간으로 활용합니다. 아이들에게 자신의 진로관련 도서를 맘껏 읽으라고 권합니다. 그리고 읽은 후 희망하는 학생들과 함께 진로독서 토론을 합니다. 아이들이 처음에는 낯설어 합니다. 다른 선생님은 다 영화를 보여 주시는 데 선생님은 영화 한 편 안 보여 주느냐 항의도 많이 받았지요.

나중에 어떤 아이들은 저를 더 좋아하게 되기도 합니다. 적어도 국어 시간에는 영화를 안 본다는 것이 아이들 일부는 더 좋았던 모양입니다. 국어 시간에 도서관에서 맘껏 책을 읽고 토론하는 것이 즐거운 학생들도 있었지요. 그 학생들과 취약시기 특별수업을 전개한 후 소감을 들어 보았습니다.

읽기 쉽고, 재미있는 도서를 몇 권 엄선하여 제시하였지요. 오늘 소개할 『우리 그림이 들려주는 사람 이야기』도 우리 아이들이 매우 좋아한 책이어서 소개합니다.

독서토론 소감 1

- 중3 곽지O -

『우리 그림이 들려주는 사람이야기』를 이번에 두 번째 읽어보았습니다. 약 5년 만에 이 책을 다시 읽었는데 굉장히 새로웠습니다. 처음 읽었을 때는 혼자 읽어서 재미가 없었지만 이번에는 읽은 내용에 대해서 친구들과 공유했기 때문인 것 같습니다. 노승과 비둘기의 생명의 무게가 같다는 신선한 비유가 인상 깊었습니다.

이번에 새롭게 알게 된 사실로는 '미인도'의 작가가 신윤복이 아니었다는 것입니다. 신윤복이 인물화에 뛰어났던 화가여서 그런지 잘못 알고 있었습니다. 다시 읽어보니 처음 읽을 때는 들어오지 않았던 것이 들어와 좋은 시간이었던 것 같습니다. 이 책을 읽으며 우리나라 미술에 대해서 다시 생각해 보게 되었습니다. 서양의 유화만큼 사실적이진 않지만 우리 그림만이 느끼게 해주는 정취를 느낄 수 있습니다.

독서토론 소감 2

- 중3 조정O -

『우리 그림이 들려주는 사람이야기』를 읽으면서 우리나라 옛 화가들의 많은 그림들을 보고 함께 그림에 대하여 토론하고 질문, 대답해보니 그림을 더욱 잘 이해하게 되었고 더 섬세하게 보게 되어서 더욱 재미있었습니다. 또한 내가 몰랐던 다른 그림들도 많이 알게 되었고, 책에 실린 그림들의 내용이 모두 흥미로웠습니다.

모든 그림 중에서 가장 인상 깊었던 것은 담배 썰기(김홍도)였는데 그 이유는 그림을 보는 것만으로도 담배 써는 소리가 들리고 칼질하는 모습도 보이듯이 느껴졌기 때문이었습니다.

처음 책을 읽기 전에 제목을 훑어보고 나는 별로 재미없을 것이라고 생각했습니다. 그러나 책을 읽어가면서 누리 그림의 매력에 흠뻑 빠지게 되었습니다. 집중하며 읽다보니 시간이 많이 지나가 버려서 뒤를 빨리 훑어 읽었지만, 그림 속에 담겨있는 내용을 글로 표현하여 읽는 것은 매우 흥미롭고 재미있었습니다.

이 책을 게임만 하는 친구에게 추천하고 싶습니다. 이 책을 읽으면 우리 그림에 대해서 더욱 잘 알 수 있고 그림을 보며 글을 읽는 것도 매우 재미있기 때문입니다. 책을 읽으면서 그림들을 꼼꼼히 보다보면 그 시대에 서민들을 어떤 놀이를 즐겼는지, 어떤 일을 하였는지 생각해 볼 수 있습니다. 또한 어떤 화가들이 오늘날 유명한 그림을 그렸는지 알아볼 수 있으며 그 화가들이 그렸던 다른 그림들도 많이 실려 있어서 매우 좋았습니다.

독서토론 소감 3

- 중3 방정0 -

먼저 이 책 그림 〈씨름〉에 있는 사람 손이 잘못 그려진 것이 충격적이었다. 이 그림에서 이런 점을 발견해서 굉장히 재미있었고 유익하였다. 책에는 다양한 그림이 설명되어 있는데 몰랐던 사실을 알게 되어서 정말 재미있었고, 신기하다는 생각이 들었다. 〈미인도〉라는 그림을 보고도 많은 이야기를 나누었다. 미의 기준이라서 가발을 썼는지 아니면 다른 이유가 있는지 궁금해진 점도 있다. 〈미인도〉나 〈서당〉, 〈기와이기〉 등 유명 그림을 그저 보기만 하다가 그림 설명을 보니 새로운 생각이 들기도 하였고, 다양한 점을 느꼈다. 그리고 모르던 그림들을 보니 어떤 작품들은 기억이 생생하게 날 정도로 잘 그리고 인상 깊던 그림이 여러 개 있었는데 알려져 있지 않아서 아쉬웠다.

『우리 그림이 들려주는 사람이야기』는 평소에 그림을 잘 그리고 좋아하는 3학년 2반의 김현0과 김현0에게 추천하고 싶다. 이 책은 과거 삼국시대부터 조선시대까지 다양하고, 긴 시간 동안의 그림을 알려주는데 그저 아무 생각 없이 보던 그림들, 특히 현대 그림과 달라서 흥미도 없고 관심도 없었기에 이 책을 읽으면서 미적 감각과 안목이 더 넓어지고 확대되기를 바란다. 책에 있는 내용은 그림을 보여주면서 그림에 나타나 있는 특징들을 상세하게 설명하고 있어서 그림을 처음에 봤던 시각과는 다른 시각으로 볼 수 있었다. 그리고 당시 그림이 그려진 지역이나 시대적인 설명도 함께 있어서 그림이 당시의 상황을 얼마나 담고 있는지, 당시의 상황이 그림에 얼마만큼의 영향을 주는지 배울 수 있는 기회가 되기로 했다. 그래도 가장 좋은 점은 모르던 그림을 보고 배울 수 있다는 것이다.

2. 진로 토론이 가능한 책 『행복한 청소부』

1) 도서 선정 이야기

100명의 아이들을 한 방향으로 뛰게 하면 1등은 한 명밖에 나오지 않지만, 100명의 아이들을 자신이 뛰고 싶은 방향으로 뛰게 하면 모두가 1등이 될 수 있습니다. 자신의 고유한 특성을 책 속에서 탐색하고, 자신의 고유한 영역을 향해 힘껏 뛰어갈 수 있도록 힘이 되어 주는 것이 행복한 우리의 미래를 위한 진로독서입니다.

『행복한 청소부』는 너무나 많이 알려 진 책이어서 추천도서의 이야기를 남기지 않아도 될 듯합니다. 그래서 저희 법인 〈독서새물결〉에서 개발한 진로독서 연구출판 시리즈인 『진로독서 가이드북』, 『진로독서 워크북』에 이어 마지막 단계인 진로독서 단행본 시리즈 『꿈꾸는 미래 진로독서』에 제시한 머리말 일부를 소개합니다.

책과 함께 시작하는 새로운 비상

책 속에 있는 길을 찾아서

청소년 독자들에게 있어서 진로관련 독서활동은 긍정적 자아정체감을 형성시켜 줍니다. 그리고 책 속 다양한 삶의 경험들을 통해 적극적인 진로 탐색이 가능하도록 도움을 줍니다.

구글 선정 세계 최고의 미래학자이며 미래학 싱크탱크 다빈치 연구소장인 토마스 프레이는 2030년까지 20억 개의 일자리가 사라지고, 더 이상 예측할 수 없는 미래가 온다고 말합니다. 이러한 미래 사회의 변화에 학생들이 능동적으로 대응하기 위한 진로교육이 필요합니다.

진로독서는 자기성찰, 직업세계의 이해, 진로탐색, 자기주도적 진로디자인 및 직업 준비 등에 직·간접적으로 많은 도움을 줍니다.

진로와 독서의 만남

교육부는 진로교육의 최종목표를 '학생 자신의 진로를 창의적으로 개발하고 지속적으로 발전시켜 성숙한 민주시민으로서 행복한 삶을 살아갈 수 있는 역량개발'이라고 제시하고 있습니다.

진로독서 교육은 진로교육을 이행하기 위한 자기이해, 직업세계의 이해, 진로정보의 탐색, 진로 준비 및 계획 등을 위한 내용으로 구성된 독서자료의 선정이 중요합니다. 따라서 진로독서 교육은 진로교육의 지도 내용을 담고 있는 도서를 통해 진로교육의 목적을 달성하기 위한 진로와 독서와의 만남이라고 할 수 있습니다.

― 임영규 외, 『꿈꾸는 미래 진로독서』 시리즈 머리말에서 ―

미래 사회는 진로독서가 매주 중요해지고 있습니다. 그래서 우리 자녀들이 살아갈 20~30년 후의 미래 사회에 능동적으로 대처하기 위해 필요한 도서를 선정하여 함께 읽고 토론해 보는 것이 매우 중요하게 되었지요. 청소년기의 자아탐색, 직업탐색, 진로설계를 대상 도서와 연계하여 진로독서 활동을 하다보면 실제적인 진로교육을 실시할 수 있으며, 연간 지속 가능한 독서교육 프로그램으로 운영할 수 있습니다.

『꿈꾸는 미래 진로독서』는 바로 이런 생각으로 세상에 나오게 되었습니다. 개정 교육과정의 핵심역량을 발문 유형으로 제시하여 창의융합 교육이 가능하며, 진로독서 교육이 실제적으로 교육현장에서 가능하도록 기획하여 출판하였지요. 『행복한 청소부』를 함께 읽으며 우리 다음 세대 아이들에게 어떻게 진로독서 교육을 연간 지속 가능하게 지도할 수 있을까에 대한 연구 결실이기도 합니다. 『행복한 청소부』를 읽으며 우리도 행복했으며 우리 아이들도 행복해 하였습니다. 이 책을 읽고 미래 행복한 진로에 대해 이야기를 풍성하게 할 수 있어, 이 책은 학생들의 진로독서 활동에 매우 중요합니다.

『행복한 청소부』는 바로 진로독서의 대표 도서입니다. 이 책에는 아이들의 꿈과 진로가 담겨 있습니다. 아이들의 미래 삶의 이야기가 담겨 있습니다. 세상이 좋아하는 직업을 택할 것인가, 내가 하고 싶은 일로 직업을 택할 것인가에 대한 대답을 일러 줍니다. 내가 잘하는 것을 미래 진로로 정해야 하는지, 내가 하고 싶은 것을 미래 진로로 정해야 할까요?

2) 독서토론 이야기

이 책은 독일에 유명한 작가와 음악가들의 거리 표지판을 닦는 청소부 아저씨에 대한 이야기입니다. 아저씨는 매일 아침 7시면 집을 나서 청소국에 도착합니다. 아저씨는 자기 직업을 사랑하고, 자기가 맡은 거리와 표지판들을 사랑했습니다. 다른 청소부들도 진심으로 아저씨가 '최고'라는 걸 인정했습니다.

어느 날 한 엄마와 아이가 파란색 사다리 옆에 멈추어 서서 이야기 하는 것을 듣게 됩니다. 아저씨는 아이처럼 자신도 매일 청소하던 거리에 대해 알고 있는 것이 없다는 것을 느끼게 됩니다. 그날 이후 음악가와 작가에 대해서 공부를 시작했습니다. 작가들의 모든 작품을 알게 되었을 때, 아저씨는 일을 하면서 특별히 마음에 든 구절들을 혼자 읊조리거나, 노래를 부르며 청소를 했습니다. 그러자 사람들은 아저씨 주변에 몰려들기 시작했습니다. 그런 청소부 아저씨는 처음 보거든요.

날이 갈수록 아저씨는 유명해졌습니다. 네 군데 대학에서 강연을 부탁 했지만 교수가 되지 않고 강연을 하는 건 오로지 자신의 즐거움을 위해서라며 청소부로 머물게 됩니다.

이야기식 독서토론

이 책으로 이야기식 독서토론으로 행복한 진로독서 활동을 해 보았습니다.

◈ 1단계 배경지식 관련 발문

1-1) 직업은 여러 종류가 있습니다. 주위의 어른들은 어떤 직업을 가지고 계시나요?

우리 부모님 중 아빠는 은행에 다니시는 은행원이고 엄마는 디자이너이시며, 이모는 학교 선생님이십니다. 외할아버지는 군인이셨다가 지금은 은퇴하여 농사를 지으시는 농부이십니다.

1-2) 나는 어떤 일을 하는 사람으로 자라고 싶은가요? 상상하여 말해보세요.

나는 그림 그리기와 야구를 좋아합니다. 지금은 둘 다 똑같이 좋고, 어느 쪽이 재능이 더 나은지 잘 알 수 없습니다. 점차 자라면서 저의 재능을 더 많이 발견할 수 있을거라 생각해요.

2-1) 학교의 수업 과목 중 내가 가장 좋아하는 과목은 무엇이며, 그 이유를 말해 보세요.

시간표에 체육이 있는 날은 정말 행복합니다. 나는 체육시간이 제일 좋습니다. 친구들과 함께 재미있게 자유롭게 놀 수 있기 때문입니다.

2-2) 내가 행복하다고 느낄 때와 슬프다고 느낄 때는 언제인가요?

저는 모든 숙제를 끝나고 자유 시간을 얻어 게임 할 때와 가족과 함께 여행을 갔을 때 가장 행복했어요. 부모님이 외출 하실 때 실컷 게임하려고 했는데, 인터넷 연결이 잘 안되거나 데이터를 다 써버려 게임을 할 수 없을 때입니다.

2-3) 그럼 슬프다고 느꼈을 때는 어떻게 행동하나요? 그 행동에 대해서는 어떻게 생각하나요?

짜증을 내거나 문을 쾅 닫고 들어갑니다.
다른 사람을 기분 나쁘게 하니 좋지 못한 행동인 것 같습니다. TV나 게임은 오래하면 건강에 좋지 않으니 정해진 시간만 하도록 노력하겠습니다.

◆ 2단계 대상 도서의 내용과 관련한 발문

1-1) 청소부 아저씨가 일 하는 곳과 하는 일은 무엇인가요?

독일의 유명한 작가와 음악가들의 거리에서 표지판을 닦는 일을 합니다.

1-2) 청소부 아저씨가 거리의 표지판을 닦으면서도 행복할 수 있었던 까닭은 무엇인가요?

청소부라는 자신의 직업을 사랑하고, 자기가 청소를 맡은 거리와 표지판들을 사랑했기 때문에 행복했을 것입니다. 아저씨는 인생에서 바꾸고 싶은 것이 없을 정도로 만족하고 계십니다.

1-3) 여러분이 읽은 책이나 알고 있는 사람 중에 행복한 삶을 사는 사람은 어떤 사람이라고 생각하나요?

『행복한 왕자』는 자신의 모든 것을 버리면서도 다른 사람의 기쁨을 보면서 행복을 느꼈고, 왕자의 부탁을 들어주다 따뜻한 곳으로 이동하지 못해 죽음을 맞이했지만 행복한 삶을 산 것이라고 할 수 있습니다.

평생 모은 재산을 기부하는 떡볶이 장수 아주머니 이야기, TV프로그램 강연 100℃에 출연한 출연자 중 자신의 삶에 최선을 다해 살아가는 사람들의 이야기에서 자신을 사랑하고 아끼면서 자신이 하는 일에 즐거움을 느끼는 삶을 살면 행복한 사람들인 것 같습니다.

2-1) 음악가 표지판을 닦던 어느 날 한 아이와 엄마가 파란색 사다리 옆에서 나누는 대화를 듣고 아저씨에게 어떤 변화가 일어났나요?

아저씨는 자신이 매일 닦고 있는 표지판의 이름들에 대해서 아는 것이 없다는 것을 느끼게 됩니다. 그래서 공부를 시작하게 됩니다.

2-2) 아저씨는 작가와 음악가들을 알기 위해 어떤 방법을 썼나요?

먼저 음악가들 이름을 벽에 붙여 놓고, 신문을 꼼꼼히 보며 음악회와 오페라 공연에 관한 정보를 모아서 보러 갔습니다. 레코드판을 사서 음악을 듣고, 일을 하면서도 휘파람으로 불러 보기도 했습니다.

다음에는 작가들 이름을 벽에 붙여 놓고, 도서관에 가서 작가들이 쓴 책들을 빌려 읽었습니다. 일을 하면서 특별히 마음에 드는 구절은 혼자 읊조려보기도 하고 자신을 위해 강의도 했습니다.

2-3) 청소부 아저씨는 지금 음악을 듣고 책을 보며 열심히 공부했습니다. 여러분이 요즘 관심 가지게 된 분야나 더 깊게 알고 싶은 것이 있으면 말해보세요.

나는 운동을 좋아합니다. 특히 농구와 축구를 잘 합니다. 농구와 축구의 역사를 알고 싶고, 유명했던 선수들도 알고 싶고, 그 선수들이 어떻게 연습을 해서 실력을 쌓았는지 궁금합니다.

2-4) 사실 청소부 아저씨는 자신이 닦고 있는 표지판의 예술가들에 대해 굳이 알아야 할 필요는 없습니다. 하지만 아저씨는 자신이 모른다는 걸 깨닫고 공부를 시작했습니다. 아저씨의 공부 자세에서 배울 수 있는 훌륭한 점은 무엇일까요? (배움의 만족도는 자기 만족일까, 타인에 대한 인정일까?)

공부는 누가 시킨 것이 아니라 스스로가 일이 아닌 모르는 것을 알아가는 즐거움으로 배우는 것이 좋겠습니다. 청소부 아저씨는 자신이 닦고 있는 간판의 주인공들에 대하여 많은 지식을 쌓고 다른 사람들에게 강연을 하면서도 청소부인 자신을 사랑하고 아끼면서 배우는 즐거움을 느낀 것입니다.

누가 시켜서 공부할 때와 스스로 즐겁게 찾아서 할 때의 기분이 다릅니다. 공부를 하려고 했는데 엄마가 먼저 "공부 해야지?"하시면 짜증이 나고 하기 싫어집니다. 그렇지만 내가 먼저 스스로 하는 날에는 공부가 지겹지 않고 다 한 뒤에도 기분이 좋은 것처럼 자신이 공부하고 싶은 것을 찾아 공부하는 자세가 필요합니다.

3-1) 어느 날 텔레비전 방송 '오늘의 인물'의 카메라맨과 기자가 왔고, 아저씨는 유명해졌습니다. 네 군데 대학에서 강연을 해 달라는 부탁도 있었는데 아저씨는 어떻게 했나요?

대학에서 강연을 하면 훨씬 유명해 질 수 있겠지만 아저씨는 거절을 했습니다. 왜냐하면 청소를 하며 강연을 하는 것은 오로지 자신의 즐거움을 위해서이지 교수가 되고 싶지는 않았기 때문입니다.

3-2) 유명해진 아저씨는 교수가 될 기회를 거부하고 청소부로 남게 됩니다. 대학교 강연을 거절하고 행복한 청소부로 남기로 한 아저씨의 행동은 잘한 일일까요? 더 많은 사람에게 문화와 예술, 그리고 자신의 직업에 자부심을 갖게 할 기회를 놓친 건 아닐까요? 만약 내게 이런 기회가 주어진다면 나는 어떤 결정을 할까요?

교수가 될 것입니다.

교수가 되려고 공부한 것은 아니지만 열심히 노력하고 책을 읽다보니 작가와 음악가에 대해서 많은 것을 알게 되었습니다. 내가 알고 있는 것을 학생들에게 가르쳐주는 것도 보람된 일이라고 생각합니다. 그리고 나는 한 가지 일을 하는 것보다 여러 가지 일을 하면서 경험을 쌓는 것을 더 좋아합니다.

교수가 되지 않을 것입니다.

어떤 일을 하든 자신이 만족한다면 그것이 행복이라고 생각합니다. 즉, 청소부와 교수 중 아저씨 마음이 편한 곳으로 선택한 것은 옳은 판단입니다. 청소부 생활에 만족하고 있었고, 교수일은 자신이 감당해 내기에 부담스러웠을 것입니다. 스스로 알아나가는 즐거움이 좋았기 때문이지 남에게 보이기 위해 공부한 것이 아니기 때문입니다.

4) 이 책을 쓴 작가는 사람들이 이 책을 통해 어떤 생각을 하기를 바랬을까
요?

작가는 어떤 직업을 가졌든 자신이 맡은 일을 성실히 하는 사람들이 행
복한 세상이 되기를 바라는 마음에서 이 책을 썼을 것이다.
힘든 청소부라는 직업을 가지고 있어도 그 삶에 행복해 할 수 있고, 책이
나 음악이 주는 기쁨을 느끼고, 배움의 즐거움을 알 수 있다는 것을 보여주
고 싶었을 것입니다.

◈ 3단계 대상 도서와 관련된 인간 삶이나 사회관련 발문

1-1) 눈에 보이지는 않지만 우리를 위해 애쓰시는 분들은 어떤 분인가요?

우리 집과 학교를 안전하게 지켜주시는 경비원 아저씨, 112나 119 등의 신고 전화를 받고 도움이 필요한 사람들에게 도움을 줄 수 있도록 연락해 주시는 분들, 고장 난 전자 제품이나 교통수단 등을 수리해 주기 위해 도움 요청할 때 달려와 주시는 분들, CCTV를 보며 위험한 상황이 발생 되었을 때 도와주시는 분들

1-2) 우리를 위해 애쓰시는 분들이 안 계신다면 우리 생활은 매우 불편하거나 위험해 질 수 있습니다. 대부분의 어른들은 청소하는 일보다 다른 더 중요한 직업을 가지라고 말씀하십니다. 이처럼 직업에는 귀하거나 천함이 있다고 생각하나요? 그 이유는 무엇인가요?

직업에는 귀천이 있다고 생각합니다. 흔히 직업에는 귀천이 없다고 하는데 사람들은 힘들고 어려운 일은 피하고 있습니다. 또 지저분한 일을 하는 사람을 보면 피하거나 무시하기도 합니다. 3D에 종사하는 사람들도 공부를 못해서 지금 이렇게 고생한다고 신세한탄을 합니다. 그러므로 직업에는 귀천이 있는 것 같습니다.

직업에는 귀천이 없다고 생각합니다. 내가 좋아서 하는 일이라면 그것이 무엇이든 진정한 행복을 느낄 수 있다. 아무리 좋은 급여에 쾌적한 환경의 근무지라도 자신이 싫어하고 견딜 수 없다면 보람을 느낄 수 없을 것이다.

2) 아저씨는 표지판을 열심히 닦고 청소하는 일에 만족해 하다가 작가나 음악가에 대해 아는 것이 전혀 없음을 깨닫고, 음악을 듣고 책을 보며 열심히 공부합니다. 내가 요즘 관심 있는 분야와 더 깊게 알고 싶은 것이 있나요?

나는 운동을 좋아합니다. 특히 농구와 축구를 잘 합니다. 농구와 축구의 역사를 알고 싶고, 유명했던 선수들도 알고 싶고, 그 선수들이 어떻게 연습을 해서 실력을 쌓았는지 궁금합니다.

3) 누가 시켜서 공부할 때와 스스로 즐겁게 찾아서 할 때의 기분을 느껴본 적이 있나요?

공부를 하려고 했는데 엄마가 먼저 "공부 해야지?"하시면 짜증이 나고 하기 싫어집니다. 그렇지만 내가 먼저 스스로 하는 날에는 공부가 지겹지 않고 다 한 뒤에도 기분이 좋습니다.

교차질의식 독서토론

이 책으로 교차질의 형태의 독서새물결 독서토론 활동을 해 보았습니다.
먼저 찬반토론 주제를 연습해 보았습니다.

> 1) 행복한 아저씨는 '배움의 진정한 의미는 내 자신의 즐거움'이라고 합니다. 그래서 표지판 청소부로 남게 됩니다. 여러분은 이것에 대해서 어떻게 생각하나요?

찬성 입장

어떤 일을 하든 자신이 만족한다면 그것이 행복이라고 생각한다.

청소부와 교수 중 아저씨 마음이 편한 곳으로 선택한 것은 옳은 판단이다.

반대 입장

반드시 청소부 일을 해야만 행복한 것일까요? 아저씨는 아직 교수 일을 해 보지 않았기 때문에 새로운 일에 대한 도전을 두려워하는 것입니다.

2) 행복한 청소부 아저씨는 텔레비전 방송에 나오게 되면서 유명해집니다. 이처럼 요즘 많은 수의 학생들은 유명한 연예인이 되고 싶어합니다. 이것에 대해 어떻게 생각하나요?

찬성 입장

연예인의 꿈은 실현 가능하다. 부모님 세대에는 연예인을 '딴따라'나 '광대'로 비하하며 천시 여겼지만 요즘은 각종 매체를 통해 연예인을 접할 기회도 많고, 어릴 적부터 자연스럽게 보고 자란 학생들의 재능도 뛰어 나다.

반대 입장

연예인의 꿈은 비현실적이다. 우리가 아는 유명한 연예인들 뒤에는 보이지 않는 수많은 연습생들과 무명인들이 있다. 이들이 유명 연예인이 될 확률은 전국민수의 1%의 확률이라고 한다. 정말 내가 무엇을 원하는지 고민하지 않고 친구 따라 강남 가듯 연예인의 꿈에 빠져 사는 것은 시간낭비이다.

다음으로 독서새물결 독서토론 활동을 해 보았습니다. 독서토론지를 확인해 보세요.

직업을 선택할 때는 미래 안정성이 중요하다

- 중2, 이유0 -

찬성	반대
직업을 선택할 때 안정성이 중요함	직업을 선택할 때 흥미와 적성이 중요함
1. 안정성으로 인해 내 미래를 보장받을 수 있다.	1. 안정성만을 추구하다 보면 일에 대한 흥미가 떨어진다.
2. 좋지 않은 결과를 초래하면 자신의 행복에 금이 갈 수 있다	2. 지금 사회에서는 흥미를 더 중요하게 생각하는 가치관으로 바뀌었다.

<table>
<tr><td>

우리나라는 지금 '일자리 구하기' 열풍에 놓여있다고 할 수 있다. 우리나라 통계청 홈페이지에 올라와 있는 실업률 그래프에는 이렇게 나와 있다. 2011년 기준은 3.4%, 2015년 기준 3.6%의 실업률을 기록하고 있다. 청년의 실업률은 보통 직장인의 실업률보다 훨씬 더 높다고 말할 수 있다. 이 결과를 통해 나오게 된 나의 주장은 '직업을 선택할 때 안정성이 중요하다' 이다.

첫 번째 이유는 안정성으로 인해 내 미래를 보장받을 수 있기 때문이다. 맨 처음의 자료에서 볼 수 있듯이 실업률이 높아지는 요즘 시대에, 우리는 직업의 안전성을 택해 직업을 선택하게 되면 노후 대비까지 할 수 있는 효율성이 있다.

두 번째 이유는 좋지 않은 결과를 초래하면 행복에 금이 갈 수 있기 때문이다. 설령 내가 원해서 택한 직업이라 할지라도 그 직업으로 인해 좋지 않은 결과를 초래하게 되면 그 직업을 가지지 못한 것이나 마찬가지가 되어 버린다. 그래서 우리는 안정성을 직업을 택하는 기준으로 삼아야 한다.

</td><td>

요즘 사회에서나 학교에서는 '흥미와 적성'을 중요하게 생각한다. 최근 개정된 2015 교육 개정 과정에서도 흥미와 적성을 중요시한 진로 탐색 과정인 '자유학기제' 가 들어가 있는 것이 그 예이다. 그만큼 우리는 직업을 선택할 때 흥미와 적성을 고려해서 직업을 택해야 한다.

첫 번째 이유는 바로 안정성만을 추구하다 보면 일에 대한 흥미가 떨어지기 때문이다. 안정성을 추구해 직업을 선택하게 된다면 미래는 보장이 될 수 있을지 언정 제일 중요한 자신의 흥미를 뒷받침 할 근거가 없기 때문이다. '만족한 돼지보다 불만족한 인간이 낫다' 라는 말이 있듯이 안정성이 보장되는 직장에서 일하게 되면 계속 다른 것을 찾고 싶어하는 욕구에 시달리다가 결국 일을 못하게 될 수도 있다.

두 번째 이유는 요즘 사회에서는 흥미를 더 중요하게 생각하는 가치관으로 변화하였기 때문이다. 2015 교육개정에 자유학기제가 들어가 있듯이 예전에는 '안정성이 중요하다' 라는 사람들의 가치관이 변한 것을 확인할 수 있어서 직업을 선택할 때 흥미와 적성을 기준으로 삼아야 한다.

</td></tr>
</table>

3) 토론 후 이야기

앞서 설명한 『우리 그림이 들려주는 사람 이야기』처럼 『행복한 청소부』도 졸업을 앞둔 취약시기, 자기계발시기의 중학교 3학년 학생들에게 실시한 진로독서 특별수업의 대상 도서였습니다. 학생들이 매우 좋아한 도서였습니다. 짧고 그림이 많으니 쉽게 읽을 수 있었거든요.

중학교의 경우 기말고사가 끝난 12월 중순 이후를 취약시기, 자기계발시기라 지칭하여 다양한 프로그램을 운영하기도 합니다. 고3의 경우는 좀 빨라 수능 이후부터 그러하지요. 대부분 영화를 보여주다 보니 1교시 영화, 2교시 영화 이렇게 하루 종일 영화만 보다 하교하는 영화관 학교가 되곤 하지요. 참으로 안타까운 현실이지요. 이때 그동안 못한 독서교육을 맘껏 펼칠 수 있는 시기인데 말입니다.

저는 매년 12월 중순부터 아이들과 독서 특별수업을 진행합니다. 영화만 보던 아이들도 비교적 잘 따라 줍니다. 이번에 『행복한 청소부』를 함께 책을 읽고 토론한 학생들은 평소 독서나 토론에 대해 무관심한 학생들도 있었고, 1년 동안 저와 함께 독서토론 활동을 동아리 활동으로 한 친구들도 섞여 있었습니다.

이 책은 고등학교 진학을 앞두고 행복한 미래 진로와 직업 이야기도 나눌 수 있어 좋은 도서라 생각합니다. 분량이 짧고 그림 중심이어서 아이들의 부담도 덜 수 있어 더 좋아 하였습니다. 그래서 아이들도 적극적으로 이 짧은 그림책을 읽고 즐겁게 토론에 참여할 수 있었습니다.

아이들의 소감을 잠깐 소개합니다.

독서토론 소감 1

- 중3 황휘0 -

　12월 31일인 오늘 토론을 해보면서 3월에 토론했을 때와 비교해보니 지속적인 훈련을 통하여 나의 토론실력이 확연히 늘어났다는 것을 알게 되었다. 오늘은 『행복한 청소부』를 읽고 토론을 했다. 이 책은 청소부가 자신의 일자리에 대한 지식의 부족함을 느끼고 여러 음악과 책을 감상하면서 행복하게 일하게 된다는 내용이다. 토론의 첫 번째 주제는 청소부를 하면서 음악과 책을 감상하면 도움이 되는 것이 있는가? 였다. 나의 주장은 '도움이 되지 않는다'이다. 그 근거로는 청소를 하는 것과 감상은 전혀 관계가 없기 때문이다. 이 주장에 친구들은 적절한 반론을 해주었고 내가 생각하지 못했던 부분을 짚어주면서 나는 친구들에게 많이 배웠다.

　그 다음 토론은 우리의 진로에 관한 토론이었다. 이 토론을 하면서 하고 싶은 일과 해야만 하는 일들의 차이점을 확연히 알 수 있게 되었고, 친구들도 나와 비슷한 생각을 많이 하고 있다는 것을 알게 되었다. 이번 시간을 통하여 친구들과의 관계도 더욱 돈독해 진 것 같고, 친구들에게 많은 것을 배웠다. 평소에 국어시간에 토론을 하면서 나의 주장을 말하는 것이 점점 발전하여 나의 주장에 근거를 뒷받침할 수 있게 되었다. 토론을 1년 동안 하면서 즐거웠고, 이런 기회를 주신 임영규 선생님께 정말로 감사하게 생각하고 있다. 고등학교에 가서도 토론할 기회가 있을 것이고, 그 때마다 열심히 할 것이다.

　이 책을 통해 토론을 해보니 많은 도움이 되었다. 우리 또래 중에서 진로에 고민이 있는 학생들은 꼭 한번 읽어보길 바란다. 직업에 귀천이 없다는 말이 있듯이 이 책에서는 청소부를 하면서도 행복하다는 것을 느낄 수 있게 해 주었다. 그림책이기 때문에 초등학교 학생도 읽기 편하기 때문에 전 연령에게 추천한다.

독서토론 소감 2

- 중3 이지O -

1년 동안 임영규 선생님의 지도하에 토론에 대한 교육을 받았다. 토론을 하며 느낀 점은 학기 초에 잘 모르던 친구, 친하지 않았던 친구들과 서먹한 사이였지만 국어 시간에 임영규 선생님(국어 선생님)의 지도를 받아 친구들과 토론을 통해 말도 많이 해보고 하여 친구 사이의 거리가 줄어들어 서먹하던 친구와도 친한 사이가 되어서 임영규 선생님께 감사하게 느꼈다.

또한 토론하며 같은 주제에도 나와 다른 생각 혹은 비슷한 생각을 하는 친구들이 있었기에 토론이 더 재미있었다. 12월 31일에 중학교 3학년의 마지막 국어시간에 황휘O 군과 박주O 군과 토론을 하며 『행복한 청소부』라는 책에 대해 읽은 후 한 번 더 깊게 생각하여 자세히 알아보는 계기가 되었다.

이 책을 읽어보고 토론하여 깊게 생각해 본 결과 내용이 어려운 내용이 아니고 이해하기 쉽고 그림이 많기에 어린 나이의 사람들이 읽기에도 불편함이 없을 것이다. 또 이 책을 통해 직업에는 귀천이 없다는 깨달음을 얻었다. 이러한 이유로 종합적으로 봤을 때 연령이 낮은 사람들 혹은 직업을 정하지 못한 사람들에게 추천한다.

독서토론 소감 3

- 중3 박주0 -

금년 마지막 날인 12월 31일 오늘, 난 역사적인 날에 『행복한 청소부』라는 책으로 진로에 관한 토론을 해보았다.

책을 읽고 나서 친구들과 서로 토론 주제를 말하고 반론을 하였는데, 휘0이가 말한 주제 '청소부 아저씨처럼 즐거운 일만으로는 성공할 수 없다'라는 것에 지0이가 반론을 한 것을 보니 토론은 답이 없고 자신의 의견을 말해 서로 대화하는 거라는 느낌을 받았다.

그리고 선생님이 말씀해 주신 주제인 "하고 싶은 일을 먼저 할까, 미래가 유망한 직장을 선택할까"에 대한 토론도 재미있었다. 나는 미래가 유망한 직장에 먼저 가서 생활이 안정적이고 여유가 생기면 그때 하고 싶은 일을 한다는 주장을 하였다. 친구들의 반론들 듣고 답변하며 친구들끼리 자신의 생각을 공유할 수 있었고 서로의 관계가 가까워졌다고 느꼈다. 3학년 1년간 국어시간에 토론을 진행하여 초반에는 하기 싫었지만 점점 친구들과 친해지고 의견이 같고 다름을 알아 정말로 도움이 되었다고 생각한다. 만약 토론을 하지 않았더라면 친구들의 의견을 알 수도 없었고, 같은 의견인지 다른 의견인지 알아 서로 공감하고 의견을 나눌 수 있는 귀중한 시간을 가지지 못했다고 생각한다. 이 귀중한 시간을 마련해 주신 게 정말 감사할 따름이다.

중학교 3학년 마지막 수업으로 독서토론을 하여 좋았고 기억에 남을 것이다. 고등학교에 가서도 새로운 친구들과 또 의견을 주장하고 공감하는 시간을 가져보고 싶다.

독자에게
보내는 편지

2004년 토요 독서명상을 시작하며

우리 학교는 개교 이래 지금까지 아침 명상을 실시하여 오고 있습니다. 강원도에서는 처음으로 아침 명상을 실시하여 이제는 강원도 전역에 아침 명상이 퍼지도록 한 큰 공을 남기기도 했습니다. 아침 명상의 효과는 당장 나타나지는 않지만 수많은 졸업생들의 간증을 통해 인성 및 심성계발에 크게 기여한 것으로 나타나고 있습니다. '가랑비에 속옷 젖는 것'처럼, '떨어지는 작은 물줄기가 큰 바위를 뚫는 것'처럼 아침 명상은 시나브로 우리의 삶에 이처럼 큰 영향을 미쳐 온 것입니다.

이에 우리 학교는 아침 명상의 효과를 더욱 높이기 위해 4년 전부터 토요 독서명상을 실시해 오고 있습니다. 이 내용은 인터넷 야후나 다음의 검색창에서 〈독서명상〉을 치면 나올 정도로 이제 정착되고 있습니다.

이제 2004년 새 학년을 시작하였습니다. 여러분들은 어떤 생각으로 우리 학교에 진학하였으며, 재학생들은 한 학년을 진급하였습니까? 여러분들은 지난 겨울 방학동안 어떤 책을 읽었으며 얼마나 읽었습니까? 이제 우리 모두 책을 통해 우리의 삶을 한 번 멋지게 만들어 봅시다. 생각을 바꾸면 인생이 변합니다. 독서를 통해 여러분의 가치관이 새로워지고 여러분의 비전이 영글어지기를 소망합니다.

최근 우리 원주에서는 뜻있는 분들께서 우리 원주를 〈책 읽는 도시 원주를 만들자〉라는 운동을 펼치고 있는 것, 혹시 아시는지요? 새봄의 길목에서 우리 학교 학생들이나 선생님들께서 금년에는 책 읽는 한해가 되었으면 합니다. 학교에서는 매달 11일은 책 읽는 날로 정하고 다양하고 알찬 행사를 실시해 볼까 합니다. 독서를 하지 않을 무지하게 많은 핑계 속에서, 동네의 작은 책방에서 책을 읽기 시작하며 세계 컴퓨터 시장을 석권한 빌 게이츠를 생각하면서, 죽음 앞에서도 책을 읽어 나중에 대통령까지 된 김대중 대통령을 기억하면서, 책을 읽을 단 하나의 이유라도 발견한다면 지금 이 시간부터 다시 책을 읽는 진광인이 되어 봅시다.

토요 독서명상을 시작하면서 사랑하는 진광의 형제들에게 간곡히 권합니다. 앞으로 매주 토요일에 여러분들을 만나게 될 것입니다. 매주 토요일을 기대하며 학교 생활에 보람을 되찾게 되기를 간절히 바랍니다.

이제 다음 주부터 매일 점심 시간을 이용하여 도서대출을 실시하고자 합니다. 많은 학생들이 금년에도 도서관을 통해 좋은 책을 만나고 귀한 독서경험을 하게 되길 간절히 바랍니다. 다음 주 월요일부터 도서관에서 여러분을 기다리고 있겠습니다. 감사합니다.

- 임영규, 「독서명상」(2004. 03. 06)에서 -

『좁쌀 한 알』의 가르침

지난주 토요 독서명상에서 말씀드린 것처럼 우리 원주에서 한 도시 한 책읽기 운동이 시작되었습니다. 지난 15일 수요일 우산동의 중소기업중앙회 건물에서 2004 원주 한 도시 한 책읽기 도서 선포식과 함께 이 독서운동이 시작되었습니다. 이날 우리 원주 시민이 함께 읽을 책으로 지난 주에 소개해 드린 대로 우리 학교와도 밀접한 관계가 있는 장일순 선생님의 일화와 서화를 묶은 『좁쌀 한 알』이 선정되었습니다. 이 책에는 장일순 선생님의 여러 일화가 잘 소개되어 있는데, 특히 생명사상과 공동체 의식이 잘 드러나 있는 책이기도 하여, 이번에 우리나라에서 4번째로 한 도시 한 책읽기 운동의 대상 도서로 선정된 것입니다.

이 책에 보면 132쪽에 〈가훈〉이란 제목의 이야기가 하나 나옵니다.

가톨릭 선타 지하에서 수족관을 하고 있는 양승학이 하루는 종이 쪽지 한 장을 장일순 앞으로 내놓으며 물었다. "선생님 제가 가훈을 정해 봤는데 감정을 좀 해 주십시오" 쪽지에는 이렇게 쓰여 있었다. 〈즐거운 마음으로 / 슬기롭게 / 강하게 살자〉 장일순은 그 글을 보고대뜸 말했다. "강한 것은 좋지 않아. 모두가 강해지려고 세상이 온통 난리가 아닌가? 정말로 강한 것은 부드럽고 착한 것이야. 봄볕이 얼음을 녹이는 이치와 같은 것이다. '착하게 살자'로 해봐." 그리고 글씨를 한 폭 써서 주었다. '수심청정' 마음을 맑고 깨끗하게 닦으라는 뜻이다.

우리는 그 동안 세상을 강하게 살아 왔는가? 착하게 살아 왔는가? 앞으로 우리는 세상을 착하게 살아야 할까? 아니면 강하게 살아야 할까? 한번 생각해 보길 바랍니다. 그리고 세상을 착하게 산다는 것은 구체적으로 어떻게 살아야 하는 것이며, 세상을 강하게 산다는 것은 어떻게 사는 것인지 생각해 보면서, 이번 가을에 우리 학생들도 원주시민과 함께 『좁쌀 한 알』을 같이 읽고 함께 생각해 보고 토론해 보면서 우리 원주의 정체성과 우리 학교의 정체성을 함께 찾아가는 그런 가을이 되었으면 합니다.

엊그제는 KBS 원주 라디오 방송국의 한 프로에서 9월 독서의 달을 맞아 전국 단위로 독서 교육 연구 활동을 하는 교사 연구 모임에 대해 인터뷰를 하는 생방송 프로가 있었는데, 이때 담당 아나운서가 왜 독서를 해야 하는지를 짧게 말씀해 달라 하여, 저는 독서를 하면 우리 삶이 행복해 지고, 또 독서는 우리 삶을 성공으로 이끈다고 소개하였습니다.

우리 진광의 학생들도 이번 9월 독서의 달을 맞아 『좁쌀 한 알』도 읽고 평소 자신이 읽고 싶었던 책을 도서관에서 빌려 보는 등 독서하는 삶이 되어 행복한 학교 생활과 성공하는 진광인들이 모두 되었으면 합니다. 그래서 진광고등학교 하면 가장 먼저 떠오르는 것이 〈독서를 제일 많이 하는 학교〉란 이미지를 만들어 갔으면 합니다.

오늘 하루도 우리 집의 가훈은 무엇이고 어떤 가훈이면 좋을까, 그리고 이번 주말에 어떤 책을 읽을 것인지 곰곰이 생각하는 시간이 되었으면 합니다.

감사합니다.

- 임영규, 「독서명상」(2004, 09, 18)에서 -

독서는 힘이 세다

인간은 시대의 모습을 책으로 증명해 왔다. 그리고 우리는 그 책을 읽음으로써 세계를 접해 왔다. 그럼에도 불구하고 언제부터인가 독서의 영역이 축소되기 시작했다. '독서=학습=교양'이라는 등식을 '학습'과 '독서=교양'으로 분리시켜 버리고 만 것이다. 그래서 독서는 있으면 좋으나 없어도 그만인 것이 되고 말았다. 더구나 상급 학년으로 올라가면서부터는 독서를 학습에 방해가 되는 존재로까지 여기게 되었다.

위 내용은 선생님이 (사)전국독서새물결모임 선생님 몇 분과 함께 발간한 『독서는 힘이 세다』의 머리말 일부이다. 그리고 바로 이런 왜곡된 독서 인식을 바로잡기 위해 이 책을 쓰게 되었다. 독서에 대한 동기부여에서부터 학습능력과 독서능력을 동시에 높이는 방법, 재량활동이나 특별활동을 통해 재미있게 독서하는 방법, 책을 읽은 후 말하고 쓰고 토론하는 방법, 작품에 대한 이해를 한층 더 높일 수 있는 독서여행, 독서력을 확인할 수 있는 독서평가 방법과 우리 학교의 토요 독서명상까지 체계적인 독서교육 방법을 이 책을 통해 제시해 보았다.

이번 주 월요일에는 교육부가 주관하고 고려대학교에서 개최한 〈고등학교 독서교육 활성화 방안〉에 대한 공청회가 있었다. 이 자리에서 독서메뉴얼을 어떻게 개발하고 독서이력철을 어떻게 대학 입시에 반영해야 할 것인가에 대해 고려대 노명완 교수님의 주제발표와 토론이 있었다. 지금 우리 중학교 2학년이 대학에 가는 2010학년도 입시에 대한 준비인 것으로 노명완 교수님도 그동안 연구한 조사 결과를 이날 주제발표로 소개하면서 독서가 교양에 머물지 않고 교과독서가 되어야 한다고 역설하였다.

　　현재 우리 학교 각 반에는 1학기초에 배부한 학급문고에 이어 여름 방학식 때 추가로 학급문고를 배부하여 방학중 여러분들이 독서에 힘쓰도록 배려하였다. 이 책은 문화관광부에서 한국청소년위원회를 통해 독서를 열심히 하는 학교를 선정하였는데, 우리 학교의 〈독서클럽 활동을 통한 독서토론 지도〉라는 프로젝트가 당선되어 그 예산으로 도서를 구입하여 배부한 것이다. 그리고 각 반에 배부한 책은 주로 전 교과 수업과 관련한 교과별 추천도서목록이므로 이 책을 통해 독서의 깊이와 넓이를 깊고 넓게 하여 교과에 대한 배경지식도 높여 여러분의 학습능력도 향상시켜 줄 것이다.

　　여러분은 이 귀한 책들을 지난 방학 동안 얼마나 읽었을까? 독서활동학습장을 활용하여 지난 방학 중 읽은 책을 정리해 보기도 하며, 9월 독서의 달을 맞이하면서 다시 한번 독서에 빠져보기를 권해 본다. 우리 원주는 작년부터 한 도시 한 책 읽기 운동을 시민단체가 중심이 되어 시작하여 금년에도 지속되는데, 금년도 우리 원주 시민이 함께 읽을 도서로 『독도를 지키는 사람들』을 최종 확정하였다. 또한 이 책은 오는 11월 네이버의 후원으로 선생님이 섬기는 독서새물결 법인에서 전국 사이버 독서논술대회를 개최하는데, 이 대회의 선정 도서이기도 하다. 우리는 『독도를 지키는 사람들』이란 책을 통해 국토 사랑과 우리 역사 사랑, 그리고 오늘날 우리가 지켜야 할 것들이 무엇인지 등에 대해 토의하면 좋은 독서경험이 될 것이고, 우리 원주가 다시 한 번 책 읽는 문화 도시로 한 걸음 더 성숙하게 될 것이다.

이제 우리 학교 학생들도 이번 2학기부터는 좀더 적극적으로 독서하는 새학기가 되었으면 한다. 학급마다 배부한 학년별 필독목록의 책을 반드시 읽고 또 토론하며 여러분의 지식과 인격도 날로 향상되었으면 한다.
(오늘도 독서하는 우리 학교의 모습을 소망하며,,,)

- 임영규, 「독서명상」(2005, 09, 03)에서 -

통일 그리고 고구려 영토 회복

통일 한국의 미래상을 그려 보신 적이 있나요? 오늘은 통일을 화두로, 한 권의 책을 소개해 보려고 합니다. 김제국 선생님이 쓰신 『적명』, 유배를 명하다란 뜻의 『적명』을 통해 통일에 대해 잠깐 생각해 봅니다.

이 책은 한반도가 통일된 이후 40여 년이 흐른 어느 시점에서 한반도의 통일 과정을 분석하여 함축적으로 그려내고 있습니다. 통일도 단순히 남북한만의 통일이 아니라 중국 연변 주변까지 아우르는 〈한반도민족통합체〉 통일 방안을 아주 흥미 있게 그려 내었습니다.

최근 들어 통일에 대한 관심이 조금씩 줄어들고 있는 것은 아닌지 걱정이 됩니다. 그래서 오늘은 『적명』이란 소설을 통해 우리의 통일 한국에 대해 잠시라도 생각해 보았으면 합니다. 현재 우리는 남북한의 통일도 멀어 보입니다만, 작가는 한반도 통일에 머물지 않고 우리 고구려의 영토 회복이 진정한 통일이라는 것에 대해 저는 깊은 감명을 받았습니다.

이제 통일에 대한 부정적인 생각과 비관적인 역사의식, 불합리한 민주대의제도 등을 모두 유폐시키고 행복만이 가득한 우리 사회를 만들어 갔으면 합니다.

- 임영규, 「아침 독서편지-22」(2011.04.04)에서 -

『삼한지』의 여섯 영웅

　고구려가 수나라 백만 대군과의 전쟁을 승리로 이끈 이야기 들어 보셨지요? 김정산 작가의 『삼한지』에 나오는 이 살수대첩 이야기는 『삼국지』의 적벽대전보다도 백배나 재미있습니다. 『삼한지』를 보면 백제도 무왕이 등극하면서 최강 백제를 건설하여 한강의 주인으로 군림하는 이야기와 일본을 형제의 나라로 도와주는 이야기 등이 흥미진진하게 펼쳐집니다. 삼국 중 가장 약한 나라, 신라도 가야를 합병하면서 점차 나라를 안정시켜 나가게 됩니다. 이런 과정에서 신라는 가야 출신인 김유신을 잘 포용합니다. 이러한 민족 화합 정신을 기반으로 삼국 통일의 대업을 달성하게 됩니다.

　『삼한지』는 을지문덕과 연개소문, 성충과 계백장군, 김유신과 김춘추 이 여섯 영웅을 배출했던 삼국의 통일 시대를 재미있게 풀어주고 있습니다. 이들은 중국의 『삼국지』에 나오는 유비나 관우, 장비와는 비교할 수 없는 우리의 영웅입니다. 유비는 지혜롭기는 했으나 힘과 무예가 부족하였고, 장비는 힘과 무예는 있었으나 지혜롭지 못했지요. 그런데 우리 영웅 여섯 명은 역사상 드물게 문무를 겸비한 영웅이었지요.

　그럼 이들이 어떻게 문무를 겸비한 영웅이 될 수 있었을까요? 바로 독서였습니다. 독서는 우리를 꿈꾸게 하고, 그 꿈을 이루게 하는 힘이 있습니다.

　　　　　　　　　- 임영규, 「아침 독서편지-29」(2011.04.11)에서 -

감사의 언어가 주는 축복

여러분은 하루 동안 감사하다는 말을 얼마나 하고 사십니까? 우리가 말하는 언어가 우리의 사고를 지배한다는 말도 있습니다. 이어령 선생님이 쓰신 『너 정말 우리말 아니?』를 읽으며 언어의 중요성을 새삼 다시 느낄 수 있었습니다.

사람들이 말다툼 하는 것을 들어보면 제일 많이 쓰는 말 중에 '어쨌든'이란 말이 있습니다. 서로 의견이 충돌하거나 주장이 다르면, "어쨌든 넌 나빠, 어쨌든 난 몰라" 같은 말을 자주 씁니다. 반면에 '좌우지간'이란 단어는 극단적으로 대립하지 말고 상대방의 입장을 생각해보자는 의미, 균형의 아름다움 즉 중용의 의미를 담고 있습니다.

갈등의 시대를 살면서 사람을 살리고 이웃을 살리는 언어를 사용할 수 있었으면 합니다. 이런 언어로 '감사합니다' 란 말처럼 서로에게 축복인 말이 없습니다. 감사의 계절을 보내며 오늘은 어버이날, 하늘보다 높고 바다보다 넓은 어버이의 은혜에 감사하는 하루가 되었으면 합니다.

- 임영규, 「아침 독서편지-56」(2011. 05. 08)에서 -

한글은 소통의 문자였다

제10회 대한민국 독서토론·논술대회는 학교 독서교육을 정착시키고 사회 독서문화를 확산하기 위해 전국의 초/중/고등학교 독서지도교사들이 직접 기획하여 운영하고 있는 전국 최고 권위의 독서축제입니다.

금년엔 〈한국어〉를 주제어로 정하고 독서대회를 기획하여 전국의 청소년들과 함께 우리말과 글의 특징에 대해 토론하며, 우리 것의 소중함에 대해서도 관심을 가져 보려고 합니다. 고교 단체전의 경우 대상 도서로 『조선언문실록』을 선정하고, "조선 시대의 훈민정음은 하층민에 의해 발전했다."와 "한글은 조선 시대의 모든 계층을 연결하는 표현 수단이었다."란 주제를 정하여 독서토론을 실시하게 됩니다.

『조선언문실록』(정주리 외, 고즈윈)은 『조선왕조실록』에서 한글과 관련된 이야기를 추려 내 엮은 책입니다. 이 책은 우리 역사 속에서 사람들이 우리 한글을 어떻게 사용하고 있는지를 임금, 사대부, 여성, 백성 이렇게 네 부분으로 나누어 소개하고 있습니다. 책을 읽을 때마다 한글은 소통의 문자였음을 확인할 수 있었으며, 우리 한글의 소중함에 대해 다시 한번 인식하게 되었습니다. 한글날이 국경일로 속히 회복되기를 염원하며,,,

- 임영규, 「아침 독서편지-64」(2011.05.16)에서 -

맛있게 읽는 독서요리

지난 해 11월부터 시작된 『맛있게 읽는 독서요리 II』 집필 작업이 어제 밤늦은 시간까지 최종 교정을 보면서 마무리되었습니다. 이 책은 '독서–토론–논술' 학습을 돕는 워크북입니다. 우리 아이들의 독서 나이를 고려하여 초등을 6단계, 중등을 3단계로 나누고 각 단계별로 10권의 교과관련 도서를 추천하여, 다양한 독서활동을 할 수 있도록 정성껏 만든 책입니다.

어머니가 차려주시는 밥상이 우리의 몸을 튼튼하게 한다면 우리가 읽는 좋은 책은 정신을 풍요롭게 해줍니다. 그런데 우리의 현실은 좋은 책을 읽으며 생각해 보고, 함께 이야기를 나누며 토론해 보고, 토론한 내용을 바탕으로 자신의 생각을 표현할 만한 시간을 주지 않습니다. 이런 우리 아이들에게 행복한 책읽기, 즉, 책을 읽고 나서 어떤 맛인지 느껴보고, 그 맛을 친구들과 함께 나누며, 내 손으로 직접 요리를 하듯 나의 생각을 글로 써서 다른 사람에게 맛을 보도록 하는 것은 어떨까요?

이 책은 오랜 기간 교육 현장에서 독서지도를 한 선생님들이 정성을 들여 만든 또 하나의 요리라고 할 수 있습니다. 어머니께서 가족을 위해 신선하고 영양가 높은 재료를 준비해 정성을 기울여 음식을 만들듯, 현장 선생님들께서 좋은 책을 선정하여 우리 학생들이 그 책 속에서 얻을 수 있는 영양분을 최대한 섭취할 수 있도록 만들어주셨습니다. 지난 2008년에 나온 『맛있게 읽는 독서요리』에 이어 이번 2011 서울국제도서전 때 출판될 『맛있게 읽는 독서요리 II』가 벌써부터 우리 마음을 설레게 합니다.

　　　　　　　　　　- 임영규, 「아침 독서편지-78」(2011. 05. 30)에서 -

『앵무새 죽이기』와 미얀마 학교 설립

『앵무새 죽이기』(하퍼 리, 열린책들, 2015)를 읽어 보신 적이 있나요? 『앵무새 죽이기』를 통해 한 도시 한 책읽기 운동이 전개되었고, 제가 사는 원주는 금년 15년 째 한 도시 한 책읽기 운동을 전개하고 있습니다. 그리고 선정도서를 읽고 동아리 대항 독서토론 콘서트 한마당을 펼치고 있습니다. 금년 대상 도서는 『아몬드』이며, '청소년의 건강한 성장을 위한 효과적인 방안'이란 주제로 상생-협동 독서토론(3-3-3 토론) 모형으로 진행하고 있습니다. 어젠 상생-협동 토론방법을 설명하는 사전교육을 실시하였습니다.

원주 한 책읽기 운동이 이제 대한민국 곳곳으로 펼쳐 나가고 있어 나름대로 보람도 느낍니다. 한 도시 한 책읽기 운동은 2001년 미국 일리노이주 시카고에서 시작된 '한 책, 한 시카고(One Book, One Chicago)'입니다. 시카고 공공도서관과 시카고 시가 주도해 온 시민이 하퍼 리(Harper Lee)의 퓰리처상 수상작인 『앵무새 죽이기』를 읽자고 한 데서 시작된 '한 책, 한 시카고'는 흑백이란 인종 차별에 대한 인식 개선의 변화를 만들어 낼 수 있었습니다.

이 책은 백인 변호사가 강간범으로 몰린 흑인을 변호하는 이야기입니다. 이 사건은 백인인 이엘씨가 자신의 딸을 폭행하고는 흑인인 톰 로빈슨이 강간했다고 고소하지요. 법정에서 주인공 스카웃 아버지의 변호를 통해 그것이 거짓임이 드러났음에도 불구하고 배심원단이 톰 로빈슨이 강간하였다고 판결하게 됩니다.

여러분이 배심원이었으면 어떤 판결을 하였을까요? 아직도 잘못된 판결로 고생하는 사람들은 없을지요? 인종차별이 요즘은 많이 줄었지만 아직도 존재하고 있는 것은 아닌지요? 인종차별 외 또 다른 차별은 없을까요? 교육적 차별은 없을까요? 교육부 장관은 반드시 대학 교수나 국회의원이 해야 할까요? 초중등 교사가 교육부 장관이 될 수는 없을까요? 출생 국가로 인해 차별 받는 나라는 없을까요? 우리 법인이 미얀마에 학교를 설립하고 후원하는 것도 그들의 영혼이 교육적으로 차별 받지 않도록 돕기 위함이기도 합니다.

- 임영규, 「아침 독서편지-1,708」(2018.10.14)에서 -

「햄릿」과 함께 행복한 인문학 캠프를!

11월 11일, 우리 법인이 정한 책의 날인 오늘, 영국이 인도와도 바꾸지 않겠다고 하던 셰익스피어의 대표작 「햄릿」을 소개해 보려고 합니다. '사느냐, 죽느냐, 그것이 문제로다' 하는 대사 등을 포함하여 명대사, 명장면과 함께 문학성을 높이 평가받고 있는 책이지요.

덴마크의 햄릿 왕이 급서하자, 왕비 거트루드는 곧 왕의 동생 클로디어스와 재혼하고, 클로디어스가 왕이 되지요. 햄릿 왕자는 너무 서둔 어머니의 재혼을 한탄하고, 아버지의 유령이 나타나, 동생에 의하여 독살되었음을 알려줍니다. 이에 햄릿은 거짓으로 미친 체하며 아버지의 복수를 갚기 위해 다양한 방법을 찾게 되는 이야기입니다.

햄릿은 당시 세르반테스가 지은 「돈키호테」의 행동형과 대조되어 문학사에 있어 서 빼놓을 수 없는 중요한 자리를 차지하고 있습니다. 햄릿이 복수할 수 있는 절호의 기회가 왔는데도 머뭇거리면서 결행하지 못하는 것에 대해서 오늘날까지도 논쟁의 표적이 되고 있지요.

그러나 햄릿을 우유부단하다고 단정하는 것은 좀 위험합니다. 이 책을 잘 보면 햄릿형 인물을 심사숙고하는 인물유형이라고 평가할 수도 있습니다. 또한 세르반테스의 「돈키호테」 같은 인물은 과감결단형으로도 평가하지요. 미국의 전임 대통령이 그립지요? 어떤 분은 오바마의 심사숙고형을 풍자하여 '오밤릿 대통령',이라고 하고, 이라크 전쟁을 감행한 부시 대통령을 풍자하여 '부키호테'라고 재미있게 얘기하기도 합니다. 저는 오늘날 우리에게, 햄릿과 돈키호테의 두 가지 성격, 즉 양면성이 모두 필요하지 않을까 하는 생각을 하게 됩니다.

2년 전, 학생들을 이끌고 영국 셰익스피어 생가와 유적지 등 유럽 인문학 원정대 캠프를 다녀온 적이 있습니다. 이 때 셰익스피어 극장에서 햄릿 연극을 직접 관람하기도 했고, 현지에서 햄릿 토론회도 개최해 보았습니다. 평생 기억에 남는 시간이기도 하였습니다. 금년엔 문명의 출발점인 그리스를 찾아 갑니다. 소크라데스, 플라톤 등 옛날 인문학자들을 만나며, 현재의 그리스 대사와 선교사도 만나 그리스와 인문학을 토론해 보려 합니다. 이 자리에 인문학으로 성장할 우리 청소년들을 초청합니다.

- 임영규, 「아침 독서편지-1,729」(2018.11.11)에서 -

발칸 유럽과 우리의 교육 미래

- 『발칸 유럽 약사 산책』(이기성, 북랩, 2014) -

어제 10일 일정의 그리스 발칸 인문학 세계사 아카데미를 마치고 무사히 귀국하였다. 26명의 연수단 모두에게 감사하며, 미래 행복한 삶을 위한 교육 공동체의 귀한 경험 되었을 것으로 기대한다. 폐회식과 진로비전 선포식, 영상편지와 소감 나누기 등을 통해 한층 성숙한 우리 제자들을 만날 수 있어서 육신의 피로도 쉽게 회복할 있었다. 해단식을 마치고 공항을 나올 때에 몰려든 학부모와 가족들을 만나며, 어떤 부모님을 꽃을 준비하고 어떤 부모임은 음료수를 준비해 와서 마치 올림픽 선수단 귀국하는 환영식 같음을 느끼며 감사하였다.

캠프 후반부는 발칸 6개국을 인문학적 안목으로 들여다보았다. 마케도니아 수도 스코페 시내를 둘러보면서 옛날 알렉산더 대왕의 표효를 들어보았고, 터키식 돌다리와 전통 시장도 들러 보았다. 오흐리드 호수는 바다보다 넓고 바다보다 깨끗하였으며, 차 한 잔 못한 것이 심히 아쉬웠다. 알바니아에서는 스칸데르베그 광장에서 점심을 먹고 외국인 사진촬영 미션을 수행하였다. 몬테네그로 코토르에서는 아름다운 바다 자연과 유네스코 문화유산지역을 둘러 보았다.

드디어 크로아티아 최대 항구도시이자 세계문화유산으로 지정된 두브로브니크에 도착하였다. 아름다운 자연 경관과 1천여 년 넘은 구시가지는 우리를 중세 시대로 안내하였다. 이어 보스니아 내전 시 최대 격전지였던 모스타르 다리로 이동하였다. 에메랄드 빛 네레트바 강 위에 놓여 있는 아치형 다리는 이슬람계와 크로아티아계를 이어주는 평화의 상징으로 자리 잡았다고 한다. 우리도 진보와 보수의 갈등이 평화롭게 이어져야 할텐데, 아직 멀었다.

크로아티아 플리티비체 국립공원은 유럽에서 가장 아름다운 자연적 가치를 지닌 곳으로 평가받기에 손색 없이 우리 연수단을 눈속에서도 힘차게 내려 뿜는 폭로 속으로 안내하였다. 슬로베니아 피란은 작은 베니치아라 불리는 절경으로 우리를 맞아 주었다. 멀리 이탈리가가 보였다. 조금 더 이동하여 유럽에서 가장 큰 규모의 동굴, 20km의 포스토이나 동굴을 기차를 타고 관람하였다. 19세기 오스트리아 합스브르크 왕가에 의해 세상에 알려진 이 동굴 안은 1만여 명을 수용할 수 있는 콘서트 홀에 있을 정도로 장관이었다.

밤마다 펼쳐진 인문학 독서토론 후반부 주제는 '발칸 유럽의 행복한 미래를 위한 정책 제안'이었다. 좀 어려운 주제이지만 읽고 간 도서와 가이더 선생님의 안내를 통해 우리의 인문학적 소양을 증진하는 귀한 시간이 되었다. 서로 돕고 돕는 토론의 정신으로 우리 아이들이 제자화로 성장하는 것을 보니 모든 피로가 순식간에 물러 갔다. '발칸' 이란 주제어를 '한국' 으로 변환하면 우리의 교육이 우리의 소망임을 확인할 수 있었다. 이번 인문학 아카데미도 큰 성공을 거두며 마치는 순간이었다. 제2의 구글, 아마존, 페북 창업주처럼 키우고자 하는 소망으로.

- 임영규, 「아침 독서편지-1,787」(2019.02.03)에서 -